Karl-Heinz Drochner
Dieter Föhr

Land in Sicht!

Textarbeit Deutsch als Fremdsprache

GOETHE-INSTITUT

Deutsch lesen – Kultur erleben

Lehrmittelspende

www.goethe.de

Max Hueber Verlag

Verwendete Abkürzungen und Symbole:

Hₐ = Hausarbeit

Zur Vermeidung von umständlichen Längen wurde ausschließlich die männliche Form verwendet, also Lehrer, Lerner, usw.

 Dieses Werk folgt der seit dem 1. August 1998 gültigen Rechtschreib-
reform. Ausnahmen bilden Texte, bei denen künstlerische, philologische
oder lizenzrechtliche Gründe einer Änderung entgegenstehen.

| 3. | 2. | 1. | | Die letzten Ziffern |
| 2006 | 05 | 04 | 03 | 02 | bezeichnen Zahl und Jahr des Druckes. |

Alle Drucke dieser Auflage können, da unverändert,
nebeneinander benutzt werden.
1. Auflage
© 2002 Max Hueber Verlag, D-85737 Ismaning
Layout: textmedia, Erdmannhausen
Satz: Christine Stephan
Verlagsredaktion: Werner Bönzli
Druck und Bindung: Druckhaus am Kitzenmarkt, Augsburg
Printed in Germany
ISBN 3-19-001588-0

Hinweise für die Kursleiterinnen und Kursleiter

* in alter Rechtschreibung

Inhalt

* in alter Rechtschreibung

Inhalt

* in alter Rechtschreibung

Vorwort

Die vorliegende Textsammlung enthält eine Auswahl aktueller Texte für fortgeschrittene Deutschlerner mit guten Mittelstufen-Kenntnissen. In zehn thematischen Kapiteln werden verschiedene Bereiche der deutschen Wirklichkeit aus der Sicht von Autoren mit sehr unterschiedlichen Standpunkten vorgestellt. Im sprachlichen Schwierigkeitsgrad ist keine Progression vorgesehen: Leichte und anspruchsvolle Texte wechseln miteinander ab. Variabel sind auch die angebotenen Textsorten: Fiktionale Texte, Kommentare, Analysen, Berichte, Glossen, Interviews, Leserbriefe. Dieser Vielfalt an Ausdrucksformen entsprechen jeweils charakteristische Sprachregister, so dass auch die Angemessenheit von Wortwahl und Syntax zur Sprache kommt.

Es handelt sich überwiegend um aktuelle Veröffentlichungen, die relevante Themen im Deutschland von heute aufgreifen. Die Texte geben Auskunft über wichtige gesellschaftliche Aspekte, über Mentalität und Verhaltensweisen der Menschen, über ihre Beziehungen und Gewohnheiten im täglichen Zusammenleben. Die Kulturerfahrung, die sich darin widerspiegelt, bietet Orientierungshilfe für jeden allgemein interessierten Lerner – unabhängig von Beruf und Herkunft –, der sich mit einigen wesentlichen Fragestellungen und Tendenzen der Gegenwart in Deutschland vertraut machen möchte.

Das breit gefächerte Angebot an Übungen, Aufgaben und Arbeitsformen will unterschiedlich motivierten Lernern Gelegenheit geben, ihre aktive und passive Sprachkompetenz im Deutschen gezielt zu verbessern. Rezeptive, reproduktive und produktive Fertigkeiten, wie Leseverständnis, Texterarbeitung, Wortschatzdifferenzierung, mündliche und schriftliche Zusammenfassung, Diskurstraining und freie Textproduktion sollen entwickelt und geschult werden.

Kapitel I

Lernen

Das Verb „lernen" hat unterschiedliche Bedeutungen. Man bezeichnet damit den Erwerb von Wissen und Fertigkeiten (z. B. Fremdsprachen), aber auch die Veränderung von Verhaltensweisen durch Erfahrungen. Lernen wird heute als lebenslanger Prozess angesehen und nicht mehr als eine auf die Jugendzeit beschränkte Tätigkeit. Daher gibt es heute für die meisten Berufe umfangreiche Fortbildungsprogramme.

Während man noch vor nicht langer Zeit spezialisiertes Lernen für vorrangig hielt, neigt man heute immer mehr dazu, möglichst breite Grundlagen zu vermitteln, da auf allen Tätigkeitsfeldern permanent neue Arbeitsweisen, Techniken und Verfahren erlernt werden müssen. Diese bewältigt man umso leichter, je schneller man Zusammenhänge überblickt.

Schulen hatten früher einen guten Ruf, wenn sie als „streng" galten. Die Lernpsychologen haben dagegen festgestellt, dass Kinder und Jugendliche dann besonders gut lernen, wenn Lernen angstfrei und unter angenehmen Begleitumständen erfolgt. Es soll als Bereicherung und positives Erlebnis erfahren werden. Wenn die Schulzeit nicht so erlebt wird, kann das mit der Institution Schule und ihrer Organisation zusammenhängen. Das muss aber durchaus nicht so sein, wie auch in den folgenden Texten sichtbar wird, die zeitlich weit auseinanderliegende Erfahrungen behandeln. Es ist keineswegs so, dass Schule heute generell ein positives Erlebnis darstellt. In den Texten wird deutlich, wie wichtig die Rolle des Lehrers ist.

I, 1

Äußern Sie sich mündlich oder schriftlich:
1. Was sieht man auf der Zeichnung?
2. Wo und auf welche Weise haben Sie als Kind besonders gern gelernt?
   (Schule, Familie, Freunde, Bücher, Medien) Warum?
3. Gibt es Dinge, die Sie nicht gelernt haben und gerne gelernt hätten?
   Wenn ja, warum haben Sie sie nicht gelernt?

I, 2 Mein Tag

**Mokkapan Phongphit, 13 Jahre, thailändischer Schüler
am Auersperg-Gymnasium in Passau-Freudenhain**

1 – Um halb sieben weckt uns der Präfekt. Das Seminar St. Valentin liegt am
  – Domplatz in Passau, und dort wohnen Schüler aus den verschiedensten
  – Ländern. Ich bin das einzige thailändische Kind, das alleine in Deutschland lebt.
  – Eigentlich ist das erst ab sechzehn erlaubt, aber meine Eltern haben eine
5 – Sondergenehmigung bekommen. Denn ich bin wegen der Geige hier.
  – Der Direktor der Menuhin-Schule in der Schweiz war in Bangkok und fand,
  – dass ich begabt bin. Da es in Thailand keinen Violinunterricht gibt wie hier und
  – auch kein musisches Gymnasium, besuche ich jetzt das Musische Gymnasium
  – der Maria-Ward-Schwestern in Passau, das ist eine sehr schöne alte Schule auf
10 – dem Berg. Später soll ich einmal auf die Menuhin-Schule gehen.
  – Vor drei Jahren bin ich hergekommen, und es hat mir gar nichts ausgemacht,
  – dass ich kein Wort Deutsch verstand. Ich fand alles unheimlich spannend. Ich
  – bin immer neugierig und will Abenteuer erleben und schaue im Atlas herum.
  – Morgens habe ich dazu natürlich keine Zeit, denn um zehn vor sieben muss ich
15 – zum Morgengebet. Das wird alles sehr knapp, weil ich manchmal meine Schul-
  – tasche noch nicht gepackt habe und der Präfekt kommt, um mich noch abzufra-
  – gen, und um Viertel nach sieben ist Frühstück. Kurz vor halb acht muss ich zur
  – Schule. Man kann mit dem Bus auf den Berg fahren, aber ich gehe zu Fuß, weil
  – der Schulweg sehr schön ist. Ganz früher, als ich noch ein Meter dreißig war,
20 – hat einmal so ein Sturm geblasen, dass ich fast von der Schanzlbrücke in die
  – Donau geflogen bin.
  – Am Montag ist in der ersten Stunde Mathematik. Unser Mathematiklehrer spielt
  – die Orgel in einer Kirche im Bayerischen Wald. Latein habe ich nicht so gern.
  – Unser Lateinlehrer, Herr Doktor Olf, spricht auf Lateinisch wie normale Leute
25 – Deutsch. Die Musik ist bei uns Hauptfach. Aber das ganze theoretische Zeug ist
  – schrecklich und ich hasse die harmonischen Dreiklänge und die Kadenzen; die
  – sind so ähnlich wie Grammatik, lieber habe ich Erdkunde und Geschichte. In
  – Thailand geht die Schule bis 16 Uhr und dann gibt es noch Hausaufgaben. Man
  – wird dabei aber gar nicht gebildet, man ist nur immer beschäftigt. Wenn man
30 – etwas falsch macht, gibt es Schläge, pro Fehler einen Schlag.
  – Auf dem Nachhauseweg muss ich sehr schnell gehen, weil es um 13 Uhr im
  – Internat Mittagessen gibt. Ente und Knödel esse ich am liebsten oder Spätzle.
  – Niemand nennt mich Mokkapan. Alle sagen „Dom". Dom bedeutet auf
  – Thailändisch „großer Turm". Jeden Nachmittag habe ich Geige oder Orchester
35 – und zweimal in der Woche Deutsch-Nachhilfe; an einem Tag Klavierunterricht
  – beim Präfekten. Von 15 bis 16.30 Uhr ist Studierzeit, danach habe ich eine
  – halbe Stunde Pause.

38 – Von 17 bis 18 Uhr spiele ich Geige. Ich übe jeden Tag. Viele Leute denken, dass
– man immer eine ganz bestimmte Zeit lang üben muss. Aber ein Musiker hat
40 – Gefühle, und wenn er das Gefühl hat, dass die Musik jetzt perfekt ist, dann ist
– das Üben zu Ende. In Passau sind auch thailändische Familien, die ich manch-
– mal besuche. Nicht, weil ich Heimweh habe, sondern weil ich da viel essen
– kann. Am Anfang fand ich das deutsche Essen sehr wenig, aber jetzt habe ich
– mich daran gewöhnt. Ich habe oft zu Maria gebetet, dass die Zeit schnell,
45 – schnell vorbeigeht. Zweimal im Jahr fahre ich nach Hause, im Sommer und
– Weihnachten. Aber da habe ich dann Sehnsucht nach Passau.
– Wenn mir am Nachmittag noch Zeit bleibt, höre ich Musik oder lese über Flug-
– zeuge und Reisen. Nach dem Abendessen übe ich Geige, so für mich. Das
– Musizieren ist eine gute Übung für die Konzentration; man hört nur das eigene
50 – Instrument. Einmal kam jemand in mein Zimmer, da habe ich fast einen Herzin-
– farkt bekommen.
– Um 21 Uhr ist Kirche, die dauert zehn Minuten, und es liest jemand vor.
– Danach gehe ich ins Bett. Ich teile ein Zimmer mit Andreas. Im Bett reden wir,
– was wir den ganzen Tag gemacht haben. Manchmal ist Andreas auch still, und
55 – ich denke an meinen Traum: Ich will wieder nach Thailand zurückgehen. Um
– 21.30 Uhr wird das Licht ausgemacht, aber wir quatschen noch weiter. Wenn es
– zu laut wird, kommt der Präfekt und sagt: „Leise, leise."

Aufgezeichnet von Marita Pletter

Die Zeit, 1. 7. 1994

I. Einführendes Gespräch

1. Verbinden Sie etwas mit dem Begriff „Internatsschule"? Was?
   (z. B. elitär, unsozial, teuer usw.)
2. Können Sie sich vorstellen, dass Sie als Kind gerne allein in ein fremdes
   Land zum Schulbesuch gegangen wären? Warum (nicht)?

II. Lesen Sie den Text zu Hause bzw. in Partner- oder Gruppenarbeit in der Klasse durch und klären Sie den unbekannten Wortschatz. H︎A

Zum Textverständnis

III. Zu welchen Textabschnitten passen folgende Überschriften?

1. Wie ich auf Deutschland reagiert habe
2. Das Mittagessen
3. Warum ich nach Passau gekommen bin
4. Mein Montagvormittag
5. Aufstehen und Schulweg
6. Was ich nachmittags und abends tue

IV. Bitte beantworten Sie die folgenden Fragen:

1. In welchem Alter kam Mokkapan nach Passau?
2. Aus welchem Grund hat Mokkapan die Erlaubnis, in Passau zur Schule zu gehen?
3. Was sagt Mokkapan über seine Eigenschaften?
4. Warum geht Mokkapan zu Fuß zur Schule?
5. Was ist in der Schule in Thailand anders?
6. Wie übt Mokkapan Geige?
7. Warum besucht Mokkapan thailändische Familien?

V. Wie steht das im Text?

1. Ich will hier Violine spielen lernen.
2. Später soll ich einmal die Menuhin-Schule besuchen.
3. Ich hatte keine Schwierigkeiten damit, dass ich kein Deutsch verstand.
4. Die Zeit reicht nicht aus.
5. Latein gefällt mir nicht so sehr.
6. Ich wohne in einem Zimmer mit Andreas zusammen.
7. Aber wir unterhalten uns noch weiter.

Zum Inhalt

VI. Zur Diskussion

1. Was denken Sie über die Einrichtung von Schulen, in denen Kinder so früh eine spezielle Ausbildung bekommen? Sollte man solche Schulen auch für andere Fächer einrichten?
2. Glauben Sie, dass Schüler besser lernen, wenn sie mit strengen Strafen rechnen müssen?
3. Warum hat der Junge wohl Sehnsucht nach Passau?
4. Gibt es etwas, worum Sie Mokkapan beneiden, wenn Sie an seinen Tageslauf, seine Lebensweise denken?

VII. Äußern Sie sich mündlich oder schriftlich zu folgenden Aspekten:

1. Spätere eventuelle Identitätsprobleme Mokkapans
2. Vor- und Nachteile frühzeitiger Spezialisierung
3. Sehen Sie zwischen dem Bildungssystem und den wissenschaftlichen und wirtschaftlichen Leistungen eines Landes Zusammenhänge? Welche?

I, 3 Kann denn Spicken Sünde sein?[1]

Curt Schneider

1 – Wer wenig weiß, schreibt ab, und wer viel weiß, lässt von sich abschreiben. Das
– gilt als eherner Grundsatz in deutschen Klassenzimmern. Dem Nachbarn die
– Sicht auf das eigene Blatt zu verwehren, führt bei uns fast unweigerlich zur
– schlimmsten aller Strafen: der Verachtung durch die Klassenkameraden. So tief
5 – fleischt sich der Grundsatz von Geben und Nehmen ein, dass selbst Konrad
– Adenauer[2] sich rechtzeitig vor dem Latein-Abitur den Aufgabentext erschlich.
– An amerikanischen Schulen ist das alles anders. Wer sich dort ein paar Mal mit
– Schülern unterhält, stößt ziemlich schnell auf einen der größten und bisher viel
– zu wenig beachteten Unterschiede zwischen dem deutschen und amerikanischen
10 – Erziehungssystem: das Spicken. US-Schulen packen ihre Schützlinge bei der
– Ehre und finden damit bei den Schülern eine erstaunliche Zustimmung. „On ne
– triche pas" (gespickt wird nicht), so beschreibt der französische Autor Phil
– Labro die Gesinnung während seiner College-Zeit in Virginia. Begründung:
– Abschreiben verträgt sich nicht mit der Erziehung zum Gentleman. Das ist zwar
15 – vierzig Jahre her, doch glauben laut einer Umfrage von 1989 immer noch mehr
– als die Hälfte der US-High-Schüler, Abschreiben sei Sünde.
– Im aktuellen Ehrenkodex (Honor Code) des College of Engineering in Ann
– Arbor, Michigan, wirkt sich diese Geisteshaltung so aus: „Der Ehrenkodex fußt
– auf dem Grundsatz, dass Studenten die Prüfungen ablegen, ohne abzuschreiben.
20 – Deshalb braucht der Dozent die Prüfungen nicht zu überwachen (ja, er ist nicht
– mal anwesend) … Während der Prüfung dürfen Studenten den Raum jederzeit
– verlassen. Minimale Unterhaltung ist, falls unentbehrlich, erlaubt, jedoch nicht
– über die Prüfung selbst …"
– Bisher hört es sich noch recht gut an, doch ganz traut man dem Frieden nicht,
25 – schließlich muss jeder Student am Ende der Prüfung ein „Ehrengelöbnis" unter-
– schreiben, und als Pferdefuß folgt der Petz-Paragraph: Wer den Nachbarn beim
– Spicken ertappt, hat den Vorgang sogleich zu melden. Ein Ehrenausschuss von
– Studenten tritt daraufhin zusammen: Die befleckte Ehre muss mit allen Mitteln
– wieder reingewaschen werden.
30 – Wozu das alles? Ist denn das Spicken nicht eine höchst nützliche soziale Ein-
– richtung? Da ist zunächst natürlich der sportliche Ehrgeiz, den Lehrer zu über-
– listen (und immer, immer ist es gelungen). Vor allem aber erfüllt das Spicken-
– lassen eine wichtige pädagogische Funktion, die es gegen die ständigen Hinter-
– treibungsversuche des Lehrkörpers zu verteidigen gilt: Banknachbar, sieh her,
35 – ich habe gepaukt, du aber, du bist statt dessen lieber zum Baden gefahren.
– Eigentlich hätte ich alle Gründe, dich dafür büßen zu lassen, aber nein, du sollst
– auch eine passable Note haben, also gebe ich dir vom Lohn meiner Arbeit ab,
– hier nimm!" Eine wahrhaft christliche Einstellung ist das, die man heute nur

38   anders nennt. Und derjenige, der dagegen verstößt, der seinen Arm im Halb-
    kreis um sein Schulaufgabenblatt legt, ist geächtet: Streber, ekelhafter. So einer
40   hält sich nicht an den Grundgedanken des Sozialstaats, das Prinzip der Soli-
    darität: Wer viel hat, springt für die ein, die wenig haben. Das gilt für die Kran-
    kenversicherung ebenso wie für Sozialhilfe oder Bafög[3].
    In den USA dagegen lautet die Devise, Clinton zum Trotze, immer noch: „Hilf
    dir selbst, dann hilft dir Gott." Bis heute, 110 Jahre, nachdem Bismarck[4] die
45   Krankenversicherung in Deutschland einführte, leben 36 Millionen Amerikaner
    ohne jeglichen Versicherungsschutz bei Krankheit. So fromm sich die Nation
    auch gibt, das Prinzip der Solidarität erfreut sich[5] im Herzland des Kapitalismus
    nach wie vor allgemeiner Missachtung.

Aus: Süddeutsche Zeitung, Magazin 33/93

[1]   Die Überschrift variiert den Titel eines Schlagers aus einem deutschen Spielfilm um 1940: „Kann denn Liebe Sünde sein?"

[2]   Adenauer, Konrad: Deutscher Politiker, Bundeskanzler von 1949 bis 1963

[3]   Das Bundesausbildungsförderungsgesetz regelt u. a. die Vergabe von Stipendien an sozial bedürftige Studenten

[4]   Bismarck, Otto von: Deutscher Politiker, Reichskanzler von 1871 bis 1890

[5]   sich erfreuen (Gen.): sich allgemeiner Beliebtheit, Sympathie, Hochachtung ~. Die Ergänzungen haben sonst also immer eine positive Bedeutung. Hier ironisch zu verstehen.

I.   **Diskutieren Sie die folgende These:**
Es ist unmoralisch, bei Prüfungen zu betrügen.

II.   **Lesen Sie den Text zu Hause bzw. in Partner-oder Gruppenarbeit in der Klasse durch und klären Sie den unbekannten Wortschatz.** HA

Zum Textverständnis

III. Steht das im Text? Wo?

Ja, in Zeile …   nein

1. In deutschen Schulen sieht man Abschreiben nicht als unmoralisch an.

2. In amerikanischen Schulen betrachtet man Abschreiben als unmoralisch.

3. Im College of Engineering in Ann Arbor überwacht ein Dozent die Prüfungen so streng, dass Abschreiben unmöglich ist.

4. Wer abschreiben lässt, verhält sich solidarisch.

5. Die Gesellschaft der USA basiert auf Solidarität.

IV. Wie steht das im Text?
1. Wie eine Umfrage ergibt …
2. Der Ehrenkodex basiert auf dem Prinzip …
3. Doch man ist sich nicht ganz sicher …
4. Das Abschreibenlassen hat eine wichtige pädagogische Aufgabe.
5. Das Prinzip der Solidarität wird allgemein missachtet.

V. Bitte beantworten Sie folgende Fragen:
1. In welchem Fall wird man in Deutschland von den Klassenkameraden verachtet?
2. Womit verträgt sich das Abschreiben nach amerikanischer Meinung nicht?
3. Was geschieht, wenn ein Student am College of Engineering beim Spicken ertappt wird?
4. Warum ist das Spicken eine nützliche soziale Einrichtung?
5. Welches ist das Prinzip der Solidarität?

VI. Versuchen Sie, für die einzelnen Abschnitte Überschriften zu finden, und fassen Sie den Inhalt der einzelnen Abschnitte zusammen.

Zum Inhalt

VII. Zur Diskussion
1. Haben Sie selbst schon abgeschrieben, und lassen Sie andere abschreiben? (Gründe)
2. Was geschieht bei Prüfungen, wenn man beim Abschreiben „erwischt" wird?

VIII. Diskussion mit Vorbereitung in Gruppenarbeit oder schriftliche Aufgabe:
1 Welche Verhaltensnormen in dieser Frage sind Ihnen sympathischer, die in den USA oder die in Deutschland?
2. In welchem Land gibt es mehr Gleichheit hinsichtlich der Bildungschancen? (Denken Sie auch an Schulgeld und Studiengebühren.)

I, 4   „Studentenleben kein Zuckerschlecken"

1 – Studieren, arbeiten und dann schnell fertig werden? Das Bild vom gemütlich
  – Studierenden, der sich nur der Muse wegen bildet, gibt's unter den Kommilito-
  – nen längst nicht mehr. Die Unis sind voll. Da muss ich morgens früh kommen,
  – um noch einen der begehrten, knappen Sitzplätze zu ergattern. Auch an Lehr-
5 – personal und Büchern fehlt's. So gibt es beispielsweise in Stuttgart ab und zu
  – wichtige Bücher nur in der Landesbibliothek und dort nur ein Exemplar. Bei
  – Hausarbeiten musste ich also oft wochenlang warten, bis ich sie dann endlich
  – fertigstellen konnte. Und das ist nur eines der kleinen Randprobleme, die das
  – Studieren behindern. Stuttgart war eben mal eine Technische Hochschule und da
10 – kommt die Literatur für die „Geistis"[1] in der Universitätsbibliothek zu kurz.
  – Andererseits kann ich mir die ganze Standardliteratur auch nicht kaufen, das ist
  – zu teuer.
  – Beim Lehrpersonal ist Didaktik nach meiner Erfahrung manchmal ein absolutes
  – Fremdwort. Mancher Professor hält seine Vorlesung im wahrsten Sinne des
15 – Wortes in vorlesender Weise. Im praktischen Berufsleben gefragte Qualifika-
  – tionen bekommt man als Student oft gar nicht vermittelt. Manche Leistungen,
  – auch Referate von Kommilitonen, haben vielleicht Unterhaltungswert, bringen
  – aber keine Erkenntnisse. Auch mir haben Referate manchmal Schwierigkeiten
  – gemacht, weil man sich Vortragstechnik und -didaktik selbst aneignen muss.
20 – Man muss sich auch den prüfungs- und berufsrelevanten Stoff hauptsächlich
  – selbst erarbeiten.
  – Zu den meines Erachtens teilweise schlechten Studienangeboten kommen auch
  – noch problemhafte Rahmenbedingungen. Bei den Mietpreisen und Lebens-
  – haltungskosten in einer Großstadt bin ich gezwungen zu arbeiten. Oft reicht ein
25 – Nebenjob nicht aus oder kann nicht optimal ans Studium angepasst werden,
  – dann muss ein zweiter her. Ich selber arbeite freiberuflich als Journalist und
  – übernehme Fotoaufträge. Selbst gutes Zeitmanagement reicht in diesem Fall
  – nicht aus, um schnell mit dem Studium fertig zu werden. Da in den Semester-
  – ferien die Prüfungen anstehen, kann ich mir in dieser Zeit auch kein Finanzpols-
30 – ter schaffen, um anschließend in Ruhe studieren zu können. Prioritäten setzen
  – ist graue Theorie, wenn kein Geld da ist. Nein, als Zuckerschlecken empfinde
  – ich das Studentenleben nicht.

Aus „Prisma" (Neues aus Wissenschaft + Forschung), April 1994

[1] Studentensprache für „Geisteswissenschaftler"

I.   Erstellen Sie ein Assoziogramm zu „Studentenleben".

**II. Lesen Sie den Text zu Hause bzw. in Partner-oder Gruppenarbeit in
der Klasse durch und klären Sie den unbekannten Wortschatz. HA**

Zum Textverständnis

III. Bitte beantworten Sie folgende Fragen:

1. Welche Vorstellungen vom Studentenleben stimmen heute nicht mehr?
2. Welche besonderen Schwierigkeiten haben Studenten der Geisteswissenschaften in Stuttgart?
3. Wo gibt es Mängel in der Lehre?
4. Was wird über die Lebensbedingungen gesagt?
5. Wie sieht der Student seine finanzielle Situation?

IV. Sagen Sie mit eigenen Worten:

1. nur der Muse wegen
2. ergattern
3. ab und zu
4. ... da kommt die Literatur zu kurz
5. ... ist Didaktik ein absolutes Fremdwort
6. ... zu den schlechten Studienangeboten kommen auch noch problemhafte Rahmenbedingungen
7. ... kann ich mir kein Finanzpolster schaffen

Zum Inhalt

V. Zur Diskussion

1. Wissen Sie etwas über Stipendienmöglichkeiten in Deutschland? Informieren Sie sich in einem Nachschlagewerk z. B. über BAFöG.
2. Sollten alle Studenten ein staatliches Gehalt bekommen?
3. Wie könnte man erklären, dass an deutschen Universitäten die didaktische Qualität der Vorlesungen vernachlässigt wird?
4. Warum lernt man an der Universität vieles, was nicht direkt mit dem Beruf zu tun hat?
5. Was ist für Berufstätigkeiten nützlicher: ein breites allgemeines oder ein spezielles berufsorientiertes Wissen? Warum?
6. Welche Fragen im Zusammenhang mit dem Studium in Deutschland möchten Sie stellen?

I, 5

Äußern Sie sich mündlich oder schriftlich:

1. Welche typischen Verständigungsschwierigkeiten zwischen Schülern und Lehrern zeigt die Zeichnung?

2. Können Sie sich noch daran erinnern, ob Sie als Kind besondere Probleme mit Wörtern und Begriffen hatten, welche die Erwachsenen Ihnen gegenüber benutzten?

I, 6   Lernen sich anzupassen

Brigitte Schwaiger

1 – „Ein Kind muss um sieben Uhr schlafen gehen und um sieben Uhr früh-
– stücken", sagt Johann. „Ich weiß, du bist modern! Und du bist Lehrerin!
– Pädagogin! Du weißt praktisch alles! Ich sage dir aber, dass du nur theoretisch
– etwas weißt. Ihr Lehrer habt vom Leben keine Ahnung! Du kennst keine körper-
5 – liche Arbeit, du bist[1] nie in einer Fabrik an einem Fließband gestanden! Du
– arbeitest zu Hause, gehst in die Schule, machst deine Unterrichtsvorbereitungen
– oder wie das heißt, du korrigierst Schulhefte, und Monika darf immer tun, was
– sie will. Sie liegt bei dir im Bett, und ich schlafe auf dem Sofa. Einverstanden!
– Aber sie soll um sieben Uhr ins Bett gehen und nicht um neun! Du bist eine
10 – furchtbar bequeme Dame! Was hast du deiner Tochter beigebracht, außer wie
– man einen Bleistift hält? Und Konversation! Ihr redet miteinander, gut! Ihr dis-
– kutiert, wie man das heute so schön nennt. Aber wann kochst du für sie? Und
– was soll ich essen? Ab wann gibt es hier eigentlich ein Erwachsenenprogramm?
– Alles dreht sich um das Kind! Du schadest ihr! Sie muss es lernen, sich anzu-
15 – passen! Und zwar an uns!"
– Er sagte dann noch, dass wir Lehrer alle spinnen, dass er mehr Lebenserfahrung
– hat, auch wenn er nach der Abendmatura[2] Psychologie studiert hat, und er hat
– einen saublöden Job, er muss Farben für Tapeten auswählen, damit Angestellte
– lieber arbeiten, und er ist auf der Suche nach angstlösenden Farbtönen, seit
20 – Monaten, und das nimmt ihn sehr her, „warme Beigetöne für einen eiskalten
– Obermacher, aber sanftes Timbre für seine Kleidung, und bei Hosen muss ich
– immer an die Hosen vom Hermann denken, und dann kommt mir die Galle
– hoch, weil der Hermann zu genau den Typen gehört, die mit ihrer Kleidung von
– sich ablenken. Ich möchte dann wieder in die Schokoladenfabrik gehen, dort
25 – verdiene ich mir mein Brot ehrlicher."
– Monika fragte dazwischen, ob die Sonne Augen hat und ob sie die zumacht,
– wenn sie schlafen geht, und wo die Vögel schlafen und die Hunde, und ob ein
– Baum auch schläft.
– Johann: „Es ist normal, wenn ein Kind am Abend gebadet wird, ob es will oder
30 – nicht, das ist eine Frage der Disziplin, und dann ist Ruhe! Es ist nicht so, dass
– ich Kinder nicht mag! Aber du und sie, ihr seid unerträglich! Immer gibst du ihr
– nach! Alles erklärst du ihr! Und mit einer Geduld, die schädlich ist! Nicht alle
– Menschen werden so viel Geduld mit ihr haben! Sie nervt mich!"
– Große Debatte, ob es nicht besser ist, wenn ein Mensch immer Geduld hat, so
35 – dass dann die Ungeduld anderer nicht so weh tut.
– Johann: „Abhärten! Du machst ihr ein Paradies. Du lebst mit ihr in einer Lüge."

[1] süddeutsch für: du hast gestanden

[2] Abiturprüfung, die man nicht nach dem Besuch einer Oberschule, sondern nach der Teilnahme an
   speziellen Abendkursen für Erwachsene abgelegt hat

I. Diskutieren Sie das Sprichwort: „Was Hänschen nicht lernt, lernt Hans nimmermehr."

II. Lesen Sie den Text zu Hause bzw. in Partner-oder Gruppenarbeit in der Klasse durch und klären Sie den unbekannten Wortschatz. **H**

Zum Textverständnis

III. Macht Johann seiner Lebensgefährtin die folgenden Vorwürfe?

Ja, in Zeile …   nein

1. Sie und die anderen Lehrer wissen alles nur theoretisch.
2. Der Tochter Monika wird nichts verboten.
3. Die Mutter handelt nur aus Bequemlichkeit und bringt der Tochter nichts Vernünftiges bei.
4. Sie kocht nur für das Kind.
5. Das Kind sitzt die ganze Zeit vor dem Fernseher.
6. Die Mutter ist zu ungeduldig.
7. Das Kind erhält falsche Vorstellungen von der Welt.

IV. Bitte beantworten Sie folgende Fragen:
1. Was sagt Johann über die Lehrer?
2. Welchen Beruf übt er aus?
3. Wo würde er lieber arbeiten?

V. Wie steht das im Text?
1. Das Kind steht ganz im Mittelpunkt.
2. Er hat eine unangenehme Tätigkeit.
3. Das kostet ihn viel Kraft.
4. Ich werde sehr wütend.
5. Das geht mir auf die Nerven.

Zum Inhalt

VI. Äußern Sie sich über die folgenden Fragen schriftlich, oder bereiten Sie sie in Gruppenarbeit für eine Diskussion vor:
1. Was denken Sie über Monikas Erziehung?
2. In welchen Punkten hat Johann Recht?
3. Welche Probleme halten Sie bei der Erziehung für besonders wichtig?

I, 7

Äußern Sie sich mündlich oder schriftlich:

1. Was sehen Sie auf der Karikatur?
2. Wie reagieren die Männchen? (überrascht, unerwartet, unpassend, …?)

I, 8   **Unter 20**

Junge Leute unter 20 – was beschäftigt sie, was wollen, was hoffen sie? Wir fragen jede Woche nach, einmal in West, einmal in Ost.

Und dann wütest du da rum

1 – Marcel ist sechzehn Jahre alt. Er lebt in einer Kleinstadt bei Berlin. Sein Hobby
   – sind Computerspiele.
   – *Ist das dein einziges Hobby?*
   – Nee, nich' ganz. Radfahren vielleicht noch, bisschen rumbummeln. Durch die
5 – Stadt ziehn. Aber meistens Computer spielen.
   – *Was macht denn Spaß daran?*
   – Das Rumknipsen, da drücken und da drücken, schnell sein, da mal 'nen biss-
   – chen schießen. Man muss schnell reagieren. Det macht einfach Spaß. Bisschen
   – so, als wenn man raucht.
10 – *Wie oft sitzt du denn an deinen Computerspielen?*
   – So in der Woche drei-, viermal. Wenn ich von der Schule komme, wird sich hin-
   – gesetzt¹, dann wird Computer gespielt bis abends. Zuerst hab' ich ja nur zuge-
   – kiekt, mal ein paar Mark in den Automaten gesteckt, aber dann hat's so Spaß
   – gemacht, und dann macht man's immer wieder.
15 – *Wenn du nicht nur zu Hause spielst, sondern auch am Automaten, ist das ein*
   – *ganz schön teures Hobby.*
   – Na, so zwei bis zehn Mark am Nachmittag gehn schon dafür drauf. Dann bleibt
   – noch was fürs Rauchen und 'nen bisschen Disco und paar Bierchen.
   – *Ist Computer spielen besser als Fernsehen?*
20 – Im Fernsehen kommt doch sowieso nischt Richtiges. Is' doch nur langweilig.
   – *Warum macht das hauptsächlich Jungens Spaß?*
   – Mädchen spielen auch, aber nich' so oft.
   – *Was glaubst du, warum?*
   – Jungens haben mehr Interesse an so Computern. Mädchen haben keine Ahnung
25 – davon. Die kapieren das einfach nich'. Man kann denen beibringen, jetzt musste
   – dahin oder dahin – die kapiern das einfach nich'!
   – *Wie kommt denn das?*
   – Jungens sind einfach intelligenter.
   – *Jetzt grinst du so, als ob du's gar nicht ernst meinst.*
30 – Doch, das mein' ich ernst.
   – *Wie gut bist du denn in der Schule?*
   – Na, mittel, drei bis vier.
   – *Da gibt es unter Garantie Mädchen, die besser sind als du.*

38 – Gibt es, aber is mir doch egal. Scheißschule. Interessiert mich doch gar nich'
‒ mehr. Lernt man doch sowieso nischt. Jetzt am Montag haben wir alle dage-
40 – sessen, Beine auf den Tisch und nur drauf gewartet, dass es vorbei is'. Die Leh-
‒ rer bieten doch nischt.
‒ *Was müssten sie denn bieten?*
‒ Weeß ick nich'. Irgendwas mit Musik vielleicht. Aber nich' Beethoven und so,
‒ sondern unsere Musik. Aber jetzt is' es so: immer rumsitzen, det machen, det
45 – machen, schreiben, rechnen – das ist tierisch[2] anstrengend. Wenn mittags die
‒ Schule zu Ende is' – uff, endlich zu Hause. Da muss ich mich erst mal erholen.
‒ Leg' ich mich aufs Bett, Musik hörn, und dann, na ja, Computer.
‒ *Nach einer Stunde Unterricht bist du völlig k.o. Aber Computer spielen kannst*
‒ *du stundenlang.*
50 – Weil' das aufregender is'! Da passiert immer was.
‒ *Was würdest du denn machen, wenn's keine Computer gäbe?*
‒ Zu Ostzeiten gab's ja keine bei uns. Da bin ich mit meinen Kumpels rumge-
‒ fahrn, mit Fahrrad, haben wir die Gegend unsicher gemacht.
‒ *Und warum machst du das jetzt nicht mehr?*
55 – Is' langweilig. Hier ist ja nichts anderes los.
‒ *Was müsste denn los sein?*
‒ Es müsste mehr Disco sein. Hier im Kreis gibt's ja Disco, aber da kommt man
‒ ja nirgendshin, wenn man kein Auto hat.
‒ *Wenn man vorm Computer sitzt, ist man ja ganz schön alleine.*
60 – Nö, da siehst du die Figuren, bist aufgeregt, ob du das schaffst. Und dann
‒ wütest du da rum.
‒ *Aber das sind ja keine Menschen.*
‒ Das nich'. Aber trotzdem ärgert man sich oft. Da möchte man am liebsten den
‒ Computer auseinandernehmen, wenn irgendwas nich' klappt. Aber dann
65 – schmeißt man wieder 'ne Mark rein und hofft, dass es beim nächsten Spiel
‒ funktioniert.
‒ *Was sagen deine Eltern dazu, dass du immer vorm Computer hockst?*
‒ Gar nicht. Die haben mir ja den Computer geschenkt. Die freuen sich, dass ich
‒ dann zu Hause bin. Dann kann ich wenigstens keinen Scheiß baun.

Mit Marcel sprach Vera Gaserow

Die Zeit, 21.5.93

1 umgangssprachlich für: setze ich mich hin, setzt man sich hin
2 umgangssprachlich: sehr anstrengend

I. Sammeln Sie in Gruppenarbeit Argumente zu folgendem Thema und besprechen Sie es in der Klasse oder äußern Sie sich dazu schriftlich:
Welche positiven und negativen Eigenschaften hat der Computer für junge Leute?

II. Lesen Sie den Text zu Hause bzw. in Partner-oder Gruppenarbeit in der Klasse durch und klären Sie den unbekannten Wortschatz. **H**A

Zum Textverständnis

III. Steht das im Text? Wo?

	Ja, in Zeile …	nein
1. Marcel ist Berliner.	▦	▦
2. Er spielt ungefähr jeden zweiten Tag Computerspiele.	▦	▦
3. Die Lehrer machen keinen interessanten Unterricht.	▦	▦
4. Wenn die Schule mittags aus ist, bin ich froh, wenn ich wieder zu Hause bin.	▦	▦
5. Die Diskotheken im Kreis sind leicht zu erreichen.	▦	▦

IV. Wie steht das im Text?

1. Zwei bis zehn Mark werden dafür schon ausgegeben.
2. Im Fernsehen wird nichts Interessantes gesendet.
3. Das strengt sehr an.
4. Hier findet sonst nichts statt.
5. Wie reagieren deine Eltern darauf, dass du immer vor dem Computer sitzt?
6. Es müsste mehr Diskotheken geben.
7. Als die DDR noch existierte.
8. Und dann spielst du ganz aufgeregt.

V. Im Text gibt es verschiedene Redewendungen in der Umgangssprache oder im Berliner Dialekt. Was bedeutet:

1. zugekiekt
   - a) ▦ zugehört
   - b) ▦ zugesehen
   - c) ▦ gedrückt

2. nischt Richtiges
   - a) ▦ nichts Richtiges
   - b) ▦ nur Richtiges
   - c) ▦ alles Richtige

3. musste
   - a) ▦ muss man
   - b) ▦ musst du
   - c) ▦ sollst du

4. weeß ick nich
   - a) ▦ wüsste ich nicht
   - b) ▦ weiß ich genau
   - c) ▦ weiß ich nicht

5. keinen Scheiß bauen
   - a) ▦ keine Dummheiten machen
   - b) ▦ keine Drogen nehmen
   - c) ▦ keine Unfälle verursachen

VI. **Zur Grammatik**

1. Im Text stehen viele Sätze mit dem Verb am Anfang. Eine solche Sprechweise tritt vor allem in der lebhaften Umgangssprache auf. Suchen Sie diese Sätze heraus und machen Sie daraus Sätze mit normaler Verbstellung.

2. Verbzusatz (he-)rum: Es gibt im Text auffallend viele Verben mit dem Verbzusatz „-rum". Suchen Sie diese heraus und machen Sie sich die Bedeutung klar.

Zum Inhalt

VII. **Zum Inhalt**

1. Woran kann es liegen, dass der Junge die Schule als negativ erlebt?
2. Würden Sie den Jungen als asozial einschätzen?
3. Was müsste die Schule anders machen, um attraktiver zu sein?
4. Wie wird die Entwicklung des Jungen wahrscheinlich weitergehen?

I, 9   Abitur mit russischen Liedern

Manfred Stolpe

Lehrer brauchen Charisma und Motivation

 1 – Eigentlich sollte ich in mein ehemaliges Klassenzimmer gehen und mich dort
   – zu Erinnerungen an meine Schulzeit inspirieren lassen. Leider ließen die vielen
   – Termine eine Reise nach Stettin und Ostpommern nicht zu.
   – An meine ersten Schuljahre kann ich mich noch sehr gut erinnern. Zunächst
 5 – ging ich in Stettin in eine Großstadtschule. Als dann die Bombenangriffe ein-
   – setzten, brachten mich meine Eltern aufs Land – nach Ostpommern.
   – Des kleine Dorf heißt jetzt Slawa. Ich lernte in einer Einklassenschule. Für ein
   – Stadtkind wie mich war das ein gemütliches Dasein. Das Lernen fiel mir leicht,
   – und da ich schon recht früh gut lesen und schreiben konnte, wurde ich von
10 – meinem Lehrer als dessen „Vertreter" eingesetzt. Das hatte folgenden Grund:
   – Mein Lehrer interessierte sich mehr für seine Bienen und ging deshalb während
   – des Unterrichts häufig nach draußen, um zu sehen, ob mit seinen Bienenstöcken
   – alles in Ordnung ist. In seiner Abwesenheit ließ er uns Arbeiten schreiben und
   – beauftragte mich, an seiner Stelle die Aufsicht zu führen. Als Lehrer gelang es
15 – ihm, eine Art Unterricht zu führen, die nah am Leben dran war. Die Naturver-
   – bundenheit, die er mir dadurch vermittelte, ist bis heute geblieben. Meine Er-
   – innerungen an die Schulzeit sind also eher mit Romantik verbunden. Sie sind
   – aber gleichzeitig auch mein „Urbild" von der Schule. So stelle ich sie mir vor:
   – Hier sollen die jungen Leute nicht nur stillsitzen und von den Lehrern bearbeitet
20 – werden. Schule sollte lebendig sein und Verbindungen zu lebensnahen Vorgän-
   – gen herstellen. Das ist auch ein Grund dafür, weshalb ich für das polytechnische
   – Schulsystem in der DDR immer sehr viel Verständnis aufgebracht habe.
   – Wenn ich Bildungsminister wäre, würde ich mir ernsthafte Gedanken darüber
   – machen, wie der Schulunterricht auch mehr Spaß machen kann. Das gute
25 – Grundverhältnis zur Schule hat mir besonders in den Wirren der Nachkriegszeit
   – sehr geholfen, mein Idealbild von dieser Institution nicht zu zerstören. Für mich
   – war und blieb die Schule immer eine freundliche Einrichtung. Und, ich bitte das
   – nicht zu vergessen: In der Schule wurden doch alle wichtigen Verabredungen
   – des Lebens getroffen![1]
30 – Wenn ich mich an Einzelvorgänge aus der Schulzeit erinnere, dann denke ich
   – zuerst an Gemeinschaftserfahrungen oder an Streiche. Schon viel mühsamer ist
   – es, sich daran zu erinnern, was ich eigentlich beim Abitur gefragt wurde. Es war
   – nachmittags fünf Uhr. Die Lehrer waren von den Prüfungen erschöpft und mit
   – den Nerven fix und fertig. Sie wollten sich eine kleine Lockerungsübung ver-
35 – schaffen; deshalb musste ich auf Russisch singen. Musikalisch war das wohl
   – eine Katastrophe. Aber wir hatte alle unseren Spaß. Und den muss es in der
   – Schule geben.

38 **Freizeitgestaltung**

Ich frage mich heute auch, ob genügend getan wird, den Schulen die Chance zu
40 eröffnen, Anlaufpunkt für die Integration Jugendlicher und deren Freizeitgestaltung zu sein, was ich für sehr wichtig halte. Deswegen fördere ich mit viel Eifer
die Vorhaben der Schulen, gesonderte Räume für Jugendliche zu schaffen. Das
können sowohl Schülercafés, Schülerclubs oder andere Plätze für Freizeitgestaltung sein.
45 Erinnerung an die Schulzeit bedeutet natürlich auch die Erinnerung an
bestimmte Lehrer. Die Person des Lehrers ist ein wichtiger Faktor an der
Schule. Pädagogisches Verhalten kann nach meinen Erfahrungen nicht allein
durch Studium und Seminare erlernt werden.
Lehrer brauchen Charisma. Es ist wichtig und nötig, begabte Menschen zu
50 ermutigen, sich dem außerordentlich interessanten, wichtigen und schönen
Dienst an der nachwachsenden Generation zu widmen. Ich wünschte mir, dass
alle Schülerinnen und Schüler mit guten Erinnerungen an ihre schöne und
geliebte Schulzeit zurückdenken und viele Pädagogen dazu beitragen.

Manfred Stolpe ist Ministepräsident von Brandenburg

Süddeutsche Zeitung, 23. 6. 93

[1] werden die Weichen für das Leben gestellt, wichtige Pläne und Vorsätze für das Leben gefasst

I. Vorinformation

Stettin und Ostpommern gehören heute zu Polen.
Wegen der Bombenangriffe wurden Schulen in Städten damals oft
„evakuiert", d.h. man verlagerte sie aufs Land.
Eine Einklassenschule ist eine Dorfschule, in der alle Klassen gleichzei-
tig in einem Raum unterrichtet werden.
Das polytechnische Schulsystem der DDR sah u. a. auch praktische
Arbeit in den Betrieben vor.

II. Einführendes Gespräch

1. Denken Sie gerne an Ihre Schulzeit zurück?
   (Bzw. Gehen Sie gerne zur Schule?)
2. Welche Erinnerungen daran sind für Sie besonders angenehm oder
   unangenehm?

III. Lesen Sie den Text zu Hause bzw. in Partner-oder Gruppenarbeit in der Klasse durch und klären Sie den unbekannten Wortschatz. H

Zum Textverständnis

IV. Bitte beantworten Sie folgende Fragen:

1. Welche Rolle spielte der Verfasser in der Schule?
2. Woran denkt Stolpe zuerst, wenn er sich an die Schulzeit erinnert?
3. Warum musste er beim Abitur ein russisches Lied singen?
4. Was brauchen Lehrer?
5. Was wünscht sich der Verfasser?

V. Notieren Sie, was zu folgenden Punkten gesagt wird:

1. Das Verhalten des Lehrers in der Dorfschule
2. Wie sollte die Schule nach Stolpes Vorstellungen aussehen?

VI. Setzen Sie eins der folgenden Substantive ein:

Anmeldung   Plan   Termin Verabredung   Vereinbarung   Vorhaben

1. Sehen wir uns morgen?
   Das geht leider nicht, da habe ich schon _____ ander____
   _____.
2. Denkst du auch daran, alles für den Urlaub vorzubereiten?
   Ja, ich muss nur noch _____ _____ bei meinem Zahn-
   arzt ausmachen.

3. Wann wird über diesen Fall entschieden?
   _____ _____ für die Gerichtsverhandlung ist morgen.
4. Seltsam, dass die beiden Staaten sich über diese Frage nicht einigen
   können.
   Nun, immerhin haben die beiden Außenminister _____ folgend____
   _____ getroffen.
5. Die Produktion der Firma ist ja ziemlich zurückgegangen.
   Das ist richtig, deshalb plant das Unternehmen verschiedene
   _____ für die nächste Zeit.
6. Erst mal mache ich mein Diplom.
   Und wie steht es mit deinen _____ für die Zukunft?
7. Kommst du heute Abend mit ins Konzert?
   Ich kann nicht, ich habe _____ _____ mit meiner Freundin.
8. Wie dumm, diese Sache habe ich völlig vergessen!
   Warum hast du dir das nicht in deinem _____kalender
   notiert?

9. Ich muss mal dringend mit dem Chef sprechen!
   Ja, aber ohne _____ können Sie nicht einfach in sein Büro
   gehen.
10. Wolltet ihr nicht umziehen?
   Noch nicht, aber für das nächste Jahr haben wir
   Umzugs_____.

Zum Inhalt

VII. Äußern Sie sich schriftlich oder mündlich, nach Vorbereitung in Partner-oder Gruppenarbeit, über folgende Forderungen oder Behauptungen des Verfassers:
1. Lernen soll Spaß machen.
2. Die Schule entscheidet über das ganze Leben.
3. Die Schule soll helfen, Jugendliche zu integrieren und auch ihre Freizeit zu gestalten.
4. Lehrer sollen nicht nur Wissen vermitteln, sondern durch ihre Persönlichkeit wirken.

Kapitel II

Erziehung, Familie, Erwachsenwerden

Über Ziele und Methoden der Erziehung ist die Gesellschaft heute zerstrittener denn je. Die allgegenwärtigen Konflikte an Schulen und im Elternhaus zeigen, dass die Praxis im Umgang mit der Jugend oft versagt hat. Das Fehlen von verbindlichen Werten und anerkannten Vorbildern schafft Verunsicherung, Frustration und führt unter den Jugendlichen nicht selten zu Protest, Aggression und sogar Gewalt. Die Fronten und Gegensätze zwischen den Generationen werden verstärkt sichtbar. Da die Familie immer mehr von ihrer bindenden Kraft zwischen Jüngeren und Älteren verliert, gewinnen stattdessen Interessen und Aktivitäten außerhalb der Familie an Bedeutung. Die Jugendlichen bewegen sich zunehmend in ihrer eigenen Welt, einer vielgestaltigen Jugendszene, wo die Vorbereitung auf das Erwachsenwerden und das traditionelle Rollenverständnis nicht unbedingt „gelernt" und eingeübt werden.

II, 1

Äußern Sie sich mündlich oder schriftlich:

1. Beschreiben Sie, was auf der Karikatur zu sehen ist.
2. Wie realistisch ist der Wunsch vieler Ehepaare, dass sich ihre Kinder genau nach ihren Vorstellugen entwickeln?

II, 2   Ist Erziehung machbar?

Matthias Horx

1 – Ich erinnere mich nur zu gut an einen Besuch bei einem Kollegen, den ich nur
  – flüchtig kannte und dessen geistreicher Zynismus mir immer Spaß gemacht
  – hatte – ich hielt ihn, das muss ich gestehen, für einen Kinderhasser. Um so
  – größer war meine Verwunderung, als er mir seine schöne, blonde, etwas über-
5 – arbeitete Ehefrau vorstellte – und fünf Kinder im Alter zwischen zwei und
  – zwölf. „Die haben sich", sagte er trocken, „irgendwie alle selbst gezeugt." Der
  – Abend in dieser verrückten Familie war ein Erlebnis. Die Kinderschar verbrei-
  – tete bis halb zehn fröhliches Leben im Hause, dann ließ sie sich von „Papi" und
  – „Mami" ohne Widerworte und mit einer milden, aber unzweifelhaften Strenge
10 – ins Bett bringen. Die Frau des Hauses behauptete mit einer ruhigen, resoluten
  – Selbstverständlichkeit, die mir Respekt abnötigte, dass sie nicht die geringste
  – Lust auf Beruf und Karriere hätte – das hier würde sie bei weitem genug
  – Nerven kosten. Man spielte Klavier. Die Größeren belehrten die Kleineren, die
  – Kleinen alberten auf eine Weise herum, die nicht davon ausging, dass irgend-
15 – welche Erwachsenen zuschauten oder endlich zuschauen sollten. Es war Leben
  – in der Bude.
  – Kinder wachsen komischerweise dann am besten auf, wenn sie gewissermaßen
  – „mitlaufen", wenn ihnen nicht mit „Methoden", und seien sie noch so gut
  – gemeint, zu Leibe gerückt wird. Erziehung entzieht sich ganz und gar der
20 – „Machbarkeit", sie ist im originären Sinne eine persönliche Angelegenheit, die
  – hundertmal mehr mit dem Charakter der an ihr Beteiligten zusammenhängt als
  – mit irgendwelchen Techniken. Nur über eines sollte man sich vollkommen im
  – Klaren sein: Kinder sind, so sehr man sich auch biegt und wendet, mit den
  – Bedürfnissen moderner Emanzipation nicht in Einklang zu bringen. Sie sind, im
25 – Wortsinn, ein Rückschritt – in klarere Rollenbilder, in Eindeutigkeiten, in eine
  – Zeit und einen Raum, in denen andere Maßstäbe wichtiger sind als die der
  – Selbstverwirklichung. Vielleicht ist es ja gerade das, was Elternschaft so
  – attraktiv macht.

Aus: Matthias Horx, Das Wörterbuch der 90er Jahre, S. 158/159.
Goldmann Verlag, © Hoffmann und Campe, 1991

I. **Lesen Sie den Text zu Hause bzw. in Partner- oder Gruppenarbeit in
der Klasse durch und klären Sie den unbekannten Wortschatz.**   H

II. **Der Text besteht aus zwei Teilen. Markieren Sie diese und zeigen
Sie die unterschiedlichen Merkmale (Sprache, Form).**

Zum Textverständnis

III. Wird das im Text gesagt?

Ja, in Zeile …   nein

1. Der Autor besucht einen ihm gut bekannten Kollegen.

2. Dieser war verheiratet und hatte 5 Kinder.

3. Die Kinder spielten fröhlich und gingen dann ins Bett.

4. Die Frau des Hauses hatte keine Lust auf Beruf und Karriere.

5. Kinder wachsen am besten auf, wenn man sie mit gut gemeinten Methoden erzieht.

6. Bei der Erziehung ist der Charakter wichtiger als Techniken.

7. Kinder passen nicht zur Idee einer modernen Emanzipation.

8. Kinder brauchen zu ihrer Orientierung klare Maßstäbe, wie sie früher üblich waren.

IV. Wie ist das im Text ausgedrückt?
1. Ich erinnere mich sehr gut …
2. Deshalb war ich sehr verwundert …
3. Die Arbeit zu Haus sei anstrengend genug …
4. Wenn sich Kinder natürlich entwickeln und nicht mit „Methoden" behandelt werden …
5. Erziehung kann nicht gemacht werden …
6. Eines sollte man genau wissen …
7. Kinder passen nicht zu den Bedürfnissen moderner Emanzipation …

V. Erklären Sie genauer!
1. Was hatte dem Autor an seinem Kollegen immer gut gefallen?
2. Waren die fünf Kinder genau „geplant"?
3. Wie wurden die Kinder ins Bett gebracht?
4. Welchen Eindruck machten die Kinder beim Spielen?
5. Womit hängt Erziehung ganz eng zusammen?
6. In welchem Sinn sind Kinder ein Rückschritt?
7. Was macht Elternschaft so attraktiv?

Zum Inhalt

VI. Was ist mit Methoden und Techniken der Erziehung konkret gemeint?

Welche Rolle spielen dabei Begriffe wie: Strenge, Verständnis, Gehorsam, Spaß, Rücksicht, Respekt, Lob, Strafe etc.?

VII. Suchen Sie Argumente für autoritäre und für nicht-autoritäre Erziehung und diskutieren Sie miteinander über die Vorteile oder Nachteile.

VIII. Schriftliche Hausaufgabe H$_A$

1. Schreiben Sie ein paar Zeilen über die Erfahrungen, die Sie selbst als Kind/Jugendliche(r) gemacht haben.
2. Wie würden Sie selbst Kinder erziehen?

II, 3   Kinderheirat

Matthias Horx

1 – Dass Kinder das Leben beschneiden, hat Edith an einigen Freundinnen live
 – erleben können – wie sie sich langsam vom Leben abwandten, im Haushalt ver-
 – gruben, mit ihren Mackern versackten und, man muss das ehrlich sagen, zuneh-
 – mend verdummten. Warum sie trotzdem bei ihrer letzten Schwangerschaft keine
5 – Sekunde zweifelte, vermag sie nicht zu sagen. Aber sie hat gelernt, auch Ent-
 – scheidungen zu treffen, die scheinbar irrational sind; der Sinn, so hat sie gelernt,
 – ergibt sich oft erst nachträglich.
 – Eines jedenfalls war klar: Der kleine Johannes würde ihr Leben nicht beschnei-
 – den. Gernot würde in die Pflicht genommen, aber hallo. Er brauchte erst gar
10 – nicht zu versuchen, sich herauszureden wie die Typen im Bekanntenkreis. Das
 – machte er auch nicht. Dummerweise wurde das Leben zu dritt nach einem hal-
 – ben Jahr trotzdem unerträglich. Gernot dachte nicht daran, seine Kneipentouren
 – aufzugeben. Er trank ziemlich viel. Er kümmerte sich um Johannes, aber nach-
 – lässig. Als er Edith betrog, warf sie ihn raus. Am nächsten Tag stand er reumütig
15 – vor der Tür. Sie einigten sich auf einen Kompromiss.
 – Gernot suchte sich eine Einzimmerwohnung fünf Straßen weiter und rückte
 – einen Tausender im Monat heraus, immer pünktlich und zuverlässig. Jedes
 – Wochenende verbrachte "Jojo" mit ihm, und in dieser Zeit herrschte, darauf
 – hatte man sich geeinigt, striktes „Frauenverbot", also keine Liebhaberinnen. Nur
20 – nicht kirre machen lassen von Kleinkindern! Wochentags zog Edith mit dem
 – kleinen Johannes kreuz und quer durch die Stadt, nahm ihn mit ins Institut, wo
 – sie eine Zweidrittelstelle hatte (er mochte den Kinderladen nicht), zog ihn im
 – Bollerwagen mit zum Einkaufen, abends konnte er auch in einer verräucherten
 – Kneipe auf der Bank einschlafen. „Da kommen Jojo und Edith", hieß es bald
25 – statt wie früher: „Da kommen Edith und Gernot."
 – Im letzten Herbst allerdings hatte Edith erst einmal die Nase voll, von der
 – grauen Stadt, der kinderfeindlichen Welt, dem Wetter, dem ganzen Scheißleben.
 – Sie organisierte im Büro eine Vertretung, packte ihre Sachen, klemmte sich den
 – „Kurzen" unter den Arm und flog, den Flug zahlte die Mutter, nach Gomera.
30 – Dort mietete sie sich für einen Spottpreis ein kleines Appartement mit Sicht aufs
 – Meer und überwinterte.

Aus: Matthias Horx, Das Wörterbuch der 90er Jahre,
Goldmann Verlag, © Hoffmann und Campe, 1991

I. Einführendes Gespräch

1. Was könnte „Kinderheirat" bedeuten?
   (Heirat zwischen / mit / wegen Kindern …)
2. Normalerweise wachsen Kinder bei ihren Eltern auf.
   Wann ist dies nicht der Fall?

II. Lesen Sie den Text zu Hause bzw. in Partner- oder Gruppenarbeit in der Klasse durch und klären Sie den unbekannten Wortschatz.

Textverständnis

III. Steht das sinngemäß im Text?

Ja, in Zeile …   nein

1. Kinder haben einen negativen Einfluss auf das
   Leben ihrer Mütter.
2. Edith war sofort mit ihrer Schwangerschaft
   einverstanden.
3. Gernot erfüllte seine Rolle als Vater, wie Edith es
   erwartet hatte.
4. Gernot und Edith haben sich getrennt.
5. Gernot wollte mit seinem Sohn Johannes (Jojo)
   nichts mehr zu tun haben.
6. Edith nahm ihren Sohn Johannes überall mit.
7. Nach einiger Zeit verließ Edith ihren Sohn und
   suchte sich ein kleines Appartement.

IV. Beantworten Sie folgende Fragen aus dem Text.

1. Was hat Edith bei ihren Freundinnen beobachtet,
   als diese Kinder bekamen?
2. Warum wurde das Leben zu dritt bald unmöglich?
3. Wann kam es dann zur Trennung?
4. Worauf einigten sich die Eltern nach der Trennung?
5. Wie versuchte Edith, ihr normales Leben weiterzuführen?
6. Aus welchen Gründen flog Edith für längere Zeit ans Meer?

V. Was bedeuten folgende idiomatische/umgangssprachliche Wendungen?

1. … mit ihren Mackern versackten …
   a) ▉ sich mit ihren Partnern zurückzogen
   b) ▉ im Leben versagten
2. … aber hallo. …
   a) ▉ sie würde ihn rufen
   b) ▉ er würde sich wundern
3. … rückte einen Tausender im Monat heraus …
   a) ▉ zahlte monatlich tausend Mark
   b) ▉ sparte tausend Mark im Monat
4. … Nur nicht kirre machen lassen …
   a) ▉ sich nicht beherrschen lassen
   b) ▉ nur die Ruhe bewahren
5. … hatte Edith erst einmal die Nase voll …
   a) ▉ sie war stark erkältet
   b) ▉ sie hatte genug davon/es reichte ihr
6. … klemmte sich den „Kurzen" unter den Arm …
   a) ▉ sie nahm das Kind mit sich
   b) ▉ sie zwickte das Kind in den Arm

Zum Inhalt

VI. Inwiefern verändern Kinder das Leben ihrer Eltern?
Denken Sie z. B. an Freizeit, materielle Folgen, Entscheidungen für die Zukunft etc.

VII. Kontrovers diskutieren.
Suchen Sie Argumente dafür,
1. dass Kinder das Leben ihrer Eltern bereichern, positive Erfahrungen und Freude bedeuten;
2. dass Kinder das Leben ihrer Eltern belasten, ihre Freiheit und Entwicklung beschneiden.

II, 4   Das erzählt Papi alles der Mami …

Christof Weigold ist letztmalig mit seinen Kindern unterwegs

1 – So Kinder, wir gehen jetzt da rein. Ich nehme mir jetzt hier den Einkaufswagen,
 – und ihr habt ja eure Puppenwagen, gell? Und los geht's.
 – Ja, natürlich, Laura-Marie. Natürlich dürft ihr euch frei bewegen. In einem
 – Supermarkt soll man sich schließlich wohl fühlen, Dennis-Kevin. Dafür bezahlt
5 – man doch. Wie im Kinderladen, genau. Leb dich nur aus, Danny-Tom. Du
 – darfst ruhig auf den Kiwis rumklettern. Aber nicht runterwerfen!
 – Also gut. Wir brauchen sowieso ein paar Kiwis. Die sind ganz arg gesund für
 – euch. Wollen mal sehen, was wir noch auf dem Einkaufszettel haben. Holst du
 – mir ein Netz Orangen, Laura-Marie, du bist doch schon groß?
10 – Vorsicht mit der alten Dame, Dennis-Kevin! Ja, necken schon, aber nicht in die
 – Fersen fahren! Er will ja nur spielen, meine Dame. Goldig, ja. – Was bringt
 – meine Große denn da? Das hast du prima gemacht! Nur, guck mal, das nennt
 – man Grapefruits – und das da nennt man Schimmel, weißt du – nicht auf die
 – Jutetasche! – Hoppla, jetzt wär' ich beinahe autoritär geworden … Was soll's,
15 – daheim müssen wir sowieso waschen.
 – Danny-Tom? Wo ist Danny-Tom? Ja, ich seh ihn, Laura-Marie. Selbstständiger
 – kleiner Bursche! Gleich fünf Überraschungseier? Jetzt holst du noch eins, dann
 – sind es für jeden zwei, du musst paritätisch denken, gell.
 – Eierstand? Sie meinen, richtige Eier? Ja, am Eierstand. Ich hab schon ver-
20 – standen. Danke, dass Sie es mir gesagt haben. Nein, nicht weinen, Dennis-Kevin.
 – Ich schimpf dich nicht, das macht nur die autoritäre Frau in dem Kittel. Sei nur
 – natürlich. Lass dich nicht manipulieren wie die großen Leute, die kriegen näm-
 – lich Neurosen und so was.
 – So, und jetzt stellt euch in die Reihe da. Ja, stellt euch einfach rein. – Sie lassen
25 – Laura-Marie doch vor, ja? Sie hat ja nur fünfzehn Überraschungseier in ihrem
 – Wägelchen, das geht schnell. Ich stell mich dazu, wenn das für Sie in Ordnung
 – ist. – Danny-Tom! Wo ist Danny-Tom schon wieder? Mein Gott! Danny-Tom!!
 – Du willst zehn Schachteln Marlboro mitnehmen?! Nein, machen Sie da bitte ein
 – Storno. Ich weiß, es ist echt nicht Ihr Fehler … Jetzt werd' ich aber bös, Dennis-
30 – Kevin! Zigaretten sind bös! Hör auf zu greinen, Laura-Marie! Blöde Tucke[1]!
 – Gleich setzt's was! Wirst du wohl …
 – Nein, ich schlag dich nicht. So weit wirst du mich nicht bringen, dass ich hier
 – faschistoid werde! Aber das sag ich dir, das erzählt der Papi der Mami, wenn sie
 – heute Abend nach Hause kommt!!

Süddeutsche Zeitung, 8./9. 5. 93

[1] Tucke = Huhn, dummes Huhn (Schimpfwort)

I. Manchmal bringen kleine Kinder ihre Eltern in Verlegenheit.

Kennen Sie solche Situationen? Erzählen Sie Beispiele.

II. Was fällt Ihnen zum Titel des Textes ein? Wie könnte der Satz weitergehen?

III. Lesen Sie den Text zu Hause bzw. in Partner- oder Gruppenarbeit in der Klasse durch und klären Sie den unbekannten Wortschatz. H▲

Zum Textverständnis

IV. Bringen Sie Ordnung in das Geschehen:

1. Stellen Sie fest, wer mit wem spricht. Achten Sie dabei auf die Personalpronomen.
2. Wie heißen die verschiedenen Kinder und was erfährt man von ihnen? Wie benehmen sie sich im Supermarkt?

   Laura-Marie: …

   …

V. Der Vater wechselt ständig zwischen Lob und Tadel.

Was findet er gut/richtig, was findet er schlecht/falsch? Geben Sie Beispiele aus dem Text und achten Sie dabei auf die Imperative.

z. B.   *gut/richtig*   *schlecht/falsch*

Natürlich dürft ihr euch frei bewegen.   Aber nicht runterwerfen!

…   …

Zum Inhalt

VI. Warum ist es für kleine Kinder so schwierig, sich so zu benehmen, wie es die Eltern bzw. Erwachsenen erwarten?

VII. Sollte man kleine Kinder überallhin mitnehmen (zum Einkaufen, zu Veranstaltungen, bei Besorgungen, bei Besuchen etc.)?

Nennen Sie Gründe dafür und Gründe dagegen.

II, 5 Bettruhe

Olaf Krohn

1 – Früher, auf Klassenfahrten, standen wir den Aufenthalt in einer Jugendherberge
 – sowieso nur durch, weil es ein Leben nach der Bettruhe gab. Um zehn Uhr
 – abends, wenn der Klassenlehrer sein Nachtlager bereitete, der Herbergsvater mit
 – dem großen Schlüsselbund seine letzte Runde drehte, war bei uns Pennälern alle
5 – Verpenntheit wie weggeblasen: Völker, hört die Signale, auf zum andern
 – Geschlecht![1]
 – Nachdem die offizielle Herbergsbeleuchtung erloschen war, begannen die Stun-
 – den der irrlichternden Taschenlampen. Dick wurde Zahnpasta auf die Türlinke
 – des Paukers geschmiert. Unser Expeditionsfieber bekämpften wir mit
10 – Lambrusco[2]. Wie brachte man es fertig, den möglicherweise bissigen Schäfer-
 – hund des Hauses auf dem Schleichweg in den Mädchentrakt auszutricksen? Und
 – würden die Knoten zwischen den Bettlaken halten, wenn wir uns von
 – Fenster zu Fenster abseilten?
 – Und natürlich gehörte es zu den ungeschriebenen Gesetzen unserer nächtlichen
15 – Abenteuer, dass wir von der achtköpfigen Belegschaft des Mädchenzimmers mit
 – einem zärtlichen Hagel aus Kopfkissen empfangen wurden. Unser Lehrer hat
 – von diesen Eskapaden nie etwas erfahren, sich aber nur gewundert, warum wir
 – tagsüber immer so schlapp waren.
 – Diese prickelnden Erinnerungen schossen mir durch den Kopf, als die Nachricht
20 – des Deutschen Jugendherbergswerks einging. Zunächst stufte ich sie als Ente
 – ein, weil sich weder Gauweiler[3] noch der Erzbischof von Fulda in größter mora-
 – lischer Entrüstung zu Wort meldete, um für das letzte Bollwerk zum Schutz der
 – Jugend vor sich selbst zu Felde zu ziehen.
 – Doch es ist wahr: In einer durchaus buchstäblich zu nehmenden Nacht-und-Ne-
25 – bel-Aktion wurde in den 627 deutschen Herbergen die Trennung der Geschlech-
 – ter abgeschafft.
 – Natürlich gehen mit der neuen Libertinage ein paar kleingedruckte Einschrän-
 – kungen einher. Zur Beruhigung aller besorgten Eltern erfolgt die koedukative
 – Einquartierung nur an volljährige Gäste.
30 – Doch auch diese hätten keinen Anspruch auf gemischtgeschlechtlich belegte
 – Etagenbetten, wiegelt die Jugendherbergszentrale in Detmold ab. Die Herbergs-
 – eltern sollen Männlein und Weiblein beim Einchecken mit prüfender Miene auf
 – ihre sittliche Reife taxieren. Man will schließlich Ärger und Unruhe im Haus
 – verhüten.
35 – Haare im Duschabfluss und eingetrocknete Zahnpastatuben lösen schließlich
 – auch zwischen den verliebtesten Pärchen tiefe Zerwürfnisse aus … Soweit es um
 – Ordnung geht, sind Männlein und Weiblein auf engstem Raum oft gar nicht
 – kompatibel.

38 – Aber natürlich muss man sich Sorgen machen um die Attraktivität der guten
   – alten Tante Jugendherberge. Wo bleibt der Geschmack von Freiheit und
40 – Abenteuer, wenn man keine ehernen Regeln mehr übertreten und keinen Hin-
   – auswurf riskieren muss, um zur Angebeteten zu gelangen?
   – Um der Wahrheit willen muss ich noch etwas nachtragen, was ich in der ver-
   – klärenden Rückschau verdrängt habe: Meine pubertären Exkursionen gingen
   – tragisch aus. Nie, nie, nie hat es die blonde Katja aus der 8b erlaubt, dass ich
45 – mich im Pyjama auf ihr Kopfkissen setzte.

DIE ZEIT Nr. 27 vom 1. Juli 1994

1 Kampflied der internationalen Arbeiterbewegung (1871).
  Es beginnt im deutschen Text: „Völker, höret die Signale, auf zum letzten Gefecht!"
2 Lambrusco: Italienischer Wein
3 Gauweiler, Peter: Konservativer bayerischer Politiker

I. Junge Leute, die gern reisen und wenig Geld haben, übernachten häufig in Jugendherbergen.

Wo sind diese gelegen? Wer darf sie nutzen?

II. Früher galten in Jugendherbergen ziemlich strenge Regeln, was erlaubt und was verboten war.

Spekulieren Sie ein bisschen über die Hausordnung, über die Rechte und Pflichten der jungen Gäste.

III. Der Text hat drei unterscheidbare Teile:

A Persönliche Erinnerung
B Neue Bestimmungen und Regeln
C Kritischer Kommentar des Autors

Lesen Sie den ganzen Text kursorisch durch und markieren Sie die drei Teile A, B und C (von Zeile … bis Zeile…). **H**A

Zum Textverständnis

IV. Beantworten Sie die folgenden Fragen zu Teil A:

1. Was geschah um zehn Uhr abends in der Herberge?
   (Bettruhe, Klassenlehrer, Herbergsvater …)
2. Welche Probleme galt es für die Jungen zu lösen?
   (Taschenlampen, Schäferhund, Bettlaken …)
3. Wie war der Empfang im Mädchenzimmer?
4. Worüber wunderte sich der Lehrer?

V. Beantworten Sie die folgenden Fragen zu Teil B:

1. Warum glaubte der Autor nicht an die Nachricht des Deutschen Jugendherbergswerks und dachte, es sei eine „Ente" (= absichtlich falsche
   Nachricht)?
2. Welche neue Bestimmung wurde an allen deutschen Herbergen eingeführt?
3. Wie wird die koedukative Einquartierung eingeschränkt?
4. Wie und durch wen soll (laut Jugendherbergszentrale) die sittliche Reife
   der Gäste festgestellt werden?

VI. Beantworten Sie die folgenden Fragen zu Teil C:

1. In welchen Punkten gibt es oft Ärger, wenn Jungen und Mädchen auf
   engstem Raum wohnen?
2. Inwiefern könnte die Jugendherberge durch Liberalisierung an Attraktivität verlieren?
3. Wie korrigiert der Autor seine verklärende Rückschau?
   (Vergl. mit seiner Erinnerung in Teil A)

Zum Inhalt

VII. Was macht Jugendherbergen bei vielen Jugendlichen so beliebt?

Was bieten und leisten sie? Sammeln Sie Ihre Meinungen und
Argumente und tauschen Sie sie aus!

**VIII. Die Idee der Koedukation betrifft viele Bereiche, z. B. Schule,
Berufsbildung, Sport, Freizeitgestaltung etc.**

Welche Argumente gibt es dafür, welche dagegen?

**IX. Kennt man in Ihrem Land Jugendherbergen oder ähnliche
Institutionen?**

Schreiben Sie ein paar Zeilen darüber!

II, 6   Heute lasse ich mir die Haare blau färben ...

Doris Dörrie

1 – Entschlüsse fasste sie nur selten, und wenn, dann kamen sie von weit her über
 – Nacht. Eines Morgens war sie klar und unverquollen aufgewacht und hatte
 – gewusst: Heute lasse ich mir die Haare blau färben.
 – Es tat ihr gut zu sehen, wie selbst die modebewussten britischen Friseure in der
5 – Elisabethstraße von ihrem Vorhaben beeindruckt waren und sich nicht so recht
 – trauten. Lächelnd wartete sie darauf, an die Reihe zu kommen, und blätterte mit
 – leiser Verachtung in einer Frauenzeitschrift. Als dann die stinkende chemische
 – Substanz in ihren Haaren wirkte und noch nicht abzusehen war, wie blau sie
 – wohl werden würden, genoss Anna das heiße, aufregende Gefühl von leichter
10 – Elektrizität in ihrem Körper, das sie so sehr mochte, aber das sich nur bei selte-
 – nen Gelegenheiten einstellte. Die Trockenhaube wurde abgestellt und zur Seite
 – geschwenkt. Ultramarinblau. Anna strahlte. So wie ein billiger Nylonpullover
 – aus der Grabbelkiste eines Kaufhauses.
 – Es störte sie nicht, dass auf der Straße und im Hörsaal alle auf sie starrten und
15 – über sie flüsterten. Sie hatte sich immer anders als die meisten empfunden, nicht
 – besser, nur anders; und die blauen Haare ließen diese ohnehin vorhandene Emp-
 – findung nun in ihrem Kopf zu einem Bild werden: Ein Schwarzweiß-Foto mit
 – einem einzigen Farbklecks – Anna Blume. Eine einsame Existenz, das ahnte sie
 – schon seit langem. Es strengte sie über die Maßen an, sich mit anderen länger
20 – zu unterhalten. Vor Langeweile wurde ihr fast schwindlig, dabei redete sie gern,
 – war sich jedoch nie sicher, ob die Weise, in der sie die Wörter gebrauchte, mit
 – der üblichen Gebrauchsform übereinstimmte. Es lag ihr nicht unbedingt daran,
 – verstanden zu werden. Aber anders als im Schlaf ließ sie der Zustand des
 – Wachseins etwas vermissen, was sie nicht benennen konnte.

Aus: Doris Dörrie, Liebe, Schmerz und das ganze verdammte Zeug.
Diogenes Taschenbuch 1989. Diogenes-Verlag, Zürich, S. 14–15

I. Einführendes Gespräch

1. Wenn Sie junge Leute sehen, die sich auffällig kleiden, kuriose Frisuren tragen oder ihre Haare bunt gefärbt haben, wie finden Sie das?
2. Woher kommen solche „Moden"? Wo findet man sie? Wer kultiviert sie?

II. Lesen Sie den Text zu Hause bzw. in Partner- oder Gruppenarbeit in der Klasse durch und klären Sie den unbekannten Wortschatz.   H_A

Zum Textverständnis

III. Beantworten Sie aus dem Text folgende Fragen:
1. Hatte Anna lange überlegt, bevor sie sich die Haare färben ließ?
2. Wie reagierten die Friseure auf ihr Vorhaben?
3. Was machte sie im Salon, bis sie an die Reihe kam?
4. Was löste in Anna ein aufregendes, elektrisierendes Gefühl aus?
5. War Anna mit ihrer neuen Haarfarbe zufrieden?

IV. Kreuzen Sie an, ob folgende Aussagen mit dem Text übereinstimmen:

Ja, in Zeile …   nein

1. Es war Anna egal, was die anderen Leute über sie dachten und redeten.
2. Anna ließ ein Schwarzweiß-Foto machen, mit ihrem Kopf als Farbfleck darauf.
3. Weil Anna einsam war, versuchte sie, sich mit anderen länger zu unterhalten.
4. Sie redete gern, obwohl sie nicht sicher war, ob sie die Wörter immer richtig gebrauchte.
5. Es war ihr nicht so wichtig, ob man sie verstand.

Zum Inhalt

V. Was für Motive haben manche jungen Leute, unbedingt auffallen zu wollen?
Folgen sie einfach bestimmten „Modetrends"?
Wollen sie den „Normalbürger" provozieren?
Überlegen und diskutieren Sie gemeinsam, was hinter diesem Verhalten stecken könnte.

VI. Würde es Ihnen Spaß machen, selbst einmal irgendeine „kleine Verrücktheit" zu machen?
Erzählen oder schreiben Sie kurz etwas dazu.

II, 7 Gutes Benehmen erleichtert das ganze Leben ...

Sybil Gräfin Schönfeldt

1 – Alles wirkt auf Kinder ein und gibt ihnen ein Beispiel, und sie sehen tagtäglich
  • dass gutes Benehmen das ganze Leben erleichtert. Höfliches Benehmen zeigt
  sich an dieser Erscheinung, hat immer etwas mit Freundlichkeit zu tun. Zur
  Höflichkeit gehört das abwartende, auffordernde, bestätigende, entgegenkom
5 – mende, herzliche Lächeln. Und schon eine Mutter lächelt instinktiv zurück,
  wenn ihr das winzige Neugeborene sein erstes Lächeln schenkt;
  • dass Manieren besonders wichtig im Alltag sind, wenn sich zum Beispiel
  jemand dafür entschuldigt, dass er einen anderen angerempelt, umgerannt,
  beim Einstieg in die Tram versehentlich abgedrängt hat: Es verhindert die
10 – Feindseligkeit im Entstehen;
  • dass Manieren eine Echowirkung haben. Wenn Familienmitglieder oder Leute
  auf der Straße oder im Büro höflich und freundlich behandelt werden, so
  reagieren auch sie selber – meistens – freundlich und höflich. Benehmen kann
  also die Menschen ändern und den Stil oder die Stimmung einer Gruppe be-
15 – einflussen;
  • dass Sicherheit im Benehmen die Menschen locker macht, weil sie genau
  wissen, dass sie sich korrekt verhalten. So können sie lässig und unverkrampft
  handeln und sprechen. Benehmen muss also nicht identisch sein mit Steifheit
  und Drill. Ganz im Gegenteil. Wer so denkt, in dem nagt in Wirklichkeit eine
20 – ewige Ungewissheit: Was werden die Leute sagen? Er weiß also gar nicht so
  gut Bescheid, wie er tut, oder er kennt sich nur punktuell gut aus und muss
  ständig zittern, dass er auf unbekanntes Terrain gerät und sich seine ganze
  Besserwisserei enthüllt. Peinlich, peinlich, nicht wahr? Das findet zumindest er
  und rettet sich in Förmlichkeiten;
25 – • dass Sicherheit im Benehmen außerdem eine ganz pragmatische Wirkung
  besitzt. Die anderen honorieren diese Sicherheit mit Wohlwollen und Anerkennung. Der Sichere tritt ergo ganz anders auf und nimmt andere für sich ein;
  • dass Benehmen, Haltung, Manieren nicht nur beschränkt sind auf die
  Umgangsformen, sondern dass sie die Kraft besitzen, dem ganzen Dasein Stil
30 – zu verleihen. Dazu gehört auch die Erkenntnis, dass dieser Stil alle anderen
  Lebensäußerungen – von der Kleidung bis zur moralischen Entscheidung –
  zusammenfasst. Eine Person entsteht, und sie formt sich auch mittels ihrer
  Manieren ganz bewusst ihren eigenen Stil;

35 –
   • dass dieses sogenannte gute Benehmen schließlich etwas mit Ästhetik zu tun hat. Es ist ästhetisch, wenn man sich korrekt benimmt, bewegt, kleidet, den Tisch deckt und Feste feiert. Das hängt überhaupt nicht vom Geldwert des Tischtuchs oder der Kleider ab. Das wären ein paar positive Erkenntnisse, zu denen Kinder im Lauf ihrer ersten zwei Lebensjahrzehnte kommen. Natürlich sehen sie genauso klar, wo Benehmen kalt und berechnend genutzt wird:

40 –
   • Manieren helfen im weitesten Sinn, besser zu verkaufen.

   • Manieren helfen den Anfängern, den Erfolgssüchtigen beim Erfolg, beim Aufstieg, beim Weg in das, was heute immer noch als „bessere Kreise" bezeichnet wird.

Manieren können also übertrieben werden und zur Aufdringlichkeit oder zur

45 –
Förmlichkeit verkommen. Manieren können auch als reines Mittel benutzt werden. Beide Extreme sind verwerflich. Auch das lernen Kinder im Umgang mit ihren Erwachsenen, vor allem mit Geschwistern und Spielkameraden.

Aus: Sybil Gräfin Schönfeldt, 1 x 1 des guten Tons.

I. Was verbinden Sie mit „gutem Benehmen"?
Geben Sie Beispiele.

II. Lesen Sie den Text zu Hause bzw. in Partner- oder Gruppenarbeit in der Klasse durch und klären Sie den unbekannten Wortschatz.

Zum Textverständnis

II. Was fällt Ihnen an der Gliederung des Textes auf? H

IV. Lesen Sie die ersten 7 Abschnitte (bis Zeile 37) genau durch und markieren Sie in jedem Abschnitt die wichtigsten Aussagen bzw. Informationen.

V. Die Autorin nennt auch negative Aspekte des Benehmens. Beantworten Sie aus dem Text:
1. Mit welcher Absicht können gute Manieren auch gezielt eingesetzt werden?
2. Welche beiden Extreme wirken unangenehm?

Zum Inhalt

VI. Nehmen Sie zu folgenden Fragen Stellung:

1. Wo, wann und wie lernt man gutes Benehmen? Geben Sie Beispiele.
2. Verdeckt oder verhindert gutes Benehmen nicht das natürliche und spontane Verhalten der Menschen?

VII. Welche Rolle spielen gutes Benehmen, Höflichkeit, Manieren in Ihrem Land?

Berichten Sie bzw. schreiben Sie etwas zu diesem Thema.

Kapitel III

Liebe, Partnerschaft

Das Verhältnis zwischen Frauen und Männern hat sich in den letzten Jahrzehnten grundlegend geändert. Durch die verfassungsmäßig garantierte Gleichberechtigung von Frauen und Männern und durch die politische Arbeit der Frauenbewegung erreichten immer mehr Frauen berufliche Stellungen, die früher Männern vorbehalten waren. Andererseits übernahmen Männer nicht selten Tätigkeiten, die ursprünglich nur von Frauen verrichtet wurden ("Hausmänner"). Auch an weibliche Vorgesetzte begannen Männer sich zu gewöhnen. Das neue Selbstverständnis der Frauen wirkte sich auf alle Lebensbereiche aus, auf Sozial- und Sexualverhalten ebenso wie auf die Sprache (vgl. Kap. VIII). Es wird auch in der von Frauen geschriebenen Literatur deutlich.

Die Zahl der Eheschließungen nahm ab, dagegen entschied man sich immer mehr zu "Ehen ohne Trauschein", also freien Partnerschaften. Viele Frauen zogen den Beruf einer Ehe mit Kindern vor und definierten so ihre Selbstverwirklichung. Eine Ehe und Kinder mit der Ausübung eines Berufs miteinander zu verbinden ist in Deutschland schwierig, denn es gibt keine Großfamilie mehr, die sich um die Kinder kümmert. Kinderkrippen und -gärten sind teuer und bieten nicht genug Plätze. Daher sind Frauen im Allgemeinen trotz vieler Förderungsmaßnahmen immer noch benachteiligt und beruflich schlechter gestellt.

III. 1 *Reiner Schwalme*, Karikatur

III. 2 *Keto von Waberer*, Seit das Kind da war

III. 3 *Gabriele Wohmann*, Lauter Dornröschen*

III. 4 *Matthias Horx*, Erotischer Status

III. 5 *Gabriele Wohmann*, Mutter und Sohn*

III. 6 *Irmtraut Morgner*, Keine Dame

III. 7 *Franz Hohler*, Eine Liebesaffäre

* in alter Rechtschreibung

III, 1

Äußern Sie sich mündlich oder schriftlich:

1. Beschreiben Sie, was man auf der Zeichnung sieht.
2. Wie verstehen Sie die Äußerung des Mannes?
3. Zahlen in Ihrem Land Ledige und Verheiratete gleich hohe Steuern?

III, 2   Seit das Kind da war

Keto von Waberer

1 – Seit das Kind da war, arbeitete Dorle nur noch halbtags. Wenn das zweite käme,
 – solle sie eine Weile ganz zu Hause bleiben, verlangte Harry, und Dorle stimmte
 – ihm zu. Die Wohnung über der Garage machte viel Arbeit, und der kleine
 – Benno war ein zartes und kränkliches Kind, das Dorle oft nachts aus dem Bett
5 – holte und so lang weinte, bis sie sich mit einer Decke zu ihm auf den Boden
 – legte und dort weiterschlief.
 – Lebertran, empfahl ihre Mutter, aber Dorle konnte es nicht über sich bringen,
 – Benno dazu zu zwingen, den Löffel zu nehmen, den sie ihm hinhielt. Er würgte,
 – und sein Gesichtchen wurde rot und fleckig. Harry liebte seinen Sohn über alles
10 – und fing jetzt schon an, eine Eisenbahn für ihn im Speicher aufzustellen.
 – Die Ehe bekam ihm gut. Dorle hatte ihn überredet, sein prächtiges schwarzes
 – Haar länger wachsen zu lassen, und jetzt als Chef konnte er sich das leisten. Er
 – sah nicht aus wie ein Automechaniker, fand Dorle, eher wie jemand vom
 – Fernsehen. Sie selbst kämmte sich noch immer jeden Morgen mit großer Sorg-
15 – falt, und Hanna kam und färbte ihr rote Strähnen ins Pony. Hanna war
 – schwanger und ziemlich dick, sie brachte Pizzas mit, und am Abend kam
 – manchmal Enrico, um sie abzuholen, und er und Harry unterhielten sich über
 – alle möglichen Sachen, über Motorräder und Kochrezepte, während Hanna und
 – Dorle in der Küche abspülten und sich über Harry und Enrico unterhielten.
20 – Beide fanden, dass sie es gut getroffen hätten, und lachten sich triumphierend
 – zu, über den blinkenden Weingläsern, wie Leute, die eben geschickter vorge-
 – gangen sind als andere.

Aus: Keto von Waberer, Das gläserne Zimmer. In: Keto von Waberer,
Fischwinter. Erzählungen. Kiepenheuer & Witsch, Köln 1991, S. 24–25

I.   Zur Einführung

Was fällt Ihnen zum Thema „Das erste Kind in einer Ehe" ein?
(Assoziogramm)

II.   Lesen Sie den Text zu Hause bzw. in Gruppenarbeit oder Partnerarbeit in der Klasse durch und klären Sie den unbekannten Wortschatz.   H

Zum Textverständnis

III. Was erfahren wir über:

1. Dorles berufliche Arbeit?
2. den kleinen Benno?
3. Harrys Aussehen?
4. Harrys Verhältnis zu seinem Sohn?
5. das Verhältnis der beiden Frauen zueinander?

IV. Drücken Sie die folgenden Wendungen mit eigenen Worten aus:

1. Wenn das zweite käme …
2. … Dorle stimmte ihm zu.
3. … Dorle konnte es nicht über sich bringen …
4. Die Ehe bekam ihm gut.
5. Hanna war schwanger …
6. … während Hanna und Dorle in der Küche abspülten …
7. Beide fanden, dass sie es gut getroffen hätten …

Zum Inhalt

V. Zur Diskussion

1. Wie verhält sich Dorle als Mutter?
2. Was denken Sie über Dorles Lebensvorstellungen?
3. Zu welchem sozialen Milieu gehören die beiden Ehepaare?

VI. Schriftliche Aufgaben

1. Können Sie sich Dorle vorstellen? Versuchen Sie, sie zu beschreiben.
2. Erfinden Sie eine Biographie für Dorle
   (Eltern, Kindheit, Schule, Interessen, Freundschaften).

III, 3   Lauter Dornröschen

Gabriele Wohmann

1 – Amos Ritter wußte genau, womit er Mathilde Schneidermann so gründlich und
– nachhaltig vor fünf Jahren für sich gewonnen hatte und wodurch er zu ihrem
– unentbehrlichsten Menschen aufgestiegen war: Die Initialzündung war sein Lob
– für ein Jugendphoto Mathildes. Er hatte ihren Mund und ihr schönes strenges
5 – Profil gerühmt. Frauen, so alt sie auch waren, ließen am liebsten ihre Schönheit
– loben. Natürlich hörten Frauen auch gern, sie seien klug, und sie liebten es,
– wenn man eine noch schlummernde, bisher unterdrückte Begabung bei ihnen zu
– wittern vorgab. Lauter Dornröschen. Höchste Zeit, meine Liebe, daß endlich
– einer kommt, um dieses glimmende Talent aufzuwecken und dann zu fördern,
10 – zu bewundern. Aber wenn du ihr sagst, wie gut sie aussehe, dann hast du sie
– rumgekriegt und für immer gewonnen. Details genügen oft: Ihre Augen, ihre
– Stirn, das Profil, der Mund – im Anfangsstadium erwähnst du weder Beine noch
– Busen, und wenn es sich um ältere Semester handelt, bleibt es sowieso bei der
– Beschränkung auf den Kopf. Verwende die Vokabel „schön", tu es nicht unter
15 – ihr. Von dir als schön erkannt zu sein, das wirft sie um. Du hast sie entdeckt. Sie
– gehört dir für immer. Wie alt die Frau auch sein mag, zwanzig oder über siebzig
– Jahre alt, auf Komplimente für ihr Äußeres reagiert sie damit, daß sie dich in ihr
– Herz schließt. Sie reagiert mit Liebe. Sie weiß nicht, daß sie dir eigentlich bloß
– dankbar ist. Sie verliebt sich in dich, weil sie auf einmal wieder verliebt ist in
20 – sich selber. Mit Zutrauen schaut sie in den Spiegel, erblickt sich mit deinen
– Augen, denjenigen Augen eben, denen sie ihre Rettung verdankt. Sag ihr, sie sei
– erfolgreich, sie habe Verstand und Witz, einen guten Geschmack und ein ein-
– nehmendes Wesen, was du willst: Sie freut sich sehr, aber dann erst sieht sie in
– dir den ersten verständnisvollen Menschen in ihrer gesamten Biographie, wenn
25 – du mitten in einer Unterhaltung plötzlich erstaunt auf sie schaust, du unter-
– brichst dich, du erweckst den Eindruck, als könntest du nicht weitersprechen,
– du sagst: Was für ein herrlicher Schimmer liegt auf Ihrem Haar. Sie haben wirk-
– lich bemerkenswerte, wirklich schöne Haare. Oder Ähnliches, einfach etwas
– dieser Art.

Aus: Gabriele Wohmann, Der Klügere gibt nach.
In: Das Salz bitte. Piper-Verlag 1992, S. 119–120

I.   Zur Einführung

1. Ältere Frauen – jüngere Männer: Ist das ein neues oder ein
    altes Problem?

2. Was denken Sie über den umgekehrten Fall?

II.   Lesen Sie den Text zu Hause bzw. in Gruppenarbeit oder
Partnerarbeit in der Klasse durch und klären Sie den
unbekannten Wortschatz.   H꜀

Zum Textverständnis

III. Was steht im Text?
1. Wodurch hatte Amos Mathilde für sich gewonnen?
2. Worauf reagierten Frauen nach Amos' Meinung erfreut?
3. Was verwechselten die Frauen?
4. Wie sahen die Frauen einen Mann an, der ihre Vorzüge als Frau lobte?

Zum Inhalt

IV. Zur Diskussion
1. Wir erfahren, dass Amos R. Mathilde Sch. seit fünf Jahren kennt.
   Bei welcher Gelegenheit könnte er sie kennen gelernt haben?
   (z. B. im Urlaub, in einem Café)
2. Für wie groß halten Sie den Altersunterschied zwischen beiden?
   Warum? Wie alt könnten die beiden sein?
3. Wie ist das Verhältnis zwischen ihnen? Ist es eine normale Liebesbeziehung? Duzen sie sich, oder ist ihr Verhältnis differenzierter?
4. Aus welchem Grunde könnte Amos R. begonnen haben, Mathilde Sch. den Hof zu machen? Aus Berechnung oder aus Verliebtheit?
5. Hat die Autorin Recht mit der von ihr dargelegten Reaktion der Frauen auf Komplimente?

V. Äußern Sie sich zu folgenden Fragen:
1. Stellen Sie sich vor, Amos R. macht Mathilde Sch. zum ersten Mal ein Kompliment. Wie könnte das Gespräch verlaufen sein?
2. Stellen Sie sich vor, Mathilde Sch. hatte mit Amos R. heute ein Gespräch. Sie denkt jetzt darüber nach.
   Welches Selbstgespräch geht in ihrem Kopf vor?

III, 4   Erotischer Status

Matthias Horx

1 – Um nichts in der Welt ging es beim Lieben und Geliebtwerden weniger als um
 – Zuneigung, Verbindlichkeit, Nähe. Es ging vor allem um jene geheimnisvolle
 – Kategorie, deren ungeschriebene Gesetze mit äußerster Brutalität regierten:
 – Status.
5 – Status: Das begann bei den ehernen Gesetzen der Schönheit und des Häss-
 – lichen. Wer schön war, wurde begehrt, und deshalb wuchs sein Selbstbewusst-
 – sein, was wieder seiner Attraktivität zugute kam. Aber an den Verkaufsständen
 – des erotischen Basars konnte man sogar in den Zeiten der vollendeten Emanzi-
 – pation unschwer Güter erspähen, die doch durch die ach so romantische Liebe
10 – gerade wertlos werden sollten: Macht. Ruhm. Sogar Geld. Ja, Geld: Warum
 – schafften es alte, hässliche Männer mit Bäuchen und dicken Kontos immer
 – wieder, junge, schlanke, zudem intelligente Blondinen für sich zu begeistern?
 – (Das „Alte-Sack-Syndrom"). Warum durfte man als Porschefahrer oder Besitzer
 – einer Hochseejacht offensichtlich dämlich sein? Und funktionierten die gehei-
15 – men Gesetze des Status nicht ebenso perfekt im eigenen Milieu? Waren nicht
 – die klugen Frauen mit den männerkritischen Sprüchen Knall auf Fall wie
 – elektrisiert, wenn auf einer Party ein Standardschönheits-Mann auftauchte, der
 – irgendwie den Eindruck erweckte, man habe ihn schon ein- oder zweimal im
 – Fernsehen gesehen? Vergaßen nicht alle seine freundlichen, intelligenten, nach-
20 – denklichen Freunde ihre guten Vorsätze, wenn in der Kneipe eine Frau auf-
 – tauchte, die etwas galt[1]? Die Gesetze des erotischen Status waren unerbittlich,
 – in Millisekunden wurden Urteile gefällt, Entscheidungen über Annäherung, Flirt
 – oder Gleichgültigkeit. Eine Geste, ein falscher Satz – aus und vorbei. Sackte
 – nicht jeder oder jede, die in den Ruch des Bedürftigen[2] kam, sofort auf der
25 – Stufenleiter ins Bodenlose? Sammelten nicht die hochmoralischen Freunde
 – sexuelle Eroberungen wie andere Leute Anglerpokale, lediglich zu dem Zweck,
 – ihrem chronisch angeknacksten Selbstbewusstsein zu schmeicheln?

Aus: Matthias Horx, Wörterbuch der 90er Jahre. S. 133–134

[1] die bewundert und anerkannt wurde, die „in" war
[2] jemand, dem es finanziell schlechter ging, der an Attraktivität verlor

I.   Zur Einführung

1.   Haben Sie schon einmal von „romantischer Liebe" gehört?
 Was stellen Sie sich darunter vor?

2.   Welche Konfliktquellen gibt es bei Partnern mit ungleichen sozialen
 und materiellen Voraussetzungen?

II.   Lesen Sie den Text zu Hause bzw. in Partner- oder Gruppenarbeit in der Klasse durch und klären Sie den unbekannten Wortschatz.   H_A

Zum Textverständnis

III. Steht das im Text? Wo?

Ja, in Zeile … Nein

1. Gefühle spielten in der Liebe keine Rolle.

2. Wenn jemand begehrt wurde,
wurde er selbstbewusster.

3. Warum durfte man dumm sein, wenn man
nur eine Yacht oder einen Porsche besaß?

4. Über den erotischen Wert entscheiden
harte Gesetze.

IV. Beantworten Sie die folgenden Fragen.

1. Was war in der Liebe besonders wichtig?
2. Wodurch wurde jemand attraktiver?
3. Welche Dinge behielten ihren Wert?
4. Wie reagierten scheinbar emanzipierte Frauen auf „schöne" Männer?
5. Was passierte mit jemandem, der Misserfolge zu haben schien?
6. Warum waren die Freunde an sexuellen Erfolgen interessiert?

V. Wie steht das im Text?

1. Nichts spielte eine geringere Rolle …
2. … man konnte Dinge und Eigenschaften erblicken …
3. Warum gelang es alten Männern …
4. Waren nicht die klugen Frauen … augenblicklich wie elektrisiert …
5. Fiel … ganz nach unten …
6. … eine Frau, die in hohem Ansehen stand …

Zum Inhalt

VI. Zur Diskussion

1. Von welchen Widersprüchen ist in diesem Text die Rede?
2. Welches soziale Milieu wird hier Ihrer Meinung nach beschrieben?
3. Geben Sie dem Autor Recht? In welchen Punkten?
4. Gibt es Übertreibungen und falsche Verallgemeinerungen? Welche?
5. Inwiefern spiegelt der Text die traditionelle Rollenverteilung zwischen
Frauen und Männern wider?
6. Fühlen Sie sich durch den Text provoziert?

III, 5 Mutter und Sohn

Gabriele Wohmann

1 Völlig klar: Moritz Bingen war hinter ihr her. Mit dem Respekt für ihre Arbeit
hatte es angefangen. Aber heute wollte er nicht nur neue Termine mit ihr durch-
sprechen – Aniela gab neuerdings, durch Moritz Bingens Vermittlung, Wochenendkurse für Firmenangehörige – vor allem wollte er sie sehen. Und sie würde
5 ihn, am besten in einer dämmrigen Bar, geradeheraus fragen: Was finden Sie
eigentlich an mir? Kindlich und mutig sähe sie ihn an. Am besten stand es ihr,
wenn sie lächelte. Ein ernster Gesichtsausdruck kam nicht mehr als ernster
Gesichtsausdruck an, das hatte sie durch und durch studiert. Nicht schön ernst
sah sie dann aus, nur verkniffen und wie ohne Oberlippe.
10 Aniela übte Mundbewegungen, während sie die drei Treppen zur Rezeption
hinunterlief. Dort ein paar Zeitungen zu kaufen, die sie nicht würde lesen können, war eine Frage des Prestiges.
Und da stand Moritz Bingen mit einem großen, in durchsichtiger Verpackung
zum Vieleck aufgedonnerten Blumenstrauß, und lächelnd ging er auf sie zu.
15 Empfangskomitee, sagte er, diese Narzissen und ich, wir wünschen einen guten
Morgen!
Aniela hielt sich bei der Begrüßung für täppisch. Improvisationen wie diese hier
machten sie alt. Gegen ihren Willen setzte sie sich mit Moritz Bingen in die
Lounge. Zu hell. Die Sessel standen zu nah beieinander. Aniela, die ihr Gesicht
20 nicht aus der Nähe hatte begutachten können, schien aber bei Moritz Bingen
Entzücken auszulösen, und auf nichts anderes als auf die Liebe eines Mannes zu
einer Frau wies sein Gebaren hin. Aniela dachte nicht mehr an Edith Piaf und
ihren jungen Mann. Sie fühlte sich nun so jung, so sicher. In den diffizilen
Strömungen zwischen Menschen hatte sie sich noch nie geirrt. Mut war dem-
25 nach gar keine Frage der Entschlußkraft mehr, als sie geradeheraus fragte, ganz
so wie sie es geplant hatte:
Was können Sie nur an mir finden? Wir sind doch ein sonderbares Paar, fast wie
Mutter und Sohn.
Und währenddessen wußte sie Bescheid über ihre gutgeformte hohe Stirn im
30 gutgetönten Goldrahmen langer Haare. Mädchenhaftigkeit kombinierte sich bei
ihr mit Intelligenz. O ja, sie wußte das. Sie lächelte Moritz Bingen mit einer
Zutat Verschmitztheit an.
Mutter und Sohn, ja, das würde mir gefallen, antwortete Moritz Bingen. Die
Lebenserfahrung in Ihren Augen, wenn Sie unbedingt wissen wollen, weshalb
35 ich Sie mag.
Mag mag mag, äffte Aniela ihn stumm nach. Wie dürr, wie grauenhaft, was er
da von sich gab.

38 – Ich mag nur ältere Frauen, müssen Sie wissen, sagte Moritz Bingen. Ich mache
– eine Analyse mit, nicht gerade wegen Nekrophilie, aber immerhin … Er lachte.
40 – Nun bin ich weitergekommen, wieder zurück, bis hin zu älteren Frauen. Die
– immerhin noch leben.
– Er lachte wieder, und Aniela, die nicht wußte, wen sie in diesem Augenblick
– mehr verabscheute, den jungen Mann oder sich, lachte etwas zu laut mit.
– Vorher mochte ich nur Tote. Ich übertreibe natürlich, aber mein Analytiker sieht
45 – es so.
– Und an Ihre Mutter erinnere ich Sie auch? Oder an die Großmutter?
– Beide hatten nicht ihre wunderschöne Haarfarbe, aber wenn ichs überlege, es ist
– was dran.
– Aniela war gut in Selbstbeherrschung, wenn auch nur in der Öffentlichkeit.
50 – Aber diesmal bewahrte sie die innere Disziplin sogar über den Vortrag bei der
– Konferenz und den Abschied von Moritz Bingen hinaus bis zu ihrer Rückfahrt.
– Es war angenehm still im Großraumwagen, nur ein paar Männer saßen da und
– dort und verströmten die Ruhe der Konzentration auf ihre Akten. Aniela
– betrachtete die dunstige Landschaft ganz genau: Lieber Gott, ich danke dir für
55 – diese Erfahrung. Ich kann ja sehen. Und wie gut und wie genau ich sehen kann.

Aus: Gabriele Wohmann, Aus der Nähe gesehen.
In: Das Salz bitte. Piper Verlag 1992, S. 35–37

I. Zur Einführung
„Zur Liebe gehören zwei". Was fällt Ihnen zu dieser Redensart ein?

II. Lesen Sie den Text zu Hause bzw. in Gruppenarbeit oder Partnerarbeit in der Klasse durch und klären Sie den unbekannten Wortschatz. H_A

Zum Textverständnis

III. Wie steht das im Text?
1. Er machte ihr den Hof, war an ihr interessiert.
2. Aniela gab seit kurzem … Wochenendkurse …
3. Was gefällt Ihnen an mir?
4. Ein ernster Gesichtsausdruck wurde nicht mehr … wahrgenommen.
5. Aniela hielt sich für … ungeschickt …
6. … was er äußerte …
7. … aber mein Analytiker beurteilt das so …
8. … aber wenn ich's überlege, es ist nicht falsch.

Zum Inhalt

IV. Zur Diskussion

1. Wie alt könnten die beiden Personen sein?
2. Was erwartet Moritz B. von Aniela?
3. Was erwartet Aniela von Moritz B.?
4. Halten Sie Anielas Enttäuschung für besonders schwer oder eher für leicht zu verarbeiten? Warum?
5. Können Sie sich vorstellen, wie Sie in einer solchen Situation reagieren würden?
6. Was hatte Aniela erwartet anstelle von „weshalb ich Sie mag"?
7. Wie würden Sie Moritz B. charakterisieren?
   Z. B. als unerfahren, naiv, taktlos, ehrlich oder …?
8. Hat Aniela Grund, Moritz Vorwürfe zu machen?
9. Warum verabscheut sie sich selbst?

V. Aufgaben zum Text (Ein Appell an Ihre Fantasie)

1. Welche Gedanken gehen Aniela durch den Kopf, während sie im Zug sitzt, über die Begegnung mit Moritz und über ihr künftiges Verhalten ihm gegenüber? Schreiben Sie den Monolog.
2. Wie hätte die Handlung sich Ihren Erwartungen nach fortsetzen können, als Sie die erste Hälfte des Textes gelesen hatten?

III, 6 Keine Dame

Irmtraut Morgner

1 – Als neulich unsere Frauenbrigade im Espresso am Alex Kapuziner trank, betrat
  – ein Mann das Etablissement, der meinen Augen wohltat. Ich pfiff also eine Ton-
  – leiter 'rauf und 'runter und sah mir den Herrn an, auch 'rauf und 'runter. Als er
  – an unserem Tisch vorbeiging, sagte ich „Donnerwetter". Dann unterhielt sich
5 – unsere Brigade über seine Füße, denen Socken fehlten, den Taillenumfang
  – schätzten wir auf siebzig, Alter auf zweiunddreißig, das Exquisithemd zeichnete
  – die Schulterblätter ab, was auf Hagerkeit schließen ließ, schmale Schädelform
  – mit 'rausragenden Ohren, stumpfes Haar, das irgendein hinterweltlerischer
  – Friseur im Nacken rasiert hatte, wodurch die Perücke nicht bis zum Hemd-
10 – kragen reichte, was meine Spezialität ist, wegen schlechter Haltung der schönen
  – Schultern riet ich zum Rudersport, da der Herr in der Ecke des Lokals Platz
  – genommen hatte, mussten wir sehr laut sprechen. Ich ließ ihm und mir einen
  – doppelten Wodka servieren und prostete ihm zu, als er der Bedienung ein Ver-
  – sehen anlasten wollte. Später ging ich zu seinem Tisch, entschuldigte mich,
15 – sagte, dass wir uns von irgendwoher kennen müssten, und besetzte den nächsten
  – Stuhl. Ich nötigte dem Herrn die Getränkekarte auf und fragte nach seinen
  – Wünschen. Da er keine hatte, drückte ich meine Knie gegen seine, bestellte drei
  – Lagen Slivovic und drohte mit Vergeltung für den Beleidigungsfall, der einträte,
  – wenn er nicht tränke. Obgleich der Herr weder dankbar noch kurzweilig war,
20 – sondern wortlos, bezahlte ich alles und begleitete ihn aus dem Lokal. In der Tür
  – ließ ich meine Hand wie zufällig über seine Hinterbacken gleiten, um zu prüfen,
  – ob die Gewebestruktur in Ordnung war. Da ich keine Mängel feststellen konnte,
  – fragte ich den Herrn, ob er heute Abend etwas vorhätte, und lud ihn ein ins
  – Kino International. Eine innere Anstrengung, die zunehmend sein hübsches
25 – Gesicht zeichnete, verzerrte es jetzt grimassenhaft, konnte die Verblüffung aber
  – doch endlich lösen und die Zunge, also dass der Herr sprach: „Hören Sie mal,
  – Sie haben ja unerhörte Umgangsformen." – „Gewöhnlich", entgegnete ich,
  – „Sie sind nur nichts Gutes gewöhnt, weil Sie keine Dame sind."

Aus: Irmtraut Morgner, Leben und Abenteuer
der Trobadora Beatrix. Luchterhand 1974

Der Text enthält einige Wörter, die nur in der DDR gebräuchlich waren.
Eine „Frauenbrigade" war eine Gruppe von Frauen, die in einem Produktionsbetrieb
zusammen arbeiteten. Ein „Kapuziner" ist ein auf spezielle Art zubereiteter Kaffee. Ein
„Exquisithemd" gab es nur in den besonders teuren „Exquisit"-Läden zu kaufen.
Der „Alex" ist der Alexanderplatz in Berlin.

I. Zur Einführung

Wie ist in Ihrem Land die typische Reaktion von jungen Männern, wenn
ein hübsches Mädchen vorbeigeht?

II. Lesen Sie den Text zu Hause bzw. in Partner- oder Gruppenarbeit in der Klasse durch und klären Sie den unbekannten Wortschatz. H

Zum Textverständnis

III. Bitte beantworten Sie folgende Fragen:

1. Wie reagierten die Frauen, als der Mann das Cafe betrat?
2. Wie wird der Mann beschrieben?
3. Was unternimmt die Erzählerin, um mit dem Mann bekanntzuwerden?
4. Was erfahren wir über die Reaktion des Mannes?

IV. Sagen Sie mit Ihren eigenen Worten:

1. … der meinen Augen wohltat.
2. … das Exquisithemd zeichnete die Schulterblätter ab.
3. …, was meine Spezialität ist, …
4. …, als er der Bedienung ein Versehen anlasten wollte.
5. Eine innere Anstrengung, die zunehmend sein hübsches Gesicht zeichnete, …

Zum Inhalt

V. Zur Diskussion

1. Welche Rolle spielt die berichtende Frau hier?
2. In welchen Punkten folgt die Erzählerin dem Verhalten von Männern in ähnlichen Situationen?
3. Von welcher Stelle an wäre auch das Verhalten eines Mannes in Deutschland / in Ihrem Land so nicht wahrscheinlich?
4. Welchen Eindruck macht der Text auf Sie? Warum?
5. Wo sehen Sie die wichtigsten Unterschiede im Verhalten zwischen Männern und Frauen in Deutschland verglichen mit Ihrem Land?
6. Hat sich das Verhalten der Frauen heute dem der Männer angenähert? Suchen Sie konkrete Einzelbeispiele!
   (Wer wird aktiv bei Flirts, „Mister-Wahl", usw.)

VI. Schriftliche Aufgabe

Wir erfahren praktisch nichts über die Reaktion des jungen Mannes. Was könnte er über das Verhalten der Frauen denken? Versuchen Sie, seinen inneren Monolog aufzuschreiben.

III, 7   Eine Liebesaffäre

Franz Hohler

1   In einem einfachen Zimmer eines Begegnungszentrums im Jura saß eine Frau
    und schrieb einen Brief. Sie kam schlecht vorwärts, schaute immer wieder zum
    Fenster hinaus auf die Weide, die unmittelbar vor dem Gebäude begann, auf das
    Bauernhaus weiter hinten, dessen Silo in der Abendsonne einen langen Schatten
5   warf, und auf das kleine Stück Wald im Hintergrund. Manchmal stand sie auch
    auf und ging etwas hin und her, aber mehr als ein paar Schritte waren nicht
    möglich zwischen dem Tischchen am Fenster, dem Bett an der Wand und dem
    Kasten und dem Waschbecken an der anderen Wand. Der Raum hatte in seiner
    Kargheit etwas Klösterliches, und dabei handelte der Brief von etwas ganz und
10 gar Unklösterlichem.
    Die Frau hatte zum erstenmal in ihrer bald zwanzigjährigen Ehe eine Liebes-
    affäre mit einem andern Mann, und das schrieb sie nun nach Hause, dem Mann,
    mit dem sie verheiratet war.
    Die Sache mit dem andern Mann hatte sich zwanglos ergeben. Er war einer der
15 Leiter des zweiwöchigen Kurses, an dem sie teilnahm, eines Kurses, in wel-
    chem die Grundkenntnisse der Heilpädagogik aufgefrischt wurden und der sich
    vor allem an Menschen wandte, die bereits in der Heilpädagogik tätig gewesen
    waren und den Wiedereinstieg suchten, also fast ausschließlich Frauen. In die-
    sem Kurs versuchte man das neueste Wissen über den Umgang mit behinderten
20 Kindern zu vermitteln, wobei Doris, dies der Name der Frau, welche den Brief
    zu schreiben versuchte, gelegentlich erschrak über die Vielfalt möglicher Schä-
    digungen, von Schwachsinn bis Autismus. Obwohl es die heilpädagogische
    Grundhaltung war, jeden behinderten Menschen so zu akzeptieren, wie er ist,
    war sie doch froh, zwei gesunde Kinder zu haben, eine sechzehnjährige Tochter
25 und einen vierzehnjährigen Sohn. Es kam ihr auch oft der verspannte Gesichts-
    ausdruck in den Sinn, den sie bei Eltern kannte, die ein debiles Kind in der
    Schule abholten oder es an einem Sonntag spazierenführen mussten, sei es auf
    einem Feldweg oder im Tram, und wie der Ausdruck um so härter wurde, je
    älter die Betreuten waren und je deutlicher die Eltern spürten, dass sie lebens-
30 länglich mit einem Wesen verbunden waren, das sich nie von ihnen lösen würde
    außer durch den Tod.
    Sie aber, Doris, hatte nichts Verspanntes, sie schaute sich gern an am Morgen
    im Spiegel, wenn sie ihr schwarzes Haar in den Nacken warf, um es zu einem
    lockeren Rossschwanz zu binden, sie war zweiundvierzig und immer noch neu-
35 gierig auf das Leben.
    Als der Kursleiter in einer Kaffeepause am Freitag der ersten Woche erwähnte,
    er werde übers Wochenende nicht nach Hause fahren, sondern mit dem Auto
    einen kleinen Ausflug nach Frankreich machen, ohne bestimmtes Ziel, hatte sie

38 – ihn spontan gefragt, ob sie mitkommen könne, und er hatte ebenso spontan
– gesagt, ja, das wäre schön. Dann meldete sich Doris zu Hause ab, sagte ihrer
40 – Tochter, welche das Telefon abnahm, sie verbringe das Wochenende mit Frauen,
– die sie kennen gelernt habe, und fuhr dann mit Rolf, dem Kursleiter, durch den
– welschen Jura, und schon in Pontarlier, der ersten Stadt nach der französischen
– Grenze, bezogen sie ein ältliches Hotel, und sie waren sich beide einig, dass es
– ein Zweierzimmer sein sollte, Doris trank sich beim Nachtessen im Speiseraum
45 – mit den Kronleuchtern und den verblichenen Tapeten etwas Mut an, den sie aber
– eigentlich gar nicht brauchte, denn es wurde alles so selbstverständlich und fröh-
– lich und unpeinlich, wie sie es nach den zwei, drei schlecht gelungenen Ansätzen
– zu Abenteuern in den letzten zwanzig Jahren kaum für möglich gehalten hätte,
– und sie freute sich von ganzem Herzen darüber.

Aus: Franz Hohler, Der neue Berg. Luchterhand
Literaturverlag 1989, S. 13–15

I. Zur Einführung

Was denken Sie über Treue in der Ehe oder gegenüber einem festen
Partner?

II. Lesen Sie den Text zu Hause bzw. in Partner- oder Gruppenarbeit in der Klasse durch und klären Sie den unbekannten Wortschatz. H

Zum Textverständnis

III. Steht das im Text? Wo?

	Ja, in Zeile …	Nein
1. Eine Frau, die sich in einem Begegnungszentrum aufhielt, schrieb einen Brief.		
2. Die Frau war fast zwanzig Jahre verheiratet.		
3. In einem Fortbildungskurs hatte sie einen anderen Mann kennengelernt.		
4. Doris hatte zwei behinderte Kinder.		
5. Sie nahm den Mann in ihrem Auto zu einem Ausflug nach Frankreich mit.		
6. Sie mieteten in einem Hotel ein Doppelzimmer.		

IV. Zu welchen Textabschnitten gehören folgende Überschriften?

1. Ort der Handlung und Vorstellung der Hauptperson.
2. Nährere Mitteilungen über die Hauptperson.
3. Der gemeinsame Ausflug am Wochenende.
4. Thema des Fortbildungskurses.
5. Der Inhalt des Briefes.

V. Fassen Sie die wichtigsten Inhaltspunkte abschnittweise zusammen.

Zum Inhalt

VI. Zur Diskussion

1. Warum kam Doris beim Schreiben wohl schlecht vorwärts?
2. Warum verschweigt Doris ihre Liebesaffäre nicht?
3. Von wem ging die Initiative zu dem „Abenteuer" aus?
4. Warum sagt Doris ihrer Tochter nicht die Wahrheit?
5. Wie erklären Sie es sich, dass beide sich darüber einig sind, ein Doppel-zimmer zu nehmen? Ist es „Liebe auf den ersten Blick", oder wollen beide ein Abenteuer auf jeden Fall?
6. Wie stellen Sie sich die Ehe von Doris vor? Normal, glücklich, unglücklich?
7. Was denken Sie über Eifersucht ?

V. Aufgaben zum Text

1. Wie könnte der Brief aussehen, der am Anfang erwähnt wird?
2. Wie würde Doris darüber an eine gute Freundin schreiben?
3. Wie könnte der Antwortbrief des Mannes lauten?
4. Schreiben Sie Ihre Auffassung darüber, inwieweit in diesem Text ein neues Selbstverständnis der Frau sichtbar wird, oder ob es sich nur um einen „Seitensprung" handelt, wie es ihn früher auch gelegentlich gab.
5. Es gibt sehr verschiedene Möglichkeiten, wie die Handlung sich fort-setzt. Schreiben Sie selbst einen Schluss. (Oder skizzieren Sie die großen Linien schriftlich und erzählen dann mündlich.)

Kapitel IV

Beruf

Wer heute vor der Berufswahl steht, dem eröffnet sich eine nie dagewesene Vielfalt an Möglichkeiten. Neben den klar definierten traditionellen Berufen, wie etwa den handwerklichen, entsteht eine ständig wachsende Zahl immer spezialisierterer Berufsbilder, als Folge des technischen Fortschritts und struktureller Veränderungen in unserer modernen Informationsgesellschaft. Diese Entwicklung verlangt mehr Flexibilität als früher und die Bereitschaft des Einzelnen, sich neuen Anforderungen und Veränderungen in seinem Tätigkeitsbereich anzupassen. Die einmal erworbene berufliche Kompetenz muss durch einen permanenten Lernprozess ergänzt werden. Daher sind Fortbildung und Aktualisierung aus dem Berufsleben nicht mehr wegzudenken.

Deutlich erkennbar ist auch ein Wandel bei der Verteilung und den Schwerpunten der Tätigkeitsbereiche. Generell nimmt der Beschäftigungsumfang im Produktionssektor ab, während Dienstleistungen im weitesten Sinn rasch wachsen. Durch Automatisierung, Rationalisierung und „Verschlankung" werden überall in Betrieben und Verwaltungen massenhaft Arbeitsplätze abgebaut. Nur ein Teil dieser arbeitslos gewordenen Menschen findet wieder Beschäftigung, kann umgeschult werden und wechselt dann in andere Berufe. Ein hoher Prozentsatz bleibt wohl auf Dauer arbeitslos. Zur Verbesserung der künftigen Beschäftigungslage bemüht man sich nun verstärkt um eine neue Aufteilung der vorhandenen Arbeit. Dabei sollen Teilzeitarbeit, Arbeitsplatzteilung („job-sharing"), flexible Heimarbeit u. a. eine wichtige Rolle spielen.

* in alter Rechtschreibung

IV, 1

Äußern Sie sich mündlich oder schriftlich:

1. Was ist in der Szene zu sehen (Ort, Personen)?
2. Was könnte der Anlass der Bemerkung des Chefs gewesen sein?
   Führen Sie das fiktive Gespräch weiter!
3. Fließbandarbeit ist unbeliebt. Kennen Sie Arbeitsformen,
   die anregender sind?

IV, 2   Die Friseuse

Keto von Waberer

1 – Dorle, über einen nassen Kopf gebeugt und die Hände tief im warmen Seifen-
  – schaum, dachte an einen Berg von glitschigen Seidenkissen, auf denen sie lag
  – und der Musik zuhörte, ohne sich zu regen, ohne mehr zu tun, als sich vielleicht
  – auf den Bauch zu drehen und zu seufzen.
5 – Das grünliche Licht im Salon, die leise Musik den ganzen Tag, all das machte
  – sie schläfrig und nachgiebig. Die Stimmen, das Klappern und Zischen um sie
  – her verebbte, Wasser rauschte, Nebel von Haarspray standen im Licht der Neon-
  – röhren zwischen den Spiegeln.
  – Jemand sprach zu ihr, und sie schaute hinunter in die weit aufgerissenen Augen
10 – einer Frau, die den nach hinten gebeugten Nacken über den Rand des Porzellan-
  – beckens hängen ließ.
  – „Zu heiß?", fragte Dorle sanft, ihre Hände im seifigen Haar. „Nicht so fest." Die
  – Frau hatte Schaum auf der Stirn und zwinkerte vorwurfsvoll.
  – „Schlaf nicht ein, Dorle", sagte jemand dicht neben ihr. Dorle griff rasch nach
15 – der kleinen Brause und prüfte die Wassertemperatur mit den Fingern, wie man
  – es ihr gezeigt hatte.
  – Seit sie als Lehrling im Salon „Harlekin" arbeitete, hatte man ihr schon oft
  – gesagt, wie langsam und ungeschickt sie sei, sie ließ sich nichts anmerken. Sie
  – ging dann rasch aufs Klo, sperrte sich ein und zog ein paarmal an der Spülung,
20 – ohne sich hinzusetzen.
  – Zu Hause erzählte sie nichts davon, wie lang ihr die Tage im Salon erschienen.
  – Sie selbst war es gewesen, die Friseuse werden wollte. Ihre Freundin Hanna, die
  – im Salon „Harlekin" angefangen hatte, schon vor einem Jahr, erzählte ihr viel
  – von den guten Trinkgeldern und den netten Kolleginnen, die sich gegenseitig
25 – die Haare einlegten, mittags, wenn eine Pause entstand zwischen den Kunden.
  – Dorles Mutter ließ sich morgens von ihr die Haare zurechtfönen, ehe sie ins
  – Geschäft ging. Sie arbeitete in einem Kaufhaus, Abteilung Bademoden, und
  – manchmal brachte sie Plakate mit nach Hause, auf denen Frauen in grellfarbi-
  – gen Badeanzügen im glasigen Gischt der Wellen standen, die Arme erhoben, als
30 – wollten sie gleich fortfliegen.
  – Dorles Vater, der mit einem großen Lastwagen gefrorener Fische durchs Land
  – fuhr, mochte nicht, wenn Dorle sich schminkte. An den Tagen, an denen er zu
  – Hause war, bemalte Dorle ihr Gesicht erst an der U-Bahn-Station, vor dem
  – Spiegel des Fotoautomaten. Die anderen Mädchen hatten ihr gezeigt, wie man
35 – geschickt mit all den Pinseln und Farben umging. Sie hatten ihr auch eine Bür-
  – ste geschenkt mit ihrem Namen auf dem Griff, „das hat hier jede von uns",
  – sagten sie.

38 – Die Bürste trug Dorle in der Tasche ihres weißen Kittels und legte sie abends in
– das Fach neben der Spardose, in die die Kunden ihr Trinkgeld stecken konnten,
40 – auch die Dose trug ihren Namen.
– Dorle gab sich viel Mühe, alles richtig zu machen. „Du musst die Augen überall
– haben, auch am Hinterkopf", sagte ihr Chef. „Hier wird nicht herumgedöst",
– sagte ihr Chef. „Flink muss man sein und überall zupacken, ganz wie von
– selbst." Dorle versuchte, es ihm recht zu machen.

Aus: Keto von Waberer, Das gläserne Zimmer. In: Keto von Waberer, Fischwinter.
Erzählungen. Kiepenheuer & Witsch. Köln 1991, S. 11–12

I. Nennen Sie ein paar praktische, handwerkliche Berufe.
Warum heißen sie so? Was haben sie gemeinsam?
(z. B. Lehre, duales Ausbildungssystem)

**II. Suchen Sie aus dem Text die Wörter heraus, die speziell
(im Kontext) zur Tätigkeit in einem Friseursalon gehören.**
Z. B. der Salon, der Seifenschaum, der Spiegel

**III. Lesen Sie den Text zu Hause bzw. in Partner- oder Gruppenarbeit in
der Klasse durch und klären Sie den unbekannten Wortschatz.** **H**

Zum Textverständnis

IV. Stimmen folgende Aussagen mit dem Text überein?

	Ja, in Zeile …	nein
1. Dorle lag auf einem Seidenkissen und hörte Musik.		
2. Die Kundin, der Dorle das Haar wusch, war nicht zufrieden mit ihrer Behandlung.		
3. Als Lehrling wurde Dorle oft kritisiert und ermahnt.		
4. Dorle hatte eigentlich keine Lust gehabt, Friseuse zu werden.		
5. Dorles Mutter ließ sich jeden Tag im Salon frisieren.		
6. Dorle schminkte sich nicht, weil ihr Vater dagegen war.		
7. Dorle zeigte viel guten Willen und wollte eine tüchtige Friseuse werden.		

V. Beantworten Sie folgende Fragen aus dem Text:

1. Wovon träumte Dorle, während sie einer Kundin den Kopf wusch?
2. Was lenkte sie im Salon ab und machte sie schläfrig?
3. Welche Kritik musste Dorle immer wieder hören?
4. Wie reagierte sie darauf?
5. Wer/Was hatte Dorle bei der Berufswahl beeinflusst?
6. Wie wurde Dorle von ihren Kolleginnen behandelt?
7. Wie war das Verhältnis zu ihrem Chef?

VI. Ordnen Sie den Nomen passende Verben zu.

Z. B. die Temperatur – prüfen

die Stimmen_____   bemalen

das Wasser _____   fönen

die Haare_____   rauschen

das Gesicht_____   verebben

einen Namen_____   einlegen

den Nacken_____   schminken

mit den Augen_____   tragen

Mühe_____   zwinkern

beugen

geben (sich)

Zum Inhalt

VII. Bei vielen Dienstleistungen (z. B. Friseur) spielt der Umgang mit den Kunden eine große Rolle.

Welche Eigenschaften und Faktoren sind wichtig für die erfolgreiche Ausübung dieser Berufe?

VIII. Beschreiben Sie den Tagesablauf/Alltag eines typischen Dienstleistungsberufs

Z. B. Verkäufer, Bankangestellter usw.

IV, 3   Der Anlageberater

Uwe Timm

1 – Wir hatten ein großes Büro in bester Lage mit Alsterblick. Dreißig Anlagebe-
– rater saßen vor Computern, auf denen die Aktienkurse aus Tokio, Chicago, New
– York und London angezeigt wurden; aus Fernschreibern ringelten sich die
– neuesten Notierungen von Mais, lebenden Schweinen und Sojaschrot; dreißig
5 – Hände griffen zu den Telefonhörern und wählten Leute an, von denen man
– annehmen konnte, dass sie Geld hatten und das Geld anlegen wollten, damit es
– sich auf wundervolle Weise vermehrte, damit aus dem vermehrten noch mehr
– wurde. Und das von heute auf morgen, wie die Anlageberater versprachen, nicht
– durch lange Zinsläufe, nicht durch langsames Klettern und Fallen von Aktien,
10 – was über Wochen beobachtet werden muss, sondern Geldgewinne (und natürlich
– auch Verluste) von einer Minute zur anderen, wie am Roulettetisch. Aber anders
– als dort war dies kein reines Spiel, das nur die Roulettescheibe bewegte, dieser
– Einsatz bewegte die Welt, ließ Politiker zittern, Ölscheichs den Förderhahn auf-
– drehen, Plantagenbesitzer ihre Kaffeeernten verbrennen. Die Telefone läuteten,
15 – die Telefonberater redeten, die Computer fiepten, die Fernschreiber surrten. Ich
– war an jenem Tag, wie seit Wochen schon, erschöpft, überarbeitet und mit dem
– allergrößten Widerwillen ins Büro gegangen, hatte den dringenden Wunsch,
– nicht hinzugehen, einfach umzukehren, wegzulaufen (wie ich früher nicht in die
– Schule gegangen bin), aber kaum war ich inmitten des Klingelns, Sprechens,
20 – Tickerns, überkam mich erneut dieses Hochgefühl, verstärkt, zugegeben, durch
– zwei Captagon[1] und drei Tassen dickflüssigen Kaffees. Was denn, Sie kriegen
– auf drei Jahre nur 4,5 %, das ist ja lachhaft, hören Sie, da lachen wir hier nur
– drüber, wir können, wenn wir das Geld gut platzieren, beispielsweise gestern in
– lebenden Schweinen, die heute ganz stark gestiegen sind, in London, im Quartal
25 – 8,2 % machen, das heißt per anno genau: 24,8 %. Sie verstehen, warum wir
– über die 4,5 % Ihrer Sparkasse nur lachen können, machen Sie den Versuch, ok,
– sage ich, ok, eine Tradingorder zu 15.000, fünfundzwanzig, top. Saldin, unser
– Star im Telefonverkauf, hob den Daumen wie ein Jetpilot. Da war wieder
– jemand mit einem Margin von 25.000 eingestiegen. Ich telefonierte mit London,
30 – wo die Baumwollpreise weiter in den Keller gegangen waren, obwohl ich
– gestern Dreihunderttausend auf Long gesetzt hatte, telefonierte mit Frankfurt,
– mit einem Makler, der auch von einem Nachlassen sprach, im Bereich Metall,
– speziell Silber, telefonierte mit einem Anleger, der nach seinen Fünfzigtausend
– fragte, die mit den sinkenden Baumwollpreisen spurlos verschwunden waren.
35 – Wo waren sie geblieben? Ach wie gut, dass niemand weiß, dass ich Rumpelstilz-
– chen heiß[2]. Da führte Gerda, meine tüchtige und (wie sich später zeigen sollte)
– nibelungentreue[3] Sekretärin, die beiden Herren zu mir ins Büro.

38 – Sie dachte wohl, es seien Anleger. Ich hingegen, mit dem geübten Blick des
– gelernten Schaufenstergestalters, sah sofort, von welcher Firma die kamen, in
40 – ihren kurzen Lederjacken und ausgewaschenen Jeans. Die Kripo ist in ihrem
– Outfit immer etwas dem Zeitgeist hinterher.

Aus: Uwe Timm, Kopfjäger. Roman.
Kiepenheuer & Witsch. Köln 1991, S. 34–35

¹ Droge
² Der Vers aus einem bekannten Märchen bedeutet: Es ist gut, nicht erkannt zu werden.
³ Treu bis zum Ende (wie im Nibelungenlied, einem germanischen Heldenepos)

I. Geld lässt sich in verschiedener Form anlegen, z. B. an der Börse.
   Welche Möglichkeiten kennen Sie?
   (Aktien, Rohstoffe, Warentermingeschäfte usw. …)

II. Der Text besteht aus zwei Teilen. Der erste Teil (Zeile 1 bis 15)
   beschreibt ganz allgemein, wie Anlageberater arbeiten und was
   Börsenspekulation bewirken kann.   **H**
   Lesen Sie den Text durch und markieren Sie das spezifische Vokabular
   dazu (z. B. Computer   …)

III. Der zweite Teil (Zeile 15 bis 41) schildert die persönlichen
   Erfahrungen des Erzählers.   **H**
   Lesen Sie den Text durch und versuchen Sie unbekannte Wörter und
   Wendungen zu klären (z. T. englische Begriffe: trading order, margin,
   long).

Zum Textverständnis

IV. Beantworten Sie folgende Fragen aus dem Text:

A. Zum ersten Teil:
1. Mit welchen Geräten / Apparaten arbeiten die Anlageberater?
2. Mit wem telefonieren die Anlageberater?
3. Womit werden die schnellen Gewinne / Verluste verglichen?
4. Was für Folgen können die Schwankungen an Börsen auslösen?

B. Zum zweiten Teil:
5. In was für einer Stimmung war der Erzähler, als er ins Büro kam?
6. Wie erklärt sich sein Hochgefühl kurz danach?
7. Wozu wird (am Telefon) ein Kunde / Anleger überredet?
8. Warum telefoniert der Erzähler mit London, mit Frankfurt?

9. Wie erkannte er, dass die beiden Herren, die im Büro erschienen, keine Anleger waren?

V. Ordnen Sie die Satzteile so zusammen, dass sie bestimmten Aussagen im Text entsprechen:

1. Die Berater riefen bei Leuten an	a sondern beeinflusste die Welt und die Politik
2. Die Berater versprachen	b kann ein Börsenmakler nur lachen
3. Dieser Einsatz war kein reines Spiel	c weil die Preise plötzlich gesunken sind
4. Wer sein Geld gut platziert	d dass die Besucher von der Kripo kamen
5. Als ich im Büro ankam	e die Geld hatten und es anlegen wollten
6. Der Anleger hat seine Einsatz verloren	f es handle sich um zwei Kunden
7. Über einen jährlichen Zins von 4,5%	g kann hohe Gewinne machen
8. Die Sekretärin dachte wohl	h hatte ich den starken Wunsch, wieder umzukehren
9. Der Erzähler erkannte an der Kleidung	i rasche Gewinne wie beim Roulette

Zum Inhalt

VI. Man vergleicht die Börsen oft mit einem Glücksspiel. Welche Faktoren bestimmen die Entwicklung an den Börsen?
Z. B. wirtschaftliche, politische, technische, spekulative …

VII. Welche Eigenschaften braucht ein Anlageberater, um erfolgreich zu arbeiten?
Beschreiben Sie sein Auftreten gegenüber Kunden.
Führen Sie ein Anlagegespräch mit verteilten Rollen!

VIII. Wenn Sie eine gewisse (größere) Summe Geld hätten, wie würden Sie es anlegen wollen?
Anlageformen? Welche Aspekte wären für Sie dabei wichtig?
(z. B. Gewinnchancen, Sicherheit …)

IV, 4 **Der Zeitschriftenwerber**

Uwe Timm

1 – Drücker¹ sind Schwerstarbeiter. Es ist nicht nur das ewige Treppauf-Treppab,
– sondern der ständige Kampf gegen die eigene Trägheit, die Peinlichkeit, die Ver-
– suchung, gleich bei der ersten Etage aufzugeben, nach der ersten Tür, die sich
– nicht öffnet. Auch nicht aufzugeben nach der zweiten Tür, hinter der, nach dem
5 – Läuten, ein Schlurfen zu hören ist, eine Frage: Wer issen da? Ich komme von der
– Lesenorm, dann ein Schlurfen, das sich entfernt. Man wartet und weiß nicht, soll
– man bleiben, soll man weitergehen. Aber das Schlurfen kommt nicht wieder.
– Lohnte es sich da noch, die Treppe hinaufzugehen? War das nicht ein Haus, wo
– sich die Abonnentenwerber seit Monaten die Tür in die Hand gaben? Die Be-
10 – wohner abgestumpft oder aggressiv auf jedes Läuten reagierten?Bewohner,
– denen zungenfertige Drücker mit einer unerhört verkaufsfördernden Emotionali-
– tät Fachzeitschriften über Numismatik, Insektivoren oder Kauterisation verkauft
– hatten? Leute, die, von Rachegefühlen umgetrieben, nur darauf warteten, dass
– ein Zeitschriftenwerber klingelte? Rentnerinnen, die resigniert im Sofa saßen,
15 – umgeben von Vogue- und Playboy-Hochglanzheften? Das war der Kampf, den
– man mit sich ausfechten musste, wollte man zum nächsten Stock hochsteigen,
– an der nächsten Tür läuten, die sich – immerhin – eine Sperrkette breit öffnete:
– Was issen, fragte ein eingequetschtes Gesicht. Ich komme von undsoweiter. Die
– Tür knallt ins Schloss. Nächste Tür. Klingeln. Nichts, obwohl man drinnen das
20 – Radio hört. Knackt da nicht der Boden unter einem schleichenden Schritt? Die
– nächste Tür geht auf, endlich, bis zur Sperrkette. Lesenorm. Die Tür wird aufge-
– riegelt, eine junge Frau erscheint, der weiße Pullover spannt sich über zwei
– mächtigen, verschalten Brüsten. Sie lässt sich die verschiedenen Zeitschriften
– zeigen, erzählt, dass der Hauswirt unten im Hausflur eine Plakette angebracht
25 – habe: Hausieren und Betteln verboten. So hatte ich mich bis dahin noch nie ge-
– sehen, als Hausierer. Sie sieht mich gespannt an, ob ich das Schild nicht gesehen
– hätte. Nein, sage ich, nein. Na ja, sagt sie, ich bin da auch anderer Meinung als
– der Hauswirt. Sie blättert den Katalog der Lesenorm durch, fragt nach den Prei-
– sen, fragt, warum, wenn sie sich eine Zeitschrift bestelle, das kein Porto koste.
30 – Das übernehmen wir, sage ich, weil im Einzelhandel ja auch eine Gewinnspanne
– liegt, und wir zahlen von der Gewinnspanne das Porto. Was denn, die is so groß,
– sagt sie, atmet tief durch und zwingt mich, auf diese über den Büstenhalter quel-
– lenden, sich unter dem dünnen Pullover abzeichnenden Brüste zu sehen.
– (Bertholds Empfehlung: immer den Blickkontakt suchen.) Sie will wissen, was
35 – ich denn pro Abo bekomme. Oh, sagt sie, das ist ja ganz hübsch. Na ja, sage ich,
– Frau und Kind. Na, sagt sie, das ist wirklich ganz hübsch. Doch, ja, sage ich,
– weil ich denke, dass es ihr das Abonnieren erleichtert, wenn sie glaubt, das, was
– sie mir damit zukommen lässt, sei ganz hübsch. Sie blättert wieder in den

Ansichtsexemplaren, konzentriert sich dann auf den Stern, lässt sich nochmals
40 – erklären, welche Vorteile ein festes Abonnement für sie hätte, also nicht runter-
rennen, den Stern kaufen, mal ist er weg, besonders die wichtigen, interessanten
Hefte. Außerdem bekommt man die Hefte mit der Post. Sie steht da, überlegt.
Einen Ruck, denke ich, gib dir endlich einen Ruck. Ich ziehe das Bestellformular
heraus. Ob sie das Heft behalten könne? Eigentlich nicht, sage ich, es ist mein
45 – Ansichtsexemplar, aber ich schenke es Ihnen. Danke, sagt sie und zupft mit dem
Pulli den Büstenhalterträger hoch, lässt ihn auf die Haut zurückpitschen. Was
gucken Sie denn?

Aus: Uwe Timm, Kopfjäger. Roman.
Kiepenheuer & Witsch. Köln 1991, S. 112–113

1 Drücker: Vertreter, die von Tür zu Tür gehen und mit allen Mitteln zum Kauf überreden.

I. Welche Formen der Werbung sind am bekanntesten?
Nennen Sie die wichtigsten Werbeträger. (z. B. Fernsehen …)
Für bestimmte Produkte ist die direkte Werbung an der Haustür beliebt.
Kennen Sie Beispiele?

**II. Was wissen Sie über Leute, die von Haus zu Haus gehen,
um Abonnenten zu werben?**
Sind diese Leute beruflich ausgebildet, speziell geschult?
Auf welcher Basis verdienen sie ihr Geld?

**III. Der Text hat einen mehr reflektierenden und einen konkret
erzählenden Teil.** H₄
Lesen Sie den ganzen Text kursorisch durch und markieren Sie Anfang
und Ende der beiden Teile.

**IV. Versuchen Sie mithilfe des Wörterbuchs die Ihnen unbekannten
Wörter und Ausdrücke zu klären.** H₄

Zum Textverständnis

V. Beantworten Sie die folgenden Fragen aus dem Text.

A Zum ersten Teil:
1. Wogegen müssen die „Drücker" bei ihrer Arbeit ständig kämpfen?
2. Warum ist es so schwer, weiterzumachen und nicht aufzugeben?
3. Wie reagieren die meisten Bewohner? (ein Beispiel)
4. Weshalb ärgern sich viele Bewohner über die Werbung an ihrer Tür?
5. Wie erklärt es sich, dass Leute Fachzeitschriften über ganz ungewöhn-
liche Themen abonnieren?

B   Zum zweiten Teil:
6. Mit was für Leuten vergleicht die junge Frau den Zeitschriftenwerber?
7. Welche Einzelheiten möchte die junge Frau über Zeitschriftenabonnements wissen?
8. Was erzählt der Werber über seine persönliche Situation und was erhofft er sich davon?
9. Welche Vorteile hat ein festes Abonnement?
10. Wie versucht der Werber die Entscheidung der Frau zu forcieren?

VI. Ordnen Sie die folgenden Elemente aus dem Text zusammen.

1. Die Abonnentenwerber gaben sich
2. Die Leute, die zungenfertige Werber überredet hatten
3. Der Hauswirt hatte eine Plakette angebracht
4. Die Werber mussten mit sich einen ständigen Kampf
5. Wer eine Zeitschrift abonniert, hat den Vorteil
6. Die Frau würde vielleicht eher abonnieren
7. Die Gewinnspanne im Einzelhandel

a gegen Trägheit und Peinlichkeit ausfechten
b garantiert jede Nummer per Post zu bekommen
c seit Monaten die Tür in die Hand
d dass Hausieren und Betteln verboten ist
e waren von Rachegefühlen umgetrieben
f entspricht dem Porto für die Abonnenten
g wenn sie dadurch dem Werber helfen könnte

Zum Inhalt

VII. Viele Leute kaufen bzw. abonnieren Produkte, die sie eigentlich weder brauchen noch haben wollen.
Welche Gründe mag es dafür geben?

VIII. Bei der Haustür-Werbung spielen psychologische und emotionale Faktoren eine entscheidende Rolle.
Denken Sie sich eine Strategie aus, mit welchen Argumenten (vielleicht auch Tricks) Sie erfolgreich Abonnenten für eine Zeitschrift werben könnten. Probieren Sie dann ein Rollenspiel mit Partnern!

IV, 5

„Ständig hast du uns erzählt, wie glänzend es den Arbeitern heutzutage geht, und jetzt bist du über Diethelms Berufswahl entsetzt!"

Äußern Sie sich mündlich oder schriftlich:

1. Wo findet das Gespräch statt und wer ist daran beteiligt?
2. Was wünschen sich die meisten Eltern in Bezug auf die Berufswahl ihrer Kinder?
3. Inwiefern ist diese Szene ein gutes Beispiel für Doppelmoral?

IV, 6 Gesamtnote: ausreichend

Ben Witter

1 ⎯ Die Hauptschule verließ er mit der Gesamtnote ausreichend, seine Lehrerin
⎯ wollte ihm die Zukunft nicht verbauen, und Peter S., 17, fand das ganz normal.
⎯ Eine Autoschlosserlehre kam dann aber doch nicht in Frage, weil er Karosserie
⎯ vorn und hinten mit zwei r schrieb und Chassis mit ie am Ende. Chaot schrieb
5 ⎯ er richtig, strich das Wort jedoch wieder durch. Rechnen hat er auch nicht drauf,
⎯ und das Tippen auf einem Taschenrechner? Peter S. ist mehr für Papier und
⎯ Bleistift. Was sein Vater bisher gemacht hat, findet er auch ganz normal: Der
⎯ jobbte schon mit 16, fuhr nur auf Kohle ab,[1] nannte sich schließlich Kraftfahrer,
⎯ und jetzt ist er Frühinvalide.
10 ⎯ Der Vermittler vom Arbeitsamt wollte einmal Näheres über die Familienverhält-
⎯ nisse wissen. Peter S. ließ sich löchern, und das war es dann: „Meine Mutter ist
⎯ weg, und wenn sie schreibt, legt sie einen Fünfziger bei, mein Vater macht an
⎯ Wochenenden den Taxifahrer, sonst ist er immer zu Hause." Er verschwieg dem
⎯ Vermittler auch nicht, dass er sein Rennrad selbst repariert, aufs Motorrad lässt
15 ⎯ ihn sein Alter noch nicht, denn falls was passiert, als Frühinvalide mit 17, ver-
⎯ giss es, sagt er sich. Doch zu reparieren gibt's ewig was, zu Hause oder am Rad.
⎯ Oder als Glas- und Gebäudereiniger irgendwo an der Fassade hängen? Peter S.
⎯ wird leicht schwindelig und sah sich schon als echten Frühinvaliden und als
⎯ Opfer vom Arbeitsamt. Auf Elektriker wäre er eher abgefahren, aber dann käme
20 ⎯ wieder die Rechnerei dran. Trotzdem strampelte er sich in einem Elektroladen
⎯ vier Wochen ab, wollte sich aber vom Meister beim Wagenwaschen nicht immer
⎯ dazwischenreden lassen. Vergiss es, sagte er zu ihm und reparierte sein Rad.
⎯ Und Klempner? Die müssen ja auch aufs Dach, und Wasserspülung gehört dazu;
⎯ aufziehen fremder Klos …
25 ⎯ Auf weiße Kittel hat er gar keinen Bock, von wegen Frisör oder Regalnachfüller
⎯ in einem Supermarkt. Und Möbeltischler? Da werden Nägel mechanisch einge-
⎯ schlagen. Und kränklich ist Peter S. Hat sein Vater mal wieder irgendwas, macht
⎯ er gleich mit, gewissermaßen als Kumpel. Mit fünfzig will er sowieso keinen
⎯ Handschlag mehr machen, genau wie sein Vater. Aber nicht als Frühinvalide. Für
30 ⎯ das Arbeitsamt gilt er inzwischen als nicht vermittelbar. Nun ist das Sozialamt dran.
⎯ Da fährt er bei Regen mit der Taxe hin, spart über zwei Stunden, die er dringend
⎯ braucht, um bei einem Getränkedienst zu jobben. Kassieren darf er nicht, aber
⎯ die Trinkgelder fließen. Dass Hauptschüler heute keine Chance haben, höher zu
⎯ kommen, findet er auch ganz normal, selbst als Terrorist braucht man minde-
35 ⎯ stens Abitur, Realschüler laufen nur am Rande mit. Und Punker? Auf Leder und
⎯ Haarpflege kann er nicht. Und wo er denn politisch steht? Vergiss es, sagt er,
ganz der Vater.

In: Ben Witter, Schritte und Worte. Hoffmann und Campe 1990, S. 217–218

[1]abfahren auf = sich interessieren für

I. **Für schulische Leistungen werden in der Regel (sechs) Prädikate vergeben, die den Noten 1 bis 6 entsprechen.**
Wie lauten diese und was bedeuten sie?

II. **Es gibt mehrere Schultypen in Deutschland.**
Wie unterscheiden sich z. B. Hauptschule, Realschule und Gymnasium?

III. **Wer in Deutschland keine Arbeit hat oder zu wenig Geld verdient, erhält in der Regel Unterstützung vom Staat.**
Dabei haben Arbeitsamt und Sozialamt eine wichtige Funktion.
Wofür sind diese Ämter zuständig?

IV. **Lesen Sie den Text zu Hause bzw. in Partner- oder Gruppenarbeit in der Klasse durch und klären Sie den unbekannten Wortschatz.** H

Zum Textverständnis

V. **Beantworten Sie folgende Fragen zum Text:**
1. Warum konnte Peter keine Lehre als Autoschlosser beginnen?
2. Was erfährt man über Peters Vater?
3. Bei wem wohnt Peter?
4. Womit beschäftigt sich Peter zu Haus?
5. Warum möchte Peter nicht als Gebäudereiniger arbeiten?
6. Welche Erfahrungen machte Peter in einem Elektroladen?
7. Auf welche anderen Berufe / Tätigkeiten hat Peter auch keine Lust?
8. Wie stellt sich Peter seine Zukunft vor?
9. Wo verdient sich Peter etwas Geld?

VI. **Was sagt der Text über Peters Charakter, sein Verhältnis zum Vater und seine Einstellung zum Leben?**
1. Welche Eigenschaften passen zu seinem Charakter?
(Ehrgeizig, träge, aktiv, ängstlich, gleichgültig, rebellisch usw.)
Zeigen Sie die Stellen im Text, die das belegen!
2. Welche Rolle spielt sein Vater für ihn? (Ratgeber? Autorität? Vorbild?...?)
3. Wie sieht Peter seine Realität im Leben?
Fühlt er sich ungerecht, schlecht, normal behandelt?

VIII. Was bedeuten die umgangssprachlichen Ausdrücke:

1. Rechnen hat er auch nicht drauf

2. Peter ließ sich löchern.

3. Auf Elektriker wäre er eher abgefahren.

4. Auf weiße Kittel hat er gar keinen Bock.

5. Er will keinen Handschlag mehr machen.

6. Auf Leder und Haarpflege kann er nicht

a Er hat gar keine Lust, weiße Kittel zu tragen.

b Er ließ sich viele unangenehme, ärgerliche Fragen stellen.

c Er möchte überhaupt nicht mehr arbeiten.

d Elektriker hätte ihm eventuell schon gefallen

e Rechnen macht ihm. Schwierigkeiten.

f Für Leder und Haarpflege fehlt ihm das Interesse und Verständnis.

Zum Inhalt

IX. Manche junge Menschen haben kein klares Berufsziel.

Wie kann jemand (wie Peter S. z. B.) herausfinden, für welche Tätigkeit er geeignet ist und was ihm Spaß macht? (z. B. Eignungstests, Berufsberatung, Ausprobieren, …)
Erörtern Sie die Möglichkeiten mit ihren Vor- und Nachteilen.

X. Schulische Leistungen, Noten und Zeugnisse bestimmen oft, welchen Berufsweg ein junger Mensch einschlägt.

Sind diese Kriterien nicht zu einseitig? Verlangen viele Berufe nicht noch andere Kenntnisse und Eigenschaften, die vielleicht wichtiger sind? Kennen Sie Beispiele?

IV, 7   Ein Berufsloser

Martin Walser

1 Dieser Bert Diekmann, dem Anna gestern Julia weggenommen hat, ist ein ...
ach sie will nicht übertreiben, aber er ist nicht nur ein Armleuchter[1], eine ziem-
liche Null, eine immer unrasierte, er ist auch eine Art Bankrotteur oder Tauge-
nichts oder Hochstapler, von allem etwas, der eine nennt ihn so, der andere so,
5 aber keiner sagt etwas Gutes oder auch nur Erträgliches über den. Berufslos
beziehungsweise Gürtelmacher und Kerzenmacher, zweiunddreißig, beliefert
Boutiquen in der Gegend, geht auch selber auf Märkte, in die Gürtel prägt er
indische Muster, seine Kerzen sind farbige Halbkugeln, er will Landwirt werden, angeblich biologisch. Sein Großvater und sein Vater haben das Volkswa-
10 genwerk in Wolfsburg aufgebaut, ja, so was behauptet der, er habe keinen Bock
auf diese Art Arbeit, er lebt mit drei Katzen und einem Sittich, Tiere liebt er,
wartet auf dreißigtausend Mark von einer Versicherung, eine Frau ist vor einem
halben Jahr frontal in ihn hineingefahren, die Frau sofort tot, er acht Tage
Koma, Gehirnquetschung, Beckenbruch, Leberriß. Sobald das Geld kommt,
15 will er zuerst einmal ein Jahr nach Mexiko, Urlaub machen; nachher will er
Landwirt werden, biologisch.

Aus: Martin Walser, Jagd. Roman. Suhrkamp-Verlag,
Frankfurt/Main 1988. S. 68–69

[1] Armleuchter: unnütze, blöde Person

I. Außenseiter, Sonderlinge gibt es in jeder Gesellschaft.
Sie sind meistens wenig beliebt, weil sie die „normalen" Regeln
und Erwartungen der großen Mehrheit nicht erfüllen.
Wo und wie zeigen sich solche Konflikte?

**II. Lesen Sie den Text zu Hause bzw. in Partner- oder Gruppenarbeit in
der Klasse durch und klären Sie den unbekannten Wortschatz.** HA

Zum Textverständnis

III. Der Text ist aus vielen kurzen Segmenten zusammengesetzt.
Achten Sie auf die Satzeichen und markieren Sie die wenigen Punkte.
Manche Kommas könnte man durch Punkte ersetzen und dadurch die
Satzperioden verkürzen. Probieren Sie es!

IV. Suchen Sie die Antwort im Text.

a) Wie wird Bert Diekmann charakterisiert?
   Er ist … (ein Armleuchter)
   Er ist …

b) Was macht Bert Diekmann?
   Er macht … (Gürtel, Kerzen)
   Er …

V. Was erfahren wir noch über Bert Diekmann?

1. Was möchte er später gern werden?
2. Was hält er von Fabrikarbeit?
3. Wie ist sein Verhältnis zu Tieren?
4. Was für einen Unfall hat er gehabt?
5. Was würde er mit dem Geld aus der Versicherung tun?

Zum Inhalt

VI. Berufslose werden von der Gesellschaft meistens abgelehnt.
Welche negativen Meinungen und Vorurteile gibt es gegen sie?
Sammeln Sie konkrete Kritikpunkte und diskutieren Sie über die verschiedenen Motive.

VII. Welche Chancen haben Berufslose in Ihrem Land? Wie können sie überleben?
Schreiben Sie ein paar Zeilen darüber.

IV, 8

[1] burn-out (engl.): ausgebrannt, d. h. erschöpft, krank durch berufliche Überlastung

IV, 9 „Auf einmal macht es klick"

Der 18-jährige Lars Windhorst, Deutschlands jüngster Konzernchef, über seinen Aufstieg

1 SPIEGEL: Herr Windhorst, Sie sind gerade volljährig geworden und führen
– eine Firma, die mit Elektronik, Rohstoffen und Dienstleistungen weltweit Mil-
– lionen umsetzt. Sehen Sie sich als Wunderkind?
– **Windhorst:** Ich find' mich eigentlich ganz normal. Es gibt Gleichaltrige, die
5 kommen bei „Jugend forscht" groß raus. Andere haben ein fantastisches Gefühl
– für den Tennisball. Ich habe eben einen besonderen Instinkt für Wirtschaft. Ich
– erfinde keine neuen Software-Programme wie die Computercracks, ich finde
– Geschäftsmöglichkeiten. Man muss ja nur die Zeitung aufschlagen, um zu
– erkennen, dass Asien zur Zeit ein toller Markt ist.
10 SPIEGEL: Andere lesen auch Zeitung und sind dennoch keine Erfolgsunter-
– nehmer. Was unterscheidet Sie von Jugendlichen Ihres Alters?
– **Windhorst:** Bei mir formt sich im Kopf in ganz kurzer Zeit ein Gebilde aus
– Informationen und Ideen. Auf einmal macht es klick, und ich weiß plötzlich:
– Das ist es, das bringt Geld. Dann setze ich mich hin und skizziere ein Konzept,
15 wie ich mir die Entwicklung vorstelle, welche Kunden wir angehen, wie die
– Werbung aussehen soll. Letzten Monat sind wir zum Beispiel in den Ölhandel
– eingestiegen, der Bedarf an Schmierstoffen in China ist riesengroß. Die gesamte
– Schwerindustrie ist dort im Aufbau, aber bislang ist kaum ein Ölhändler vor
– Ort.
20 SPIEGEL: Das klingt so, als sei Marktwirtschaft ein Kinderspiel. Was kann ein
– jugendlicher Unternehmer, was die alten Bosse nicht können?
– **Windhorst:** Ich denke sehr viel pragmatischer als die meisten. Ich bin nicht
– über-akademisiert und sehe deshalb auch nicht Probleme, wo gar keine sind.
– Aufgrund meines Alters kann ich Leute auch direkter ansprechen, als das
25 andere können. Ich bin spontaner, offener als die Älteren. Das kommt an.
– SPIEGEL: Wann ist Ihnen bewusst geworden, dass Sie offensichtlich eine
– besondere Begabung besitzen, gute Geschäfte zu erkennen?
– **Windhorst:** Ich habe mich schon als kleines Kind immer für Wirtschaftsdinge
– interessiert. Zunächst habe ich was mit Dollars und Aktien gemacht, wollte mal
30 sehen, wie das funktioniert. Dann habe ich mich im Chemiebereich versucht.
– Das hat aber nicht geklappt.
– SPIEGEL: Woran lag's?
– **Windhorst:** Ich hatte eine flüssige Zahnpasta entwickelt, aber die wollte keiner
– kaufen. Da war ich sieben oder acht Jahre alt. Mit zehn habe ich dann etwas
35 intensiver das Börsengeschehen verfolgt und dort ein bisschen mitgemischt. Mit
– elf habe ich Software-Programme geschrieben und die dann verhökert, nachher
– habe ich mich auf den Hardware-Bereich verlegt.

38 – **SPIEGEL:** Andere Jugendliche in Ihrem Alter bereiten sich gerade aufs Abitur
 – vor. Haben Sie sich in der Schule so gelangweilt, dass Sie unbedingt eine
40 – Nebenbeschäftigung brauchten?
 – **Windhorst:** Der Kindergarten war echt langweilig, das war schlimm. Da
 – konnte man lediglich mit Klötzchen bauen und mit Autos rumfahren. In der
 – Schule hatte ich mehr Möglichkeiten, mich selbst zu unterhalten. Da habe ich
 – mir das Handelsblatt[1] mitgenommen und heimlich unter der Schulbank gelesen.
45 – **SPIEGEL:** Wie haben die Klassenkameraden darauf reagiert, fanden die es
 – nicht ziemlich großspurig?
 – **Windhorst:** Die haben gedacht: Der Junge spinnt. Die haben das für Show und
 – natürlich auch für Angeberei gehalten. Da hat keiner gesagt: „Klasse, kopier mir
 – das mal, ich lese das auch."
50 – **SPIEGEL:** Haben Sie nie das Gefühl gehabt, dass Sie möglicherweise über die
 – Geschäftemacherei die Pubertät verpasst haben?
 – **Windhorst:** Das Wesentliche habe ich schon mitgemacht, nur eben kompri-
 – miert. Ich habe diese Zeit einfach in größerer Geschwindigkeit durchlaufen. Da
 – wiederholt sich ja vieles, spätestens beim 21. Discobesuch kennt man das
55 – Schema.
 – **SPIEGEL:** Wann haben Sie angefangen, Ihr Nachmittagsgeschäft professionell
 – zu betreiben?
 – **Windhorst:** Mit 14 habe ich aus Hongkong und China elektronische Bauteile
 – für Computer importiert. Die Adressen hatte ich mir über die Botschaft besorgt.
60 – Am Anfang musste ich alles komplett selber machen. Ich habe eingekauft, ich
 – habe die Kisten gepackt, Kunden akquiriert, Nachschub geordert. Als das
 – Geschäft einigermaßen lief, habe ich zwei Schüler dazugeholt für die Packerei
 – und Montage, so dass ich mich nur noch um den Vertrieb kümmern musste.
 – **SPIEGEL:** Die deutschen Banken gelten als besonders risikoscheu. Wie haben
65 – Sie Ihr Kleinunternehmen finanziert?
 – **Windhorst:** Das Startkapital von 5000 Mark hatte ich mir so mit Nebenbei-
 – Geschäften verdient, hinzu kam das Taschengeld von meinem Vater, und zu
 – Weihnachten fiel ja auch immer was ab. Mit 16 musste ich mich dann allerdings
 – entscheiden, ob ich in der Schule weitermachen oder aufhören wollte. Denn
70 – meine Zensuren waren ziemlich abgerutscht. Also habe ich mich um einen Kre-
 – dit gekümmert, um mich selbständig zu machen.
 – **SPIEGEL:** Und die Banken haben genickt und gezahlt?
 – **Windhorst:** Das war nicht so einfach. Wer wollte denn schon einem 16-Jähri-
 – gen einen Kredit über 100 000 Mark geben? Die großen Banken haben alle
 – abgelehnt, nur die Sparkasse hier in Rahden konnte ich schließlich überzeugen.

Aus: Der Spiegel Nr. 32/1996, S. 74–75

[1] Handelsblatt: führende Wirtschaftszeitung

I. Was versteht man unter „beruflicher Selbständigkeit"?

Was gehört dazu, eine Firma, ein eigenes Unternehmen zu gründen?

II. Lesen Sie den Text zu Hause bzw. in Partner- oder Gruppenarbeit in der Klasse durch und klären Sie den unbekannten Wortschatz.

Zum Textverständnis

III. Stimmen folgende Aussagen mit dem Text überein?

Ja, in Zeile … nein

1. Die Firma macht ihre Geschäfte auf der ganzen Welt.

2. Herr Windhorst findet seine Informationen und Kontakte in Zeitungen.

3. Das geringe Alter ist ein Vorteil gegenüber älteren Geschäftsleuten.

4. Herr Windhorst hat verschiedene Dinge probiert, bevor er seine Firma gegründet hat.

5. In der Schule hat Herr Windhorst schnell und mit Begeisterung gelernt.

6. Herr Windhorst hat das Gefühl, daß er seine Jugend verpasst hat.

7. Herr indhorst. musste sich zwischen Schule und Geschäften entscheiden.

IV. Beantworten Sie aus dem Text folgende Fragen:

1. Mit was für Gleichaltrigen vergleicht sich Herr Windhorst ?

2. Wie entstehen bei ihm neue Konzepte?

3. Bei welchem Versuch ist er gescheitert? Warum?

4. Wie war das Verhältnis zu seinen Mitschülern?

5. Wie sah sein erstes Importgeschäft aus?

6. Woher kam sein erstes Startkapital?

7. Warum war es nicht einfach, einen Kredit zu bekommen?

V. Kreuzen Sie an, welche Ausdrücke gleichbedeutend sind.

1. jemand spinnt   a   es wird allgemein bekannt
2. es fällt etwas ab   b   es wird plötzlich klar
3. es kommt (gut) an   c   er hat verrückte Ideen
4. großspurig auftreten   d   es bleibt etwas übrig
5. es kommt groß raus   e   es hat Erfolg
6. es macht klick   f   übertrieben wichtig tun

Zum Inhalt

VI. Es gibt auf den verschiedensten Gebieten immer wieder sehr junge Menschen, die sehr früh sehr erfolgreich sind.

Sind es „Wunderkinder" oder gibt es auch andere Erklärungen dafür?

VII. Welche Faktoren scheinen Ihnen für den beruflichen Erfolg entscheidend?

Z. B. Begabung, Ausbildung, Fleiß, Beziehungen. Begründen Sie Ihre Ansicht.

Kapitel V

Freizeit, Feste

Die Wochenarbeitszeit hatte sich in den letzten Jahrzehnten ständig verkürzt. Um die Mitte der neunziger Jahre bildeten sich jedoch gegenläufige Tendenzen und Regelungen heraus. Es gab bei bestimmten Berufsgruppen wieder Arbeitszeitverlängerungen. Auch die Dauer der Urlaubszeit wurde nicht mehr ausgedehnt. Allerdings ist in dieser Hinsicht ein recht hohes Niveau erreicht. Die Mehrheit der Arbeitnehmer hat einen Jahresurlaub von fünf bis sechs Wochen und länger. Man hat also mehr Freizeit als früher. Die Folge dieser Entwicklung war das Entstehen einer umfangreichen Freizeitindustrie, die nicht nur Kleidung, Schuhe und Sportgeräte herstellt, sondern auch eine permanent wachsende Zahl von Produkten für den Bastel- und „Heimwerker"-Bedarf. Das bedeutet, dass ein großer Teil der neu gewonnenen Freizeit durch allerlei häusliche Arbeiten besetzt wird und nicht als reine Muße-Zeit anzusehen ist.

Parallel dazu verlief das Wachstum der Reisebranche, die Reisen in viele Länder der Welt veranstaltet. Natürlich spielt das private Auto eine wichtige Rolle, was an Wochenenden und zu Beginn längerer Urlaubs- und Ferienzeiten oft zu zahllosen Staus auf den Autobahnen führt. Die Deutschen stehen in der Statistik der Auslandsurlauber an erster Stelle in der Welt. Die großen religiösen Feste wie Weihnachten und Ostern werden in ganz Deutschland und nicht nur von gläubigen Christen gefeiert. Außerdem gibt es eine Reihe von lokalen Volksfesten, wie etwa den Karneval im Rheinland bzw. den Fasching in München. Kleine Dorf- und Stadtfeste werden auch noch in vielen Gebieten Deutschlands begangen und erfreuen sich zunehmenden Zuspruchs seitens der Bevölkerung.

V. 1   *Hilmar Hoffmann*, Kultur für die Freizeitgesellschaft

V. 2   *Friedrich Trimapel*, Erschöpfter Blick zurück

V. 3   *Anna v. Münchhausen*, Alle sind immer überall

V. 4   *Siegfried Lenz*, Die Überraschung im Freibad

V. 5   *Michael Haberer*, In einer Disko

V. 6   Autoverleih im Paradies (Interview mit Gerhard Schulze)

V. 7   *Wolfgang Prosinger*, Europa, grenzenlos

V. 8   *Ernst Hürlimann*, Karikatur, Leider hat's fast immer grengt

V, 1 Kultur für die „Freizeitgesellschaft"

Hilmar Hoffmann

1 Nur mit einem Verständnis von Kultur bezogen auf die gesamte soziale und
politische Lebenstätigkeit kann ihr eine Rolle auch in der sogenannten
„Freizeitgesellschaft" zufallen. Nur wenn Kultur diese Funktion übernehmen
kann, ist sie mehr als „Brot und Spiele", mehr als ein schönes Mittel zum Zeit-
5 totschlagen.

„Mit leichtem Gepäck nach vorn"[1] möchten uns manche als Motto für die
Zukunft verschreiben: Sie versprechen sich davon weniger Ballast durch lästige
Problematisierungen und eine geringere Belastung durch moralische Ansprüche
einer als retardierend empfundenen Technik- und Fortschrittskritik.
10 Aber sich „vorn" dünkend, wer weiß sich in solcher Illusion noch sicher?
Bestimmt sich die Qualität des Fortschritts, des Vorn-Seins, nur nach dem, was
machbar ist, oder diktieren uns dies die sogenannten „Sachzwänge"?
Im Kontext dessen, was als „totale Freizeitgesellschaft" zum Alptraum wurde,
verwenden wir gern die schlichte Formel von der Schaffung einer notwendigen
15 kulturellen Infrastruktur für das Jahr 2000. Nach neuesten Hochrechnungen ver-
fügt an der Schwelle zum nächsten Jahrtausend jeder zweite Bundesbürger
ganztags über von Erwerbsarbeit freigestellte Zeit, ein Drittel der Bevölkerung
wird dann über 65 Jahre alt sein.
Gleichwohl sollten wir mit überzogenen Hoffnungen auf mehr freie Zeit vor-
20 sichtig umgehen. Denn nicht jede Arbeitszeitverkürzung bedeutet automatisch
mehr freie Zeit, geschweige denn mehr Muße-Zeit. So relativieren Experten wie
Christiane Müller-Wichmann die Freizeit mit dem Argument, dass diese nicht
zwangsläufig identisch sei mit jenen „Lücken, die (rein) rechnerisch übrig bleiben".
25 Mit anderen Worten: In aller Regel wird der Begriff „Arbeit" immer noch zu
eng interpretiert, denn unser gesamtgesellschaftliches Arbeitsvolumen zerfällt in
bezahlte Arbeit und in unbezahlte Arbeit (Müller-Wichmann). Unbezahlte
Arbeit wird auch als Eigenbedarfstätigkeit bezeichnet, als Schattenarbeit, als
„informeller Sektor" oder als Dualwirtschaft.

Aus: H. Hoffmann, Kultur als Lebensform.
Fischer Taschenbuch-Verlag, Frankfurt/Main 1990, S. 30–31

[1]Militärisches Kommando

I. Zur Einführung

1. Erstellen Sie ein Assoziogramm zum Begriff „Freizeit".

II. Lesen Sie den Text zu Hause bzw. in Partner- oder Gruppenarbeit in der Klasse durch und klären Sie den unbekannten Wortschatz. H

Zum Textverständnis

III. Steht das so im Text? Wo?

Ja, in Zeile ...   Nein

1. Kultur spielt in jedem Falle auch bei der
   Gestaltung der Freizeit eine Rolle.

2. Manche Leute empfehlen uns, nicht so viel über
   die Zukunft nachzudenken.

3. Diese Leute glauben, dass Kritik an Technik und
   Fortschritt nur die Entwicklung hemmt.

4. Jeder zweite Bundesbürger ist im Jahr 2000 über
   65 Jahre alt.

5. Jede Arbeitszeitverkürzung bedeutet mehr
   Zeit für Muße.

IV. Bitte beantworten Sie folgende Fragen:

1. Welches Motto schlagen manche Leute vor?
2. Wodurch wird die Qualität des Fortschritts bestimmt?
3. Was sieht man für das Jahr 2000 als notwendig an?
4. Wie muss man Arbeit differenzieren?
5. Wie kann man unbezahlte Arbeit bezeichnen?

V. Erläutern Sie mit eigenen Worten folgende Begriffe:

1. Brot und Spiele   4 Alptraum   7. überzogene Hoff-
2. Zeittotschlagen   5. kulturelle Infrastruktur   nungen
3. „Sachzwänge"   6. Hochrechnung   8. Muße-Zeit

Zum Inhalt

VI. Zur Diskussion

1. Meinen Sie auch, dass das gesamte soziale und politische Leben mit
   Kultur zusammenhängt?
2. Beeinflusst die Werbung die Freizeitbedürfnisse?
3. Wie organisieren Sie Ihre eigene Freizeit? Wodurch lassen Sie sich dabei
   leiten?
4. Langweilen Sie sich manchmal? Was machen Sie dann?
5. Welche Freizeitbeschäftigungen sind Ihrer Meinung nach sinnvoll?
   Welche Voraussetzungen gehören dazu?

V , 2 Erschöpfter Blick zurück

Wenn die Weihnachtsfeiertage zum Besuchsmarathon werden

1 – „Völlig geschafft" sei er. Weihnachten im nächsten Jahr: „Ohne mich!" Die
– Feiertage haben dem Kollegen sichtlich zugesetzt. Matt und mürrisch hängt er
– auf dem Schreibtischstuhl, ein Opfer des Besuchsmarathons, der spätestens am
– 1. Weihnachtsfeiertag beginnt.

5 – Weihnachten – das Familienfest. Was tun, wenn die Familie in alle Himmels-
– richtungen verstreut ist? Man reist und verbringt viele, viele Stunden ganz
– unfeierlich im Auto.

– Kollege T. zum Beispiel. Hätte er die Folgen geahnt, er hätte sich vor Jahren
– vielleicht doch nicht in die Studentin Sibylle S. verliebt. Denn ihre Eltern leben

10 – in Nürnberg, seine in Bonn und dann gibt es da noch die Erbtante in Bielefeld.
– Am Heiligabend waren Wolfgang T. und Sibylle S. ganz für sich. Er schmückte
– den Weihnachtsbaum, im Backofen brutzelte die Gans, ein Abend voller Har-
– monie. Zeit zum Atemholen, bevor morgens um sieben der Wecker klingeln
– würde und dann, hopp, hopp, die Koffer ins Auto – „Frühstück brauchen wir

15 – heute nicht" – und ab auf die Autobahn Richtung Nürnberg: „Du weißt, meine
– Eltern essen pünktlich um zwölf zu Mittag."

– Freitag, 25. Dezember, 1. Weihnachtsfeiertag, 12.30 Uhr: Die Eltern von Sibylle
– S., Beamtenehepaar, warten schon, die Ungeduld nur mit Mühe verbergend.
– Frau S. ist ebenfalls um sieben Uhr aufgestanden. Schließlich braucht auch ihre

20 – Gans so um die vier Stunden. Dass die „lieben Kinder" so lustlos an der Keule
– knabbern, kann Frau S. nicht verstehen. Aber weil Weihnachten ist, beschließt
– sie, nicht beleidigt zu sein.

– Kurzer Spaziergang, Kaffee und Christstollen bei der Schwester. Der sieben
– Monate alte Sohn – „ist er nicht goldig" – spielt den Alleinunterhalter, bis er

25 – plötzlich und ausgiebig zu brüllen beginnt. Zurück zu den Eltern, dort ist es
– ruhiger, Abendbrot. Danach: zwangloses Treffen mit ehemaligen Schulkamera-
– den. Gegen 1 Uhr morgens Licht aus.

– 2. Weihnachtstag, 7 Uhr: Wieder klingelt der Wecker. Der Frühstückstisch ist
– schon gedeckt. Frau S., Wolfgang T. weiß es schon lange, ist eine notorische

30 – Frühaufsteherin und grässlich munter. Die Autobahn wie leergefegt, Rüffel vom
– Beifahrersitz: „Fahr nicht so schnell."

– In Bonn hat sich Frau T. mit der Zubereitung des Festmahls viel Mühe gegeben.
– Sie serviert – nein, keine Gans: eine Ente. Das junge Paar hat jeden Widerstand
– aufgegeben. Es wird gegessen, was auf den Tisch kommt. Auch Bruder

35 – Christian ist zusammen mit seiner Freundin gekommen. Am Tag zuvor waren
– sie in Hamburg, bei den Eltern der Freundin …

37 – Nach der Ente hätten alle gern ein Nickerchen gemacht. Aber weil „die Kinder
  – ja gleich wieder wegmüssen", werden die Lichter des Weihnachtsbaumes ange-
  – zündet, von der Küche zieht Kaffeeduft herüber.
40 – Die Uhr läuft. Der nächste Aufbruch, jetzt geht es nach Bielefeld. „Hallo Tant-
  – chen!" Tantchen ist wohlauf. Wolfgang T. und Sibylle S. bleiben ein gutes Stün-
  – dchen, bevor sie zurück nach Frankfurt fahren. Irgendwann, Mitternacht ist
  – längst vorbei, sinken sie erschöpft ins Bett. Das besinnliche Familienfest ist
  – überstanden.

I. Zur Einführung
Was wissen Sie über das Weihnachtsfest in Deutschland?

II. Lesen Sie den Text zu Hause bzw. in Partner- oder Gruppenarbeit in der Klasse durch und klären Sie den unbekannten Wortschatz. H_A

Zum Textverständnis

III. Steht das im Text? Wo?

Ja, in Zeile …   nein

1. Die Feiertage waren für den Kollegen anstrengend.

2. Man feiert Weihnachten im Auto.

3. Heiligabend gab es Gänsebraten.

4. Frau S. kann nicht verstehen, dass die jungen Leute die Gans ohne Appetit essen.

5. Nach dem Entenbraten hätten alle gerne einen Mittagsschlaf gemacht.

6. Nach dem Ende der Reise haben beide die Grippe.

IV. Was bedeuten folgende Sätze und Ausdrücke (eine Lösung ist richtig)

1. völlig geschafft
   a)   sehr müde und angestrengt
   b)   mit der Arbeit fertig
   c)   wieder gesund

2. Matt und mürrisch hängt er auf dem Schreibtischstuhl …
   a) er ist auf seinem Stuhl eingeschlafen
   b) er schimpft laut und will nicht aufstehen
   c) müde und schlechtgelaunt sitzt er in schlechter Haltung auf seinem Schreibtischstuhl

3. … wenn die Familie in alle Himmelsrichtungen verstreut ist …
   a) wenn sich die Familie aus religiösen Gründen getrennt hat
   b) wenn die Familie in großer Entfernung von einander wohnt
   c) wenn die Familie ins Ausland verzogen ist

4. Frau S. ist eine notorische Frühaufsteherin
   a) Frau S. ist Notarin von Beruf und steht daher immer früh auf
   b) Frau S. steht gelegentlich früh auf
   c) Frau S. hat die Gewohnheit früh aufzustehen

5. Die Autobahn ist wie leergefegt
   a) es gibt kaum Verkehr
   b) es herrscht starker Wind
   c) die Autobahn ist sehr sauber

Zum Inhalt

V. Zur Diskussion

1. Finden Sie, dass das junge Paar nicht so viele Besuche hätte machen sollen?
2. Wie kann man sonst Familienkontakte unterhalten?
3. Wie wichtig ist Familie für Sie?
4. Beschreibt der Text ein typisches Verhalten an Festtagen oder eher eine Ausnahme?
5. Hängt die Auflösung der Großfamilie mit dem Entwicklungsstand eines Landes zusammen?

VI. Mündliche und schriftliche Aufgaben

1. Stellen Sie sich vor, Wolfgang T. und Sibylle S. würden ein Tagebuch führen. Was würden sie wohl schreiben?
2. Äußern Sie Ihre Meinung zu den hier genannten Problemen.
3. Wie feiern Sie wichtige Feste?

V, 3 Alle sind immer überall

Anna von Münchhausen

1 Wohin ich dieses Jahr fahre? Tja. Warum soll ich es nicht erzählen? Ich will …
Aber dazu später.
Fangen wir doch mal, nach Kanzler-Art, mit dem an, was hinten rauskommt.[1]
Sehen wir uns die Heimkehrenden an. Schimmert durch ihren gebräunten Teint
5 ein inneres Leuchten? Haben sie diesen Funken Frechheit im Blick? Wirken sie
runderneuert, selbstgewiss, unabhängig? Nein, so sehen sie ganz und gar nicht
aus. Und was sie zu erzählen haben, Schreck lass nach. Einige hartgesottene
Beschwerer-Typen aalen sich in Katastrophen-Szenarios.
Das Gros der Heimkehrer indes ist seltsam vage – halbbeglückt, halbenttäuscht.
10 Sicher, es war o.k. Aber doch nicht ganz das, was man sich versprochen hat,
nicht? Die Hitze. Die Mücken. Grauenhafte Leute, wohin man sah: maulige
Mittlebenskrisengeschüttelte allesamt. Ferner: das Bett. Der Lärm. Der Dreck.
Die Überfälle. Die Preise. Und überhaupt.
Dabei ging es doch mit großen Erwartungen los. Das lässt sich in einer vollge-
15 stopften Abflughalle mitten in der Hochsaison mit Händen greifen. Diese sum-
mende Erwartung, dieser kollektive Frohsinn, die aggressive Bereitschaft zum
Ausflippen: Leben, wir kommen. Sag dem Abenteuer hallo! Nie fehlt darunter
das Ehepaar, das die Extra-Tickets für die Ausflüge auf dem Küchentisch
daheim liegengelassen hat, und auch nicht die aufgepuschelte Endvierzigerin
20 mit Leggings und Flamingo-Bigshirt, die bei der Passkontrolle entdeckt, dass
ihre Papiere im längst eingecheckten Koffer stecken.
Was finden die am Urlaub so erregend? Kein Ziel ist zu weit, keiner scheut die
Mühsal des Hinkommens: Das Glück erwartet dich, drei Flugstunden entfernt
von hier.
25 Das erklärt zumindest das Lemmingmäßige dieses kollektiven Wahns. Es hört ja
bei der Ankunft nicht auf. Wo immer die Welt am schönsten war, da ist sie – öd
und voll. Immer sind schon viel zu viele andere da.
Bis vor wenigen Jahren war es noch möglich, der Fülle durch antizyklisches
Verhalten zu entgehen. Nach Venedig im November, in die Berge Anfang Juli,
30 nach Schweden im September. Mittlerweile ist diese Einzelgängerei zwecklos:
Alle sind überall, und Saison ist immerzu.
Nun gibt es zweifellos eine ganze Reihe von Zeitgenossen, die Urlaub anders,
besser machen wollen. Der alternative Sektor boomt dank abenteuerlicher
Angebote: Schneeschuhwanderungen, Hundeschlittentouren, Übernachtungen in
35 einer „Wildnishütte". Wer hier mitmacht, trägt ein ökologisch reines Gewissen
im Rucksack.
Wie hartnäckig sich doch – jedem Augenschein zum Trotz – der alte Mythos
behauptet, dass Reisen bilde. Dass die Reise schlechthin eine Metapher sei für

unseren lebenslänglichen Weg ins Nirwana. Geist, Herz und Sinn erweitern
40 – konnte vielleicht die grand tour des britischen Bürgertums im 18. Jahrhundert.
– Goethe in Italien, Lord Byron in Griechenland, gewiss.
– Ich steige aus. Reisen? Gott bewahre. Hin und wieder fahren wir im Sommer an
– die See, die wir (antizyklisch, Samstag früh um sieben) in anderthalb Stunden
– erreichen. Dort weht ein sanfter Wind, die Wellen schmatzen, kein Strandkorb,
45 – keine Pommesbude. Wir wohnen bei Freunden. Sollte es regnen, sind wir
– schnell wieder daheim. Herrlich.

Zeit-Magazin, 12.2.1993

[1] Anspielung auf eine Äußerung des früheren Bundeskanzlers Helmut Kohl, wichtig sei vor allem das Resultat.

I. Zur Einführung

Erstellen Sie ein Assoziogramm zum Begriff „Reisen".

II. Einige schwierige Wörter und Redewendungen

1. runderneuert: eigentlich: ein alter Autoreifen, der ein neues Profil bekommen hat.
2. sich aalen: z. B. sich in der Sonne aalen: sich bequem in der Sonne ausstrecken und daliegen.
3. Mittellebenskrisengeschüttelte (Übersetzung aus dem Englischen „midlife-crisis"): Leute zwischen 40 und 50 Jahren, die Probleme mit diesem Altersabschnitt haben.
4. ausflippen: hier: in Ekstase geraten; auch: unter dem Einfluss von Drogen stehen.
5. lemmingsmäßig: Lemminge sind Nagetiere, die sich sehr schnell vermehren können und dann kollektiven Selbstmord begehen.
6. Schreck lass nach: Ausruf = „ach, du Schreck"

III. Lesen Sie den Text zu Hause bzw. in Partner- oder Gruppenarbeit in der Klasse durch und klären Sie den unbekannten Wortschatz.   H

Zum Textverständnis

IV. Welchen Kapiteln kann man die folgenden Überschriften zuordnen?

1. Die Heimkehrenden: Eindruck und Äußerungen
2. Überall ist heute immer Reisesaison.
3. Ich unternehme keine Reisen mehr.
4. Die Erwartungen bei der Abreise.
5. Alternatives Reisen.
6. Der alte Mythos, dass Reisen bildet.

V. Bitte beantworten Sie folgende Fragen:

1. Welche Fragen sollten wir uns stellen, wenn wir die Heimkehrenden ansehen?
2. Wie äußern sich die meisten Heimkehrer?
3. Was kann man in einer Abflughalle feststellen?
4. Was entdeckt man an allen Reisezielen?
5. Was wird an alternativen Reisen angeboten?
6. Welchen Mythos gibt es immer noch?
7. Wofür hat sich die Autorin entschieden?

VI. Wie steht das im Text?

1. Sehen sie etwas frech aus?
2. Die Mehrheit der Heimkehrer …
3. … es begann mit großen Erwartungen …
4. … die aufgeputzte Frau Ende 40 …
5. Inzwischen hat diese Einzelgängerei keinen Sinn mehr …
6. Der alternative Sektor hat große Erfolge …

Zum Inhalt

VII. Zur Diskussion

1. Treffen alle Behauptungen der Verfasserin zu?
2. Verreisen Sie im Urlaub oder in den Ferien? Wie und wohin?
3. Improvisierte („last minute") oder geplante Reisen: Was ziehen Sie vor?

VIII. Nehmen Sie mündlich oder schriftlich Stellung:

Warum ich für bzw. gegen das Reisen bin.

V, 4   Die Überraschung im Freibad

Siegfried Lenz

1 – Um die Wahrheit zu sagen: Ich war nur sehr selten in einem Freibad gewesen;
 – Jette hingegen kaufte sich in jedem Jahr schon am Tag der Eröffnung eine
 – Dauerkarte, die sie durch nahezu tägliche Besuche regelrecht „abbadete", wie
 – sie einmal triumphierend festgestellt hatte. Gegen das Bad, in das sie mich
5 – schleppte, ließ sich nicht allzuviel sagen; es war von schnellwüchsigen Pappeln
 – umgeben, hatte eine Liegewiese, ein Planschbecken und ein Becken für
 – Schwimmer, außerdem hatte man für gewisse Leute einen Sprungturm errichtet
 – mit einem Drei- und einem Fünfmeterbrett. Damit man sich nicht hinter vorge-
 – haltenem Handtuch ausziehen musste, gab es schätzungsweise zwei Dutzend
10 – Kabinen, und schließlich hatte man da auch – im Stil eines Negerkrals – eine
 – Erfrischungsbude hingesetzt, in der man Eis und Limo[1] kaufen konnte. Von
 – Jette angetrieben, löste ich erstmal eine Tageskarte und ließ sie von einem athle-
 – tischen Bademeister einreißen, dem man schon ansehen konnte, dass er Ret-
 – tungsschwimmer war. Dann gingen wir durch eine Schleuse, und je weiter wir
15 – kamen, desto irrsinniger wurden das Quietschen und Juchzen. Niemand wird
 – mir glauben, wie elend mir zumute war, und wie viel zu geben ich bereit gewe-
 – sen wäre, wenn Jette auf meinen Schutz verzichtet hätte. Von allen Foltern, die
 – es gibt, ist die Geräuschfolter eine der schlimmsten, wirklich.
 – Vor diesen rotierenden Stangen, die wohl ein Zählwerk in Gang setzten,
20 – flammte plötzlich ein Blitzlicht auf, zwei Typen traten auf mich zu und zogen
 – mich zur Seite, und als ich protestieren wollte, ergriffen sie meine Hand und
 – gratulierten mir überschwänglich. Die mussten Übung im Gratulieren haben,
 – denn sie hielten meine Hand nur so lange, bis das Blitzlicht über uns hinwegge-
 – wittert[2] war, danach ließen sie meine Hand sofort los. Einer der beiden, der sich
25 – als stellvertretender Direktor der städtischen Wasserwerke vorstellte, begrüßte
 – dann in mir den hunderttausendsten Besucher des Freibades; er hielt wahrhaftig
 – eine kurze Rede, in der es um gestiegene Freizeitwerte und Gesundheit ging
 – und um die Selbstverpflichtung der Wasserwerke im Hinblick auf eine ausrei-
 – chende Badeversorgung der Bevölkerung und dergleichen. Während ich Jette
30 – nur ratlos anblickte, krümmte die sich vor Lachen oder Schadenfreude oder was
 – weiß ich. Nachdem der Oberwasserwerker mit seiner Rede zu Pott[3] gekommen
 – war, gab er einem verdammt gut aussehenden Mädchen ein Zeichen, und das
 – überreichte mir lächelnd einen Nelkenstrauß, eine Flasche Sekt und eine Dauer-
 – karte, die allerdings, wie ich belehrt wurde, erst mit meinem Namenszug Gül-
35 – tigkeit erhielt. Obwohl ich damit rechnete: einen Kuss bekam ich nicht. Das
 – Mädchen trat bescheiden zurück und machte dem Fotografen Platz, der noch
 – einmal ein Gruppenfoto schoss und sich dann ein paar Daten notierte, Name,
 – Adresse, Beruf und so. Als Beruf gab ich selbstverständlich Lehrer an. Der

39 – Fotograf versprach, mir drei Exemplare der Zeitschrift „Wasserfreuden" zuzu-
   – schicken – das war die Hauszeitschrift der Wasserwerke –, und die Gratulanten
   – verabschiedeten sich von mir mit den besten Wünschen zur laufenden Badesai-
   – son.　*Aus: Siegfried Lenz, Die Klangprobe. Roman. Hoffmann und Campe, Hamburg 1990*

[1]　umgangssprachlich für: die Limonade
[2]　wie ein Gewitter über uns hinweggegangen war
[3]　fertiggeworden war

I.　Zur Einführung

Öffentliche Bäder / Badeanstalten, Freibäder und beheizte Hallenbäder
gehören in Deutschland zum beliebten Freizeitangebot.
Wie erklärt sich diese Beliebtheit? (Z. B. Klima, Gesundheit …)

II.　Lesen Sie den Text zu Hause bzw. in Partner- oder Gruppenarbeit in der Klasse durch und klären Sie den unbekannten Wortschatz.　H_A

Zum Textverständnis

III.　Bitte beantworten Sie folgende Fragen:

1. Warum geht Jette fast täglich in das Freibad?
2. Wie wird das Freibad beschrieben?
3. Wo konnte man sich umziehen?
4. Wo gingen die beiden hindurch?
5. Wann ließ man die Hand des Erzählers wieder los?
6. Was erhielt der Erzähler zum Geschenk?

IV.　Wie steht das im Text?

1. Da Jette mich dazu aufforderte …
2. … der wie ein Rettungsschwimmer aussah.
3. … ich fühlte mich schlecht …
4. … sie lachte sehr heftig …
5. … nachdem er seine Rede beendet hatte …
6. … der Fotograf machte noch einmal ein Gruppenfoto …

V.　Was ist mit folgenden Ausdrücken gemeint?

1. „abbadete"
2. schnellwüchsige Pappeln
3. Planschbecken
4. Fünfmeterbrett
5. Erfrischungsbude
6. Rettungsschwimmer
7. Hauszeitschrift

Zum Inhalt

VI. Zur Diskussion

1. Warum war der Erzähler wohl selten in ein Freibad gegangen?
2. Halten Sie ihn für am Sport interessiert oder uninteressiert? Warum?
3. Warum begleitete er Jette so ungern?
4. Wie finden Sie Jettes Verhalten?
5. Was denken Sie über den Nutzen von öffentlichen Freibädern und ähnlichen Einrichtungen?
6. Sollten Sportanlagen durch private oder öffentliche Mittel finanziert werden?

VII. Schriftliche Aufgabe

Jette erzählt einer Freundin das Erlebnis aus ihrer Perspektive.

V, 5   In einer Disko

Michael Haberer

1 – „Schau dir das an!" Karin macht ihren Mann auf die mehr als 200 Jugendlichen
  – aufmerksam. In schwarzen Kleidern, mit klobigen Schuhen drängen sie sich vor
  – einem Tor. Nahebei, entlang einer aufgerissenen Straße, sitzen müde Gestalten,
  – manche tanzen noch zu hämmernden Rhythmen aus dem Autoradio.
5 – Ganz neu war dem Ehepaar nicht, dass es im Emmendinger Gewerbegebiet an
  – der Elz wild zugehen soll. Früh morgens holen die Behörden bekiffte[1] Jugend-
  – liche vom Kran, und die örtliche Kriminalpolizei hat etwas von einem Drogen-
  – umschlagplatz verlauten lassen: Um Rauschmittel in Pillenform soll es sich
  – handeln, um sogenannte Designer-Drogen. Das wollte sich das Ehepaar einmal
10 – ansehen; entsprechend hatte man die Route für die sonntägliche Fahrradtour
  – gewählt.
  – Das Szenario: Berauschte Jugendliche und kahlgeschorene Typen zwischen Erd-
  – löchern und Baumaschinen bewirken elterliche Angst; auch der eigene Sohn
  – war am Morgen nicht im Bett. Kein Wunder, dass die Eindrücke eine Abwehr-
15 – haltung auslösen: Schuld an allem ist das „Oktan".
  – Im Jahr 1992 wurde die Diskothek eröffnet. Der Ort für Tanz und Session ist
  – eine umgebaute Werkhalle, fasst 1500 Besucher und bedeutet schon von der
  – Größe her für das Nachtleben der Stadt eine neue Dimension. Spätestens seit
  – November vergangenen Jahres fahren die Diskjockeys im „Oktan" konsequent
20 – Tekkno – seitdem boomt die Diskothek. Mit dem Tekkno-Rave, aufgelegt von
  – erstklassigen DJs[2], hat sich das „Oktan" zu einem Vorreiter einer Diskotheken-
  – und Partyszene gemacht, die derzeit auch die Südwestecke erobert.
  – Bei vielen Emmendinger Bürgern kommt davon vor allem dies an: nächtliche
  – Störungen durch dröhnende Bässe, eine fremde Musikwelt, Erlebtes oder Ge-
25 – hörtes nach einer langen Tekkno-Nacht und die Furcht um die eigenen Kinder.
  – Ein etwas Älterer, Angestellter im Raum Offenburg, demonstrierte ohne Beden-
  – ken, was „in" ist und wie er sich für die Tanzfläche stimuliert. Er viertelt ein
  – fingerkuppen-großes Plättchen Papier, das angeblich mit LSD bestrichen ist. Ein
  – Schnipsel schiebt er sich hinter das Augenlid: „Die Wirkung kommt echt gut –
30 – der Puls ist bei 180, und du bist stark drauf[3]."
  – Oliver geht recht unbefangen mit seinen Stimmungsmachern um: „Alles Erfah-
  – rungssache." Doch er sieht auch die Gefahr. Besonders die Einstellung der
  – „Kids" zu den neuen Drogen scheint ihm bedenklich: „Die schlucken heut alles;
  – Hauptsache es wirkt stark." Und: „Wenn du in schlechter Stimmung bist, kann
35 – es schon mal sein, dass du dich auf der Intensivstation wiederfindest."
  – Doch das sind für Oliver bloß Nebenwirkungen, wie man sie auch bei Rausch-
  – mitteln wie Alkohol beobachten könne. Er selber hält sich für ein gutes Beispiel

38 dafür, dass mit „Trips" und Pillen ein intensives Wochenende verlebt werden
    kann, ohne in die Sucht abzugleiten. Montag morgen sitze er wieder – entspannt
40 – am Arbeitsplatz.

Aus: Michael Haberer, Zwischen heißer Tekkno-Nacht und Designer-Drugs.
In: Badische Zeitung vom 26.7.94

[1] unter dem Einfluss von Drogen stehend

[2] Diskjockeys

[3] in guter Form, Stimmung

I. Zur Einführung
Warum gehen Sie (nicht) gern in Diskotheken?

II. Lesen Sie den Text zu Hause bzw. in Partner- oder Gruppenarbeit in der Klasse durch und klären Sie den unbekannten Wortschatz.   H$_A$

Zum Textverständnis

III. Bitte beantworten Sie folgende Fragen:
1. In welcher Gegend Deutschlands spielt das Geschehen?
2. Wie heißt die Stadt?
3. Wodurch kam die Diskothek in Mode?

IV. Steht das im Text?

	Ja, in Zeile …	nein
1. Die Jugendlichen sind schwarz angezogen		
2. … tragen elegante Schuhe		
3. … sehen müde aus		
4. … reißen die Straßen auf		
5. … nehmen Drogen und klettern auf Baukräne		
6. Die Eltern reagieren mit Angst		
7. … wehren Aggressionen kahlgeschorener Typen ab		
8. … erleben die Diskomusik als nächtliche Störung		

V. Wie wird das im Text gesagt?

1. Das Ehepaar hatte schon davon gehört …
2. Die Diskjockeys legen Tekkno auf …
3. … das „Oktan" steht an vorderster Stelle …
4. Viele Bürger erleben vor allem dies: …
5. Er teilt ein Papier in vier Teile …
6. … du bist in guter Verfassung, fühlst dich gut …
7. Die nehmen heute alles …

Zum Inhalt

VI. Zur Diskussion

1. Welches Alter hat das Ehepaar vermutlich?
2. Wie reagieren sie auf das Verhalten der Disko-Besucher?
3. Was denken Sie über die Gefährlichkeit dieser neuen Drogen verglichen mit Alkohol und Nikotin?
4. Wie beurteilen Sie Olivers Umgang mit Drogen?
5. Was macht den Reiz und gleichzeitig die Gefahr von Drogen aus?
6. Wie unterscheiden sich „harte" von „weichen" Drogen?

VII. Äußern Sie Ihre Meinung mündlich oder schriftlich.

1. Sollte man den Verbrauch gewisser Rauschmittel erlauben?
2. Aus welchen Motiven greifen viele Jugendliche zu Drogen?
3. Die Polizei sollte Diskotheken dieser Art schließen.
4. Nach meiner Meinung sollte man bei diesen Problemen folgende Gesichtspunkte beachten: …

V, 6 „Autoverleih im Paradies"

**Interview mit dem Kultursoziologen Gerhard Schulze über Erlebnis-
zwang in den Ferien**

1   Schulze, 49, ist Soziologie-Professor an der Universität Bamberg und Autor des
    Buches „Die Erlebnisgesellschaft".

    SPIEGEL: Weder die Rezession noch der Stress in Staus oder an überfüllten
5   Ferienorten hält die Deutschen vom Reisen ab. Woran liegt das?
    Schulze: Jeder will sein Alltagsdasein auf die Spitze treiben – in großem Stil.
    Denn schöne Gefühle sind der Sinn des Lebens, und Urlaub ist radikalisierte
    Sinnsuche, oft nach einem scheinbar rationalen Kalkül: planvolle Komposition
    der äußeren Umstände, um innere Wirkungen zu erzielen. Man hofft: Wenn das
10   Gemisch aus Wetter, Landschaft, Partner und Kultur gelingt, so ist das Ergebnis
    Glück.
    SPIEGEL: Die meisten Urlauber verlassen sich auf fremde Hilfe – von Veran-
    staltern, von Animateuren, von Prospekten und Ratgebern. Lässt sich Glück
    überhaupt organisieren?
15   Schulze: Natürlich nur begrenzt. Im Augenblick des Ankommens im Hotelzim-
    mer, am Traumstrand, auf dem Luxusliner müsste eigentlich das Genießen
    anfangen. Aber auch optimale Umstände garantieren kein Glück. Plötzlich sind
    wir selbst gefordert. Den letzten Schritt vom Gegenstand des Erlebnisses zum
    Erlebnis selbst müssen wir ganz allein gehen.
20   SPIEGEL: Warum fällt der so schwer?
    Schulze: Weil es bequem scheint, die Verantwortung für Erlebnisse an Pro-
    dukte, Umgebungen und Partner zu delegieren. Aber kein Dienstleistungsunter-
    nehmen kann an unserer Stelle sehen, hören, schmecken, riechen, fasziniert
    sein, Lust empfinden. Erlebnisse verlangen uns etwas ab: Aufmerksamkeit, Fan-
25   tasie, Geduld.
    SPIEGEL: Die hochgeschraubten Erwartungen werden oft enttäuscht. Muss
    das so sein?
    Schulze: Als Touristen setzen wir alles auf eine Karte, was wir sonst in kleinen
    Portionen investieren. Wir verheizen eine geballte Ladung Zeit, Geld und
30   Energie. Spannung und Entspannung, Ekstase und Versenkung sollen durch den
    Einsatz technischer Intelligenz gezielt ausgelöst und gesteigert werden.
    SPIEGEL: Das erklärt den Erfolg synthetischer Ferienwelten wie der „Center-
    Parcs", in denen Genuss nach Schablone angeboten wird.
    Schulze: Im Grunde weiß aber jeder, dass die schönsten Erlebnisse unbeabsich-
35   tigt kommen. Sie sind wesentlich Nebensache, und man muss ein hohes Misser-
    folgsrisiko in Kauf nehmen, wenn man sie zur Hauptsache macht.
    SPIEGEL: Wie kann man mit diesem Risiko umgehen?

38 – **Schulze:** Wir haben zwei Möglichkeiten: uns darauf einzulassen oder alles für
  – seine Verdrängung zu mobilisieren. Den ersten Weg kann nur beschreiten, wer
40 – die Fähigkeit besitzt, den ursprünglichen Zweck des Reisens, das schöne Leben,
  – auch einmal zu vergessen – ohne den Erfolgsdruck planvoll anvisierter Gefühls-
  – wirkungen. Ich nenne das Erlebniskunst. Je weniger man sich anstrengt, desto
  – weiter kommt man.
  – **SPIEGEL:** Der Trend geht in die andere Richtung. Man wird mit Angeboten,
45 – mit Animation und Spektakeln überhäuft.
  – **Schulze:** Dieser Dschungel von Möglichkeiten bestärkt nur die Unsicherheit, ob
  – man richtig gewählt hat, denn immer ist noch eine Steigerung denkbar. Enttäu-
  – schungen werden durch Verdichtung von Unternehmungen pro Zeiteinheit aus-
  – geglichen, das Weitersuchen wird zum Ersatz für das Finden. Und der Autover-
50 – leih im Paradies ist Ausdruck unserer Unfähigkeit, ans Ziel zu kommen.

Aus: Der Spiegel Nr. 29 vom 18. 7. 94

I. Zur Einführung
   Was ist für Sie „Glück"?

**II. Lesen Sie den Text zu Hause bzw. in Prtner- oder Gruppenarbeit in
   der Klasse durch und klären Sie den unbekannten Wortschatz. H**

Zum Textverständnis

III. Steht das im Text? Wo?

	Ja, in Zeile …	nein
1. Die Deutschen verreisen trotz ungünstiger Wirtschafts- und Verkehrsverhältnisse.	▒	▒
2. Man hofft, dass man Glück planen kann.	▒	▒
3. Bei günstigen Umständen kommt das Glück von allein.	▒	▒
4. Wir geben viel Zeit, Energie und Geld auf sinnvolle Weise aus.	▒	▒
5. Man kann das Misserfolgsrisiko auf sich nehmen oder so tun, als ob es nicht existiert.	▒	▒

IV. Was sagt der Autor:
1. Wie erklärt sich die Freude am Reisen?
2. Was wird von uns verlangt, wenn wir unsere Reise genießen und Glück erleben wollen?
3. Wie kommt es zu Enttäuschungen und wie kann man sie vermeiden?

V. Erklären Sie folgende Begriffe mit Ihren eigenen Worten.
1. Sinnsuche
2. Dienstleistungsunternehmen
3. Versenkung
4. Synthetische Ferienwelten
5. Verdrängung
6. Erfolgsdruck
7. sich auf etwas einlassen

Zum Inhalt

VI. Zur Diskussion
1. Reisen Sie (nicht) gern? Warum?
2. Hat der Befragte mit allen Argumenten Recht?
3. Würden Sie im Ausland die Gegenwart von Landsleuten suchen oder vermeiden?

VII. Äußern Sie sich zu den folgenden Thesen.
1. Glücksgefühle hängen nicht von äußeren Umständen oder Geld ab.
2. Man kann Erleben nicht lernen.
3. Man nimmt überallhin sich selbst mit.

V, 7   **Europa, grenzenlos**

Wolfgang Prosinger

Ein Nachruf auf die Schlagbäume

1 Früher begann der Urlaub mit einer Katastrophe. Sie kündigte sich im Autoradio an: „Grenzübergang Neuenburg. Wartezeit drei Stunden" oder „Chiasso, Rückstau 30 Kilometer". Was waren das für Zeiten! Und welche Dramen folgten: blaugebrüllte Kinder im Fond, gramdurchfurchte Gesichter der Erziehungs-
5 berechtigten, kollabierende Großeltern. Der Urlaub dahin, ehe er begonnen hatte. Das war die eine Seite.

Die andere: Welch ein Triumph, wenn die Schlacht geschlagen war, der Stau überlebt, die Grenze passiert. Kinder singen im Fond fröhliche Weisen, Erziehungsberechtigte nehmen das soeben noch geäußerte Scheidungsbegehren zügig
10 zurück, fallen sich ungeniert in die Arme, Großeltern strahlen, jäh reanimiert, im stillen Glück. Und jeder weiß: Nichts wird nun den Urlaub mehr trüben. Wer diese Prüfung bestand, ist gewappnet fürs Leben, und kein Tod wird ihn mehr schrecken, nicht einmal die Guardia Civil.

So war das damals, als es die Grenzen noch gab.
15 Und heute: Das Cabrio-Dach gelüftet, das Gaspedal gedrückt, bonjour Marseille, buona sera Firenze, buenas noches Sevilla. Der garstige Grenzer hockt auf dem Arbeitsamt, wir aber flitzen dahin zwischen Amsterdam und Athen, und im Fond jubilieren die Kinder. Unter den Wolken muss die Freiheit wohl grenzenlos sein.
20 Ach nein, so ist es nicht.

Wo bleibt jetzt die andere Freiheit? Die nämlich: Grenzen überwinden zu können. Und dabei geht es nicht nur um Schlagbäume. Der Grenzübertritt war der Eintritt in eine andere Welt. Ein Eintritt in ein neues Reich der Sinne: Hinter der Grenze sah es anders aus, da klang es anders und roch es anders, der Wein
25 schmeckte nicht nach Müller-Thurgau[1], und das fremde Geld fühlte sich nicht an wie D-Mark.

Zugegeben: Europa ist uns – Grenze hin, Grenze her – schon in den vergangenen Jahren mächtig auf den Leib gerückt. Für die Flasche Bordeaux sorgte der Weinhändler nebenan, die Barilla-Pasta hat jeder drittklassige Supermarkt im
30 Sortiment, und für ein paar Tapas muss schon lange niemand mehr nach Barcelona reisen, die offeriert inzwischen jede zweite alternative Kneipe. Na also, werden wir nicht sentimental. Europäer sind wir doch längst.

Keine Spur! Weil natürlich jeder weiß, dass die Mozzarella in Rom anders schmeckt als die in Bamberg von Tengelmann[2]. Und der Mâcon läuft in den
35 Hügeln hinter dem Rhône-Tal nun mal ganz anders die Kehle runter als im noch so frankophilen Bistro in Berlin-Charlottenburg. Mag auch die Qualität dieselbe

37 – sein, das Etikett auf der Mozzarella-Packung respektive Weinflasche identisch –
   – etwas fehlt.
   – Aber was fehlt denn da?
40 – Es fehlt Fremdheit. Diese süße Irritation des Alltags mit seinen allzu glatten
   – Kanten, diese angenehme Störung jenes Vertrauensverhältnisses, in dem jedes
   – Ding du zu einem sagt und das Siezen außer Mode gekommen ist.
   – Fremdheit, diese Befreiung aus dem Gefängnis der Nähe, diese Verheißung eines
   – Glücks, das noch nicht eingemeindet ist. Aus der Haut fahren: Ja, das ist es.
45 – Und dazu bedurfte es in diesem Europa stets nur einiger Katzensprünge: Ein
   – paar Kilometer gefressen, und schon war die Haut gewechselt wie ein Hemd,
   – schon am Mittag war fremd, was am Morgen noch nahe war. Ein europäisches
   – Privileg: so viel Ausland auf so engem Raum. Grenzen massenhaft, und alle
   – lockten zum Überschreiten.
50 – Und nun die Grenzen offen. Nichts mehr da zum Überschreiten. Das Glück und
   – die Freiheit, gerade noch in Griffweite, sind in weite Fernen geraten, und die
   – nächste Generation wird sich aufmachen müssen in andere Kontinente, will sie
   – jene Erfahrungen machen, die für uns noch für ein Kleingeld zu haben waren.
   – Aber schon hören wir das Hohngelächter der neuen Staatsbürger des Vereinigten
55 – Europa, das ihre grenzenlose, unbegrenzte Freiheit begleitet, die kein Schlag-
   – baum mehr bremst und kein Anstehen in den Wechselstuben. Heute hier, morgen
   – dort, und die Deutsche Bank blättert die Ecu[3] hin vom Nordkap bis Palermo.
   – „Dieselben Dinge täglich bringen langsam um", steht bei Ernst Bloch[4] zu lesen.
   – Aber das war natürlich nur früher so.

Badische Zeitung, 31. 12. 92

[1] Weinrebe (Weißwein)
[2] Supermarktkette
[3] 1979 eingeführte Europäische Währungseinheit (keine Banknoten und Münzen), Vorläufer des Euro.
[4] Deutscher Philosoph (1885–1977)

I. Zur Einführung
Was assoziieren Sie mit „Grenze"?

II. Lesen Sie den Text zu Hause bzw. in Partner- oder Gruppenarbeit in der Klasse durch und klären Sie den unbekannten Wortschatz. H_A

Zum Textverständnis

III. Welche Überschriften könnten zu welchen Textabschnitten gehören?

(Zeile _____ bis _____)

1. Beste Laune nach dem Passieren der Grenze. _____ _____

2. Wenn man eine Grenze überschritt, kam man
   in eine andere Welt. _____ _____

3. Schwierigkeiten vor dem Grenzübergang. _____ _____

4. Erst in der Fremde schmecken fremde
   Produkte richtig. _____ _____

5. Ungehindert überquert man die Grenzen in Europa. _____ _____

6. In letzter Zeit findet man auch in Deutschland
   Produkte aus anderen Ländern. _____ _____

7. Im Gegensatz zu heute war man früher überall in
   kurzer Zeit an einer Grenze. _____ _____

IV. Wie steht das im Text?

1. Der Urlaub ist vorbei …
2. Europa hat sich uns … sehr genähert.
3. Wenn auch die Qualität dieselbe ist …
4. … dazu braucht man nur eine kleine Strecke …
5. … die nächste Generation wird in andere Kontinente reisen müssen …
6. … die Deutsche Bank zahlt die Ecu aus …

Zum Inhalt

V. Zur Diskussion

1. Hat der Verfasser Recht mit seiner Behauptung, dass ein französischer
   Rotwein in Frankreich anders schmeckt als in Deutschland?

2. Wie sollte man sich psychologisch auf eine Auslandsreise vorbereiten?

3. Haben Sie ähnliche Erfahrungen wie der Verfasser gemacht?

V, 8

"*Leider hat's fast immer grengt ...*"

Äußern Sie sich mündlich oder schriftlich:

1. Wie verstehen Sie die Karikatur?
2. Wo könnten die Leute im Urlaub gewesen sein?
3. Was halten Sie von Urlaubsberichten mit Dias oder Videofilmen?
4. Dokumentieren Sie selbst Ihren Urlaub durch Fotos oder Filme? Warum (nicht)?

Kapitel VI

Zeit im Wandel/Veränderte Zeiten

Wenn in früheren Zeiten das nähere Umfeld, in das der Einzelne hineingeboren wurde, einen dauerhaften, unverwechselbaren Rahmen abgab, so sind die Lebensbedingungen heute fast überall einem raschen Wandel unterworfen. Einflüsse und Entwicklungen aus aller Welt verändern beständig unser Leben. Häufiges Reisen, enge kulturelle Kontakte, weltweite Handels- und Wirtschaftsverflechtungen sowie ein immer dichteres Netz von Kommunikationsmitteln haben unsere Lebensräume enorm erweitert. Die Idee vom „globalen Dorf" nimmt ständig konkretere Formen an. In weiten Teilen der Erde stellen sich ähnliche Probleme in Bezug auf die Nutzung, Ausbeutung und Zerstörung der Natur, aber auch in Bezug auf die Gegenmaßnahmen zum Schutz und Erhalt der ökologischen Grundlagen unseres Lebens.

Gegen diese starke Tendenz zur Vereinheitlichung über die Grenzen der Länder und Kulturen hinweg regt sich aber auch Widerstand, und zwar von den regionalen und lokalen Traditionen her. Das persönliche Kindheits- oder Jugenderlebnis wird zum Gegenpol einer zunehmend neutralen, identitätslosen Realität, die uns überall und nirgends ganz vertraut ist.

VI, 1   Alles öko, oder was?

Michael Miersch

1 – Meine Frau und ich, wir sind gute Menschen: Wir fahren mit der U-Bahn zur
– Arbeit und mit dem Fahrrad einkaufen. Wenn es die Haushaltskasse erlaubt,
– holen wir Gemüse aus dem Naturkostladen. Für Fleisch zahlen wir beim Bio-
– metzger das Doppelte, damit die armen Schweine nicht für uns leiden müssen.
5 – Unser Tee stammt aus südindischen Kooperativen, wo die Pflückerinnen gerech-
– ten Lohn erhalten. Beim Mülltrennen sind wir etwas nachlässig, aber wir
– bemühen uns. Wir spenden an einen großen Naturschutzverband, wählen eine
– Partei, die verspricht, unsere Welt zu retten, und schreiben auf Umweltpapier.
– Moritz, unser Sohn, kriegt Gläschen mit pestizidfreiem Karottenmus, und wenn
10 – ich beruflich unterwegs bin, dann fast immer mit der Bahn. Unser Klo hat eine
– Wasserspartaste.
– Wir sind Umweltschweine: Nur auf dem Klo vergeuden wir kein Wasser. Beim
– Baden und Duschen regiert das Lustprinzip. Vor der Tür steht immer noch ein
– französischer Kleinwagen, den wir gelegentlich auch benutzen. Ich kann mir
15 – meinen Heißhunger auf Fast food nicht abgewöhnen und besuche deshalb
– manchmal sogar ein verrufenes amerikanisches Kettenrestaurant. Meine Frau
– kauft mehr Kleidung, als sie bräuchte, um sich vor Kälte und Regen zu schüt-
– zen. Unser schlimmstes Laster ist jedoch das Reisen: Von Zeit zu Zeit benutzen
– wir ein Flugzeug, um uns ferne Länder anzusehen.
20 – Ich kann mich nicht herausreden: Mir ist bekannt, dass ich bei einem Flug nach
– Amerika und zurück so viel Sprit verbrenne wie irgend so ein mieser Autofeti-
– schist, der 10 000 Kilometer lang seinen niedrigeren Instinkten folgt. Zum
– Glück bin ich mit meiner Vorliebe für Fernreisen in bester Gesellschaft. Die
– ökologische Elite sitzt neben mir im Düsenjet. Eine Untersuchung des Europäi-
25 – schen Tourismusinstituts ergab, dass Sympathisanten der Grünen[1] weit häufiger
– um den Globus fliegen als der Rest der Bevölkerung. In jedem von uns steckt
– die Umweltsau. Man muss sie nur rauslassen.[2]
– Die Ökobilanz vieler Umweltschützer ist schlechter als die eines Spießers, dem
– Sicherheit, Sauberkeit und Sofaecke mehr bedeuten als das Wohlergehen der
30 – Yanomami-Indianer. Der konservative Kleinbürger träumt zwar nicht von Öko-
– topia,[3] doch er ist Konsumverweigerer aus Sparsamkeit. Zum Österreichurlaub
– reist er mit der Bahn, zieht Pfälzer Riesling dem importierten Pinot grigio vor
– und ist stolz darauf, dass seine Frau ihm die Socken stopft.

Aus: Michael Miersch, Alles öko, oder was? Zeit-Magazin Nr. 48, 26.11.93, S. 47

---

[1]   Die Grünen: politische Partei mit ökologischen Schwerpunkten
      (seit 1990: „Bündnis 90 / Die Grünen")
[2]   die Sau rauslassen: instinkiv, unkontrolliert handeln (idiomatischer Ausdruck)
[3]   Ökologisches Paradies (analog zu „Utopia")

I. „Ökologie" ist heute ein Schlüsselbegriff in verschiedenen
    Bereichen.
    Welche Ideen, Prinzipien, Ziele verbinden Sie damit?
    (z. B. Natur, Schutz, Gesundheit usw.)

Zum Textverständnis

II. Lesen Sie den Text zu Hause bzw. in Partner- oder Gruppenarbeit in
     der Klasse durch und klären Sie den unbekannten Wortschatz.   H_A

III. Der Text behandelt das Thema unter drei verschiedenen Aspekten.
     Unterteilen Sie den Text entsprechend und geben Sie jedem Teil
     einen stichwortartigen Titel:

Teil A   (Zeile 1 bis ...): _____

Teil B   (Zeile ... bis ...): _____

Teil C   (Zeile ... bis ...): _____

IV. Beantworten Sie aus dem Text folgende Fragen:

Zu Teil A: 1. Welche Verkehrsmittel benutzt die Familie?
              2. Wo kaufen sie ihre Lebensmittel ein?
              3. Welchen Beitrag leisten sie zur Erhaltung der Natur?

Zu Teil B: In welchen Punkten handelt die Familie gegen ihre
              Prinzipien? –
              Sie ist inkonsequent,

              1. weil_____

              2. weil_____

              3. _____

Zu Teil C: 1. Wer sind oft die Mitreisenden bei Fernreisen?
              2. Womit wird die Umweltbilanz von Umweltschützern
                 verglichen?
              3. Wie verhält sich der konservative Kleinbürger zum
                 Konsum?

Zum Inhalt

V. Ökologisch bewusst leben ist schwierig, weil wir an eine andere Lebensweise gewöhnt sind.

Überlegen Sie, was sich ändern müsste, wenn wir auf Natur und Umwelt konsequenter Rücksicht nehmen würden (im Alltag, im Verkehr, im Konsum usw.).

VI Eine ökologisch bewusste Lebensweise wird oft als Gegensatz zum technischen Fortschritt gesehen, als Verzicht auf Komfort und Genuss im Leben.

Bilden Sie Gruppen: 1. engagierte Anhänger der Ökologie und 2. überzeugte Verfechter des Fortschrittsglaubens.

Versuchen Sie, die jeweils andere Gruppe mit guten Argumenten zu überzeugen!

VII. Nehmen Sie – schriftlich / mündlich – Stellung zu einem der folgenden Themen:

1. Sind Ökologie, Umwelt-und Naturschutz in Ihrem Land wichtige Themen , über die viel diskutiert wird?
2. Gibt es in Ihrem Land eine organisierte (politische) Bewegung, die sich für ökologische Fragen einsetzt? (Denken Sie z. B. an die Partei der „Grünen" in Deutschland)

VI, 2

Äußern Sie sich mündlich oder schriftlich:

1. Was ist auf dieser Karikatur konkret zu sehen?
2. Was für Assoziationen haben Sie, wenn Sie den schaukelnden Mann sehen?
3. Wo kann man sonst noch beobachten, dass die Natur als Lebensraum vieler Menschen eine immer geringere Rolle spielt? (Beispiele)

VI, 3   An einer lebenswerten Zukunft arbeiten

Richard von Weizsäcker

1   Das Gleichgewicht der Natur blieb bis in unsere Zeit gewahrt. Gewiss, Raubbau
gab es schon früh, Eingriffe in die Natur, die bis in die Gegenwart nachwirken.
Die Entwaldung der Mittelmeerküsten ist hier zu nennen. Dennoch holte sich
die Natur, notfalls zu Lasten der Menschen, ihr Gleichgewicht zurück.

5   Mit der modernen Naturwissenschaft und Technik hat sich das Kräfteverhältnis
zwischen Mensch und Natur grundlegend verändert. Zuvor war der biblische
Auftrag, sich die Erde untertan zu machen, mehr Trost und Stärkung in der
Härte des Lebens, denn ein aussichtsreiches Ziel. Es war aber immer schon ein
Aufruf zu verantwortlichem Handeln.

10   Jetzt, in der Moderne, machte der Mensch diese Möglichkeit, wie es scheint, auf-
brutale und unverantwortliche Weise wahr. Vor wenigem in der Natur fürchtet er
sich noch. Die Natur wurde ihm zum frei verfügbaren, auszubeutenden Rohma-
terial, so selbstverständlich und infolgedessen so wertlos, dass man sagte, Luft
oder auch Wasser hat keinen Preis. Anderes, wie der Boden mit seinen Nut-

15   zungsmöglichkeiten, blieb knapper, für seinen Preis war aber auch er zu haben.
Heute stehen wir an der Schwelle, verstehen zu lernen, dass die Schöpfung
unbezahlbar ist. Wir müssen lernen, die Natur zu pflegen, wenn wir der Selbst-
zerstörung entgehen wollen."Wir haben die Erde gekränkt, sie nimmt ihre
Wunder zurück – wir der Wunder eines" (Rainer Kunze).

20   Über die Notwendigkeit, unser Verhältnis zur Umwelt zu ändern, ist Einigung
leicht. Von der Einsicht des Verstandes bis zur Änderung eines selbstverständli-
chen, auch unbewusst richtigen Verhaltens ist es weit.

   Unter denen, die für die Umwelt streiten, gehen Jugendliche voran. Ihre Antworten sind nicht immer durchüberlegt und brauchbar, sie sind oft radikal und

25   unduldsam. Ihre Fragen aber sind notwendig und heilsam. Wir Älteren haben
Entscheidendes daraus gelernt.

   Unsere wichtigste Aufgabe ist und bleibt es, an einer lebenswerten Zukunft für
nachfolgende Generationen zu arbeiten.

   Die Erde ist älter als die Menschen. Sie wird die Menschen auch überdauern.

30   Sie wird uns Menschen beherbergen, solange wir unseren angemessenen Teil
von ihren Kräften für uns in Anspruch nehmen – nicht mehr.

   Wir werden die Natur nie beherrschen, vielmehr sind wir ein Teil des lebenser-
haltenden Kreislaufs. Wir werden es bleiben, wenn wir ihn nicht zerstören,
sondern achten.

35   Da gibt es endgültig keinen Gegensatz mehr zwischen Moral und Interesse. Sie
fließen in eins zusammen. Zu dieser Erkenntnis sollte jeder mithelfen, so gut er
kann.

Aus: Richard von Weizsäcker, Die Schöpfung bewahren. In: Richard von Weizsäcker,
Von Deutschland nach Europa. Wolf Jobst Fiedler Verlag. Berlin 1991. S. 294–295

I. **Der Mensch ist Teil der Natur, aber er steht auch im Gegensatz zu ihr.**
Wo kann man dieses Verhältnis von Teilhabe und Gegensatz erkennen? Sammeln Sie Beispiele (z. B. Nahrung, Klima, Bodenschätze usw.).

II. **Lesen Sie den Text zu Hause bzw. in Partner- oder Gruppenarbeit in der Klasse durch und klären Sie den unbekannten Wortschatz.** H

Zum Textverständnis

III. **Textgliederung: Der Text ist aus 10 kurzen Abschnitten / Absätzen aufgebaut. Ordnen Sie jedem Absatz eine der folgenden stichwortartigen Zusammenfassungen zu.**

A. Unverantwortliche Ausbeutung der Natur und Entwertung der wichtigsten Rohmaterialien.

B. Menschliches Leben auf der Erde, solange diese maßvoll genutzt wird.

C. Bis zur Moderne Gleichgewicht zwischen Mensch und Natur weitgehend gewahrt.

D. Veränderung des Kräfteverhältnisses durch Wissenschaft und Technik.

E. Nicht gegen die Natur, sondern als Teil von ihr handeln.

F. Beginnendes Verständnis für Wert und Pflege der Natur.

G. Appell, Moral und Interesse auszugleichen.

H. Diskrepanz zwischen theoretischem und praktischem Handeln.

I. Priorität für zukünftige Lebensbedingungen.

J. Engagierter Einsatz Jugendlicher für die Umwelt führt zu Lernprozess bei Älteren.

IV. **Beantworten Sie aus dem Text die folgenden Fragen:**

1. Wo kann man den Raubbau aus früheren Zeiten noch heute beobachten?

2. Was hat der „biblische Auftrag" traditionell bedeutet?

3. Welche Möglichkeit macht sich der Mensch in unverantwortlicher Weise zunutze?

4. Was müssen wir lernen, um uns nicht selbst zu zerstören?

5. Welche Fehler machen Jugendliche oft, wenn sie für die Umwelt streiten?

6. Warum werden wir die Natur nie ganz beherrschen?

Zum Inhalt

V. Es ist viel die Rede davon, dass die natürlichen Grundlagen des menschlichen Lebens auf der Erde bedroht sind.

Geben Sie ein paar Beispiele bzw. Beweise für die Richtigkeit dieser Behauptung.

VI. Bilden Sie Arbeitsgruppen und untersuchen Sie, welchen Einfluss und welche Auswirkungen folgende Faktoren auf das Gleichgewicht in Natur und Umwelt haben:

1. schnelles Wachstum der Weltbevölkerung
2. steigende Emmission von CO2
3. immer mehr Müll und Altlasten

VII. Es gibt bereits eine Reihe von Maßnahmen bzw. Methoden, um die Zerstörung der Umwelt aufzuhalten. Geben Sie Beispiele.

(z. B. Wiederverwertung (Recycling), erneuerbare Energien, sanfter Tourismus usw.

Diskutieren Sie Chancen und Grenzen solcher Bemühungen!

VIII. Man hört oft, dass die Politik, die Wirtschaft oder die Gesellschaft nur gemeinsam wirksam gegen die Zerstörung von Natur und Umwelt vorgehen können.

Welchen Beitrag könnten wir, d. h. jeder von uns, leisten, um die Lage zu verbessern? Schreiben Sie ein paar Gedanken dazu!

VI, 4

Äußern Sie sich mündlich oder schriftlich:

1. Beschreiben Sie den Mann so genau wie möglich.
2. Was sind die Vorzüge eines schnurlosen Telefons?
   Gibt es auch Nachteile für die Benutzer?
3. Frage an die Techniker unter Ihnen: Ist der Mann mit seiner „Antenne"
   nicht ein potenzieller Selbstmörder?

VI, 5   Das Telefon als ständiger Begleiter

Heiko Thomas

1 – Im letzten Jahrzehnt hat ein frischer Wind das Telefon und alles, was dazu-
 – gehört, erfasst. Der Telefonmarkt bietet heute eine ständig wachsende Palette
 – von Modellen, die sich in ausgefallenen Designs zu übertrumpfen suchen und
 – mit allerhand nützlichen oder verspielten Zusatzfunktionen ausgerüstet sind.
5 – Schon die Formenvielfalt der Telefone illustriert, dass hier etwas in Bewegung
 – geraten ist: Bis zur Stunde Null unseres sogenannten Kommunikationszeitalters
 – gab es nur wenige Variationen des Telefons. Lange Zeit sah man in den Privat-
 – haushalten einen Telefonapparat, der sich durch graue Uniformität unauffällig
 – zu machen suchte. Heute haben wir eine „Artenvielfalt" des Telefons, bei der
10 – für jeden Geschmack ein entsprechender Apparat zur Verfügung steht. Innerhalb
 – der letzten zwei Jahre hat sich das Angebot an unterschiedlichen Modellen in
 – der Bundesrepublik Deutschland von 40 auf mehr als 480 verzwölffacht.
 – Auch der Umgang mit dem Telefon hat sich verändert. Das Telefon ist zu einem
 – ständigen Begleiter geworden. Es gibt – von kaputten Telefonzellen abgesehen –
15 – kaum noch einen Ort, an dem sich nicht telefonieren ließe: Im Auto werden
 – Stau-Zeiten etwa zur telefonischen Absprache mit Geschäftspartnern genutzt,
 – und vom Intercity[1] aus geben wir unsere Ankunftszeit durch. Wer ein „Schnur-
 – loses" hat, nimmt es mit zum Rasenmähen oder in die Kneipe um die Ecke.
 – Beim Geschäftsessen steht das Funktelefon zwischen den Tellern, und selbst
20 – während eines spannenden Kinofilms werden noch Anrufe entgegengenommen.
 – Überall wird telefoniert, und überall hin verfolgt uns das Telefon. Es entwickelt
 – sich zu einer Nabelschnur, die uns jederzeit mit den entlegensten Orten der Welt
 – und den unterschiedlichsten Menschen verbindet. Mit Hilfe des Telefons wird
 – jeder einzelne Teilnehmer zum Nabel der Welt. Im Bild der Nabelschnur sind
25 – aber auch die drohenden Verwicklungen und Abhängigkeiten des Telefonierens
 – sichtbar: Wir werden das Telefon nicht mehr so leicht los.

Aus: Heiko Thomas, Die Telefon-Falle. In: Psychologie heute, September 1993

[1] Intercity: schnelle Zugverbindung zwischen wichtigen Städten

I. In unserem Zeitalter der Kommunikation hat das Telefon eine zentrale Bedeutung.
Welche anderen Mittel moderner Kommunikation kennen Sie noch?

II. Lesen Sie den Text zu Hause bzw. in Partner- oder Gruppenarbeit in der Klasse durch und klären Sie den unbekannten Wortschatz. HA

III. Suchen Sie aus dem Text alle Wörter und Verbindungen mit dem Element „Telefon" heraus. Kennen Sie noch weitere?

Zum Textverständnis

IV. Beantworten Sie aus dem Text folgende Fragen:

1. Welche zwei Merkmale sind typisch für die wachsende Palette von Modellen?
2. Was zeigt die Formenvielfalt der Telefone?
3. Wie sah der normale Telefonapparat früher aus?
4. Wie hat sich das Angebot in den letzten Jahren entwickelt?
5. Wie hat sich der Umgang mit dem Telefon verändert?

V. Welche Teilsätze gehören zusammen?

1. Es gibt kaum noch einen Ort,	a der nimmt es überallhin mit.
2. Auch bei vielen Geschäftsessen	b zeigt unsere starke Abhängigkeit vom Telefon.
3. Beim Warten im Autostau	
4. Das Telefon als eine Art Nabelschnur	c greift man zum Telefon und ruft an.
5. Wer ein schnurloses Telefon hat,	d an dem man nicht telefonieren kann.
6. Statt an die Tür der Nachbarn zu klopfen,	e Anrufe entgegenzunehmen.
7. Sogar im Kino ist es möglich	f steht ein Funktelefon auf dem Tisch.
8. Das Bild einer Nabelschnur	g kann man mit Geschäftspart nern telefonieren.
	h verbindet uns mit den entlegensten Orten der Welt.

Zum Inhalt

VI. Es gibt ein immer größeres Angebot an Typen und Modellen von Telefonen.

Womit hängt das wohl zusammen? Mit verschiedenen Funktionen? Mit modischen Formen und Trends?

VII. Wie erklärt sich die große Beliebtheit des Telefonierens?

Nennen Sie Gründe, geben Sie Beispiele.

VIII. Bilden Sie Gruppen und überlegen Sie, (1) für welche Zwecke und bei welchen Gelegenheiten Telefongespräche gut geeignet sind und (2) für welche Situationen sie schlecht oder gar nicht geeignet sind.

VI, 6   Der Flur als Single¹-Lebensraum

Harald Romeikat mietet eine heiß begehrte Kellerwohnung an

1 – „Günstig zu vermieten, Komfort-Wohnung, mit herrlicher Aussicht." Durch Ver-
– bindungen zur Sekretärin in der Anzeigenaufnahme bei der Zeitung gelang es
– mir, vor allen anderen vor Ort zu sein. Mortensen, der Vermieter, schüttelte zwar
– den Kopf „So früh habe ich noch niemand erwartet", war dann aber doch bereit,
5 – mir die Wohnung zu zeigen.
– „Nun?" fragte er, als er die Wohnungstür geöffnet hatte.
– „Von diesem Flur gehen die Zimmer ab?", nickte ich Mortensen freundlich zu.
– „Flur? Zimmer?", schüttelte Mortensen den Kopf, „das ist die Wohnung!"
– Um Mortensen vor einer Torschlussreaktion zu bewahren, flüsterte ich schnell:
10 – „Gemütlich." Wenn ich mir auch eingestehen musste, dass diese Wohnung selbst
– von Japanern als klein bezeichnet worden wäre.
– Mortensen zeigte auf einen Schrank: „Ein Kombinations-Klappbett."
– „Aber ...", zweifelte ich, „der Raum ist doch gar nicht tief genug zum Aus-
– klappen!"
15 – Mortensen lachte. „Sie können in den Schrank hineingehen, sich mit dem Drei-
– Punkt-Sicherheitsgurt fixieren und das Bett bis zu 18 Grad in Schräglage bringen."
– „Donnerwetter!" sagte ich schnell, um Pluspunkte bemüht.
– Ich stieg auf eine Trittleiter und genoss die herrliche Aussicht über das Ober-
– lichtfenster.
20 – „Große Fenster sind energiepolitisch ein Unding", nickte Mortensen mir zu.
– Dann zeigte er mir das Bad. Ideal für eine Einzelperson, schnell sauber zu hal-
– ten, die paar Kacheln.
– „Und die Miete?" flüsterte ich.
– „Zweihundert", nickte Mortensen, „in der Woche, plus Nebenkosten." Zu Weih-
25 – nachten wäre eine 13. Monatsmiete fällig.
– „Oh, vor dem Haus muss sich ein Unfall ereignet haben", berichtete ich von der
– Leiter Mortensens, „eine riesige Menschenmenge."
– Mortensen sah auf seine Uhr, schüttelte den Kopf. „Es kommen noch einige
– Interessenten."
30 – Dann räumte er mir auf meinen Wunsch hin Bedenkzeit ein. Bis zum Verlassen
– der Wohnung. Ich nutzte meine Chance.
– „Damenbesuche erlaubt", Mortensen reichte mir den Mietvertrag, „Hundehal-
– tung verboten, da lässt der Tierschutzverein auch nicht mit sich spaßen." Von der
– Straße drang Lärm herauf. Besorgt sah Mortensen mich an. „Nehmen Sie den
35 – Hintereingang, in ihrer Enttäuschung reagiert die Menge oftmals unberechenbar.",
– Sicherheitshalber kletterte ich aus dem Kellerfenster auf die Straße.

Süddeutsche Zeitung, 30./31. 10./1. 11. 1993

¹ Single (engl.): allein lebende Person in heiratsfähigem Alter

I. In Häusern bzw. Wohngebäuden gibt es ganz verschiedene Arten von Wohnraum, je nach Größe, Aufriss, Eignung usw.
Kennen Sie einige und können Sie diese beschreiben?

II. Lesen Sie den Text zu Hause bzw. in Partner- oder Gruppenarbeit in der Klasse durch und klären Sie den unbekannten Wortschatz. H

Zum Textverständnis

III. Beantworten Sie aus dem Text folgende Fragen:
1. Wie lautete die Anzeige, die den Erzähler („ich") interessiert hat?
2. Wie reagierte der Vermieter auf den frühen Besuch?
3. Was für ein Missverständnis gibt es in Bezug auf den Flur?
4. Wie war das Klappbett zu benutzen?
5. Von wo aus gab es eine herrliche Aussicht?
6. Wie hoch war die monatliche Miete?
7. Was bedeutete die riesige Menschenmenge?
8. Warum kletterte der Erzähler aus dem Kellerfenster?

IV. Mit welchen Vorteilen wirbt der Vermieter für die Wohnung? Welche Nachteile sieht und welche Bedenken hat der Mieter?

1. Vorteile:
z. B. Komfortwohnung mit herr
licher Aussicht

2. Nachteile / Bedenken:
z. B. keine Zimmer

Zum Inhalt

V . Was muss / kann jemand tun, der für sich einen geeigneten Wohnraum sucht?

VI. Beschreibt der Text eine realistische Situation?
Woran übt der Autor Kritik? In welcher Form?

VII. Beschreiben Sie, wie Sie sich die Idealwohnung vorstellen, in der Sie gerne leben würden.

VI, 7   XL, L, M, S

1 – Die Verkäuferin versucht ihr Bestes. Zwar schlabbert die Strickware schlapp
– wie ein Kartoffelsack um die Figur des Kunden, und der Saum des Pullovers
– kräuselt sich in seiner Knieregion; tief wie atlantische Brandungswellen schlägt
– das klassisch englische Muster in der Gegend der Schu1tern die Falten.
5 – Doch die gewiefte Boutiquistin gerät darob keineswegs ins Schwimmen: „Over-
– sized mit Ökocharme", flötet sie beschwörend, während ihre flinken Finger den
– dritten Umschlag in die Ärmel krempeln, „so trägt man das jetzt."
– Höchst ungeschickt hatte zuvor der Käufer in das Verkaufsgespräch sich einge-
– bracht: „Konfektionsgröße 94". Nun steht er verzagt vor dem Spiegel. Hinter
10 – der krausgezogenen Stirn formuliert, drängt's seine heimliche Hoffnung nach
– draußen: „Gibt's das auch in meiner Größe?" Solch kühnes Ansinnen rottet die
– routinierte Beraterin gleich an der Wurzel aus: „Figurbetont ist völlig out", ver-
– ordnet sie lässig, „das wäre Poor-Look." Sprich: pur-luk.
– Den Kunden am Rande des Nervenzusammenbruchs lenkt sie noch einen
15 – Schritt weiter: „Wer will schon aussehen wie arme Leute." Was bleibt ihr übrig.
– Am Kleiderständer hängen doch nur die Einheitsgrößen. Ein einig Volk von
– Konsumenten fügt sich – ob es will oder nicht – in seine vier Buchstaben: XL,
– L, M, S – aus.
– Was sich in die Oberbekleidungsbranche auf leisen Sohlen einschlich, muss
20 – naturgemäß auch an anderer Stelle Begehrlichkeit wecken. Mit dem Mut zur
– letzten Konsequenz malt der malträtierte Kunde sich aus, was ihm noch bevor-
– steht.
– Hinter verschlossenen Türen, so ahnt er, plant auch die Lederwarenlobby längst
– ihr „Prokrustes-Projekt"[1]. „Was dem Sakko recht ist, muss der Sandale billig
25 – sein dürfen", hört er die Lobbyisten argumentieren. Menschen, die heute noch
– mit ihren Wünschen Schuhverkäuferinnen martern: „die schwarzen Halbschuhe
– bitte, rechts Zweiundvierzig, links Einundvierzigeinhalb", werden freilichWenn
– schleunigst umlernen müssen: das Laufen und das Lesen.
– der Schuhfachhandel vom Baum der Rationalisierung gekostet[2] haben wird,
30 – wird XL, L, M, S an den Regalen stehen, wo heute noch die anachronistischen
– Ziffern prangen. Und Fußbekleidung „trägt man" dann „oversized", wegen des
– „Ökocharmes" natürlich.
– Ein gigantischer Aufschwung wird wenig später das Prothesenmacherhandwerk
– auf ungeahnte Umsatzhöhen tragen: Kassenrenner wird das einlegbare Einheits-
35 – größendifferenzausgleichselement, kurz „Eda" sein. Weniger gravierende Pass-
– formmängel kaschieren die Designer. Mit Schnabelschuhen zum Beispiel,
– Einschnürriemen vorn.

37 – Was wollen wir wetten, es wird wieder keiner merken. Hauptsache modisch.
   – Und eines vielleicht nicht allzu fernen Tages ist es dann soweit – allein schon,
   – damit die Füße zu den Schuhen passen: Die Retorte gebiert Einheitsgrößenmen-
40 – schen. XL, L, M, S. Aus.

Badische Zeitung, 26. 9. 1992

1 vergl. „Prokrustesbett"; einheitliches Schema, in das alles eingezwängt wird, ob es passt oder nicht.
2 analog zu „vom Baum der Erkenntnis essen" (biblisch), d. h. wichtige Erkenntnisse gewinnen.

I. Wenn Sie Kleidung kaufen, sind Ihnen sicher die vier Buchstaben XL, L, M, S schon begegnet. Was bedeuten sie?

II. Lesen Sie den Text zu Hause bzw. in Partner- oder Gruppenarbeit in der Klasse durch und klären Sie den unbekannten Wortschatz. H_A

Zum Textverständnis

III. Suchen und markieren Sie die jeweils passende Bedeutung.

1. die gewiefte Boutiquistin gerät keineswegs ins Schwimmen
2. der Käufer hatte sich ungeschickt ins Gespräch eingebracht
3. es drängt seine heimliche Hoffnung nach draußen
4. das kühne Ansinnen rottet die Beraterin an der Wurzel aus
5. ein einig Volk von Konsumenten fügt sich in die vier Buchstaben
6. was sich auf leisen Sohlen einschlich
7. die Lederwarenlobby plant ihr „Prokrustes-Projekt"
8. was dem einen recht ist, muss dem anderen billig sein
9. der Handel hat vom Baum der Rationalisierung gekostet

a die gesamte Kundschaft passt sich an
b die Lederwarenlobby plant die Reduktion auf einheitliche Größen
c die mutige Nachfrage verneint die Beraterin radikal
d die erfahrene Boutiquistin kommt gar nicht in Verlegenheit
e der Käufer hatte nicht gut argumentiert
f der Handel hat an der Rationalisierung Geschmack gefunden
g was für den einen gilt, muss auch für den anderen gelten
h was sich unmerklich eingeführt hat
i er wagt seine (leise) Hoffnung auszudrücken

IV. Beantworten Sie aus dem Text folgende Fragen:

1. Was wird sich für den heutigen Kunden in Zukunft beim Schuhekaufen ändern?
2. Wie werden individuelle Bedürfnisse nach Größe, Maß und Form technisch gelöst?
3. Welche definitive Lösung könnte am Ende dieser Entwicklung stehen?

Zum Inhalt

V. Konsum und Moden verbreiten sich immer schneller über die Grenzen von Ländern, Kulturen und sozialen Schichten hinweg.

Suchen Sie Beispiele, an denen sich diese Tendenz deutlich zeigt (z. B. Kleidung, Essen, Musik usw.).

VI. Suchen Sie sich einen Partner und spielen Sie mit ihm eine Kaufszene.

Sammeln Sie so viele Argumente wie möglich, um den Partner zu überzeugen (als Verkäufer) bzw. um ihn in Verlegenheit zu bringen (als wählerischer Käufer).

VI, 8   Seniorenteller

Hannelore Schulte

1 – Ein richtig deutsches Restaurant wünschte sich meine alte Tante Florence aus
  – Frankreich. Der „Ratskeller" der Stadt gefällt ihr; viel Holz und Kupfer, brett-
  – harte weiße Servietten in Fächerform, die Speisekarte groß wie ein Handtuch.
  – „Kinderteller Pinocchio" liest die Tante und Kindermenü „Hänsel und Gretel".
5 – Warum man in Deutschland für Kinder das Essen extra bereite, wundert sie
  – sich. Ich murmele etwas von Kinderfreundlichkeit und kindlichen Vorlieben für
  – bestimmte Gerichte: Wiener Würstchen, Pommes frites, Spaghetti mit Tomaten-
  – soße … Französische Kinder, sagt dagegen Tante Florence, würden von klein
  – auf mithalten bei Jacobsmuscheln, Coque au vin, Maronenpüree – wie anders
10 – könne man die Vielfalt einer guten Küche kennen lernen? Ihre Enkelkinder lieb-
  – ten schon im Vorschulalter Muscheln in Weißwein, Weinbergschnecken,
  – Artischocken …
  – Ihr zierlich-faltiger Finger bleibt am „Seniorenteller" hängen. Entsetztes Kopf-
  – schütteln. Sie habe wirklich kein Problem mit ihrem Alter. Aber per Speisekarte
15 – daran erinnert zu werden, dass so manches nicht mehr intakt sei – mon Dieu,
  – das gehe zu weit. Ich solle mir das nur einmal anhören: „Kalbsbrust, fettfrei
  – gegart, Kartoffelbrei, Feldsalat mit Distelöl, salzarm … Zitronencreme mit
  – Zuckeraustauschstoff …" Da denke sie doch sofort an ihre drückende Zahnpro-
  – these, an Hypertonie, den Cholesterinspiegel und ihren letzten Diabetestest. Sie
20 – sei in einem Speiselokal eingekehrt, nicht in der Diätküche eines Sanatoriums.
  – Ich verweise auf das steigende Gesundheitsbewusstsein, habe bei der Tante aber
  – keine Chance. In einem guten Restaurant sei das Fleisch ohnehin zart, die Sauce
  – leicht und das Gemüse unverfälscht, sagt sie. Wir bestellen von der „Normal-
  – karte", bekommen Schmackhaftes serviert. Wenigstens hätte man diesen Senio-
25 – ren-Speisen fantasievolle Namen verpassen sollen, sagt Tante Florence, blanken
  – Spott in den Augen. „Salatplatte Lebensabend", schlägt sie vor, „Endzeitteller"
  – und schleckt ohne Gewissensbisse an ihrem Erdbeereis mit einer doppelten
  – Portion Sahne.

„unterwegs"; in Frankfurter Rundschau Magazin, 23. 7. 94

**I. Der Begriff „Senioren" für ältere Menschen ist in Deutschland ver-
breitet und setzt sich immer mehr durch.**
Welche anderen Wortverbindungen kennen Sie noch (z. B. in Bezug auf
Wohnen, Reisen usw.)?

**II. Lesen Sie den Text zu Hause bzw. in Partner- oder Gruppenarbeit in
der Klasse durch und klären Sie den unbekannten Wortschatz.   H**ₐ

Zum Textverständnis

III. Suchen Sie im Text alle Bezeichnungen für Speisen und Lebensmittel, machen Sie damit eine Liste und übersetzen Sie diese in Ihre Muttersprache.

IV. Beantworten Sie aus dem Text folgende Fragen:
1. Warum gefällt Tante Florence der „Ratskeller"?
2. Worüber wundert sich die Tante?
3. Wie lernen französische Kinder die Vielfalt einer guten Küche kennen?
4. Wie reagiert die Tante, als sie „Seniorenteller" auf der Speisekarte sieht?
5. Woran möchte sie in einem Speiselokal nicht erinnert werden?
6. Warum lässt sich die Tante von den Gesundheits-Argumenten nicht überzeugen?
7. Wie zeigt sich, dass die Tante die Sache mit Humor nimmt?

Zum Inhalt

V. Was unterscheidet „Seniorenkost" von der Normalkost?
Vergleichen und analysieren Sie die Beispiele im Text!

VI. Welche gesundheitlichen Beschwerden hängen oft mit falscher / einseitiger Ernährung zusammen?
Nennen Sie Beispiele.

VII. Schriftliche Aufgabe
1. Gibt es in Ihrem Land Probleme in Bezug auf falsche / ungesunde Ernährung?
   Schreiben Sie ein paar Zeilen darüber!
2. Tante Florence schreibt ihren Kindern einen kurzen Brief über ihre Reise und berichtet auch über das Abendessen.

VI, 9   Die Currywurst an der Imbissbude

Uwe Timm

1 – Vor gut zwölf Jahren habe ich zum letzten Mal eine Currywurst an der Bude
   – von Frau Brücker gegessen. Die Imbissbude stand auf dem Großneumarkt – ein
   – Platz im Hafenviertel: windig, schmutzig, kopfsteingepflastert. Ein paar borstige
   – Bäume stehen auf dem Platz, ein Pissoir und drei Verkaufsbuden, an denen sich
5 – die Penner treffen und aus Plastikkanistern algerischen Rotwein trinken. Im
   – Westen graugrün die verglaste Fassade einer Versicherungsgesellschaft und
   – dahinter die Michaeliskirche, deren Turm nachmittags einen Schatten auf den
   – Platz wirft. Das Viertel war während des Krieges durch Bomben stark zerstört
   – worden. Nur einige Straßen blieben verschont, und in einer, der Brüderstraße,
10 – wohnte eine Tante von mir, die ich als Kind oft besuchte, allerdings heimlich.
   – Mein Vater hatte es mir verboten. Klein-Moskau wurde die Gegend genannt,
   – und der Kiez[1] war nicht weit.
   – Später, wenn ich auf Besuch nach Hamburg kam, bin ich jedesmal in dieses
   – Viertel gefahren, durch die Straßen gegangen, vorbei an dem Haus meiner
15 – Tante, die schon vor Jahren gestorben war, um schließlich – und das war der
   – eigentliche Grund – an der Imbissbude von Frau Brücker eine Currywurst zu
   – essen.
   – Hallo, sagte Frau Brücker, als sei ich erst gestern dagewesen. Einmal wie
   – immer?
20 – Sie hantierte an einer großen gußeisernen Pfanne.
   – Hin und wieder drückte eine Bö den Sprühregen unter das schmale Vordach:
   – eine Feldplane, graugrün gesprenkelt, aber derartig löchrig, dass sie nochmals
   – mit einer Plastikbahn abgedeckt worden war.
   – Hier geht nix mehr, sagte Frau Brücker, während sie das Sieb mit den Pommes
25 – frites aus dem siedenden Öl nahm, und sie erzählte, wer inzwischen alles aus
   – dem Viertel weggezogen und wer gestorben sei. Namen, die mir nichts sagten,
   – hatten Schlaganfälle, Gürtelrosen, Alterszucker bekommen oder lagen jetzt auf
   – dem Ohlsdorfer Friedhof. Frau Brücker wohnte noch immer in demselben Haus,
   – in dem früher auch meine Tante gewohnt hatte.
30 – Da! Sie streckte mir die Hände entgegen, drehte sie langsam um. Die Fingerge-
   – lenke waren dick verknotet. Is die Gicht. Die Augen wollen auch nicht mehr.
   – Nächstes Jahr, sagte sie, wie jedes Jahr, geb ich den Stand auf, endgültig. Sie
   – nahm die Holzzange und griff damit eine der selbst eingelegten Gurken aus
   – dem Glas. Die haste schon als Kind gern gemocht. Die Gurke bekam ich jedes-
35 – mal gratis. Wie hältste das nur in München aus?
   – Imbissstände gibts dort auch.
   – Darauf wartete sie. Denn dann, und das gehörte mit zu unserem Ritual, sagte
   – sie: Jaa, aber gibts da auch Currywurst?

– Nein, jedenfalls keine gute.

40 – Siehste, sagte sie, schüttete etwas Curry in die heiße Pfanne, schnitt dann mit
– dem Messer eine Kalbswurst in Scheiben hinein, sagte Weißwurst, grausam,
– und dann noch süßer Senf. Das veddelt einen doch. Sie schüttelte sich demon-
– strativ:
– Brrr, klackste Ketchup in die Pfanne, rührte, gab noch etwas schwarzen Pfeffer
45 – darüber und schob dann die Wurstscheiben auf den gefältelten Pappteller. Das is
– reell. Hat was mitm Wind zu tun. Glaub mir. Scharfer Wind braucht scharfe
– Sachen.

Aus: Uwe Timm, Die Entdeckung der Currywurst.
Novelle. Kiepenheuer & Witsch. Köln 1993. S. 9–11

[1] Rotlicht-Zone

**I. Wenn man nach langer Zeit an Orte zurückkehrt, wo man aufge-
wachsen ist oder länger gelebt hat, gibt es immer Überraschungen.**
Was bemerkt man, was fällt auf? (z. B. Umgebung, Menschen usw.)

**II. Lesen Sie den Text zu Hause bzw. in Partner- oder Gruppenarbeit in
der Klasse durch und klären Sie den unbekannten Wortschatz. H**

III. Beantworten Sie aus dem Text die folgenden Fragen:
1. Wie sah der Platz aus, auf dem die Imbissbude stand?
2. Was hat der Krieg im Hafenviertel angerichtet?
3. Aus welchem Grund fuhr der Autor später immer wieder in dieses Hafenviertel?
4. Wie war die Begegnung mit Frau Brücker?
5. Was erfuhr der Autor alles von Frau Brücker?
6. Wie ging es Frau Brücker gesundheitlich?
7. Was unterscheidet die Hamburger Imbissbuden (vor allem Frau Brückers!) von denen in München?

Zum Inhalt

IV. Was glauben Sie:
1. Warum sollte der Junge wohl seine Tante nicht besuchen?
2. Aus welcher sozialen Schicht kam der Erzähler vermutlich?
3. Weshalb hat Frau Brücker ihre Bude noch nicht aufgegeben?

V. Haben Sie eine klare Vorstellung von einer Currywurst?
Beschreiben Sie – mithilfe der Angaben im Text – möglichst genau, wie
diese zubereitet wird.

VI. Was man als Kind oder Jugendlicher gesehen und erlebt hat, bleibt oft stark und lange in unserer Erinnerung.

Welche positiven/negativen Gefühle sind meist damit verbunden?

VII. Oft hört man, dass das Essen, das die Mutter zu Hause gekocht hat, am besten schmeckt.

Sind Sie auch dieser Meinung? Haben Sie eine Leibspeise/Lieblingsspeise aus Ihrem Elternhaus? Erzählen Sie bzw. schreiben Sie ein paar Zeilen darüber.

Kapitel VII

Kultur in der Gesellschaft

Der Begriff „Kultur" hat eine lange Geschichte. Kultur bezeichnete früher das vom Menschen Geschaffene im Gegensatz zur Natur. Bis in unser Jahrhundert hinein unterschied man im Deutschen zwischen Kultur und Zivilisation. (Immanuel Kant: „Wir sind … durch Kunst und Wissenschaft cultiviert, wir sind civilisiert zu allerlei gesellschaftlicher Artigkeit und Anständigkeit.") Beide Begriffe näherten sich allmählich einander an und ließen sich nicht mehr klar von einander abgrenzen. Bei „Zivilisation" dachte man auch an technischen Fortschritt. Unter Kultur versteht man heute nicht mehr nur die geistige Produktivität in den Künsten und Wissenschaften und ihre Hervorbringungen. Kultur, das ist auch unser Verhalten gegenüber anderen Individuen und Nationen, gegenüber Natur und Umwelt, kurz, unser gesamtes politisches und soziales Handeln.

Der Begriff „Kultur" wird heute oft in Zusammensetzungen auf inflationäre Weise gebraucht, z. B. Alltagskultur, Diskussionskultur, Streitkultur, Trauerkultur, Unternehmenskultur usw. Er hat dann nur noch den Charakter eines Suffixes und bedeutet ungefähr, wie etwas organisiert ist oder betrieben wird.

VII, 1

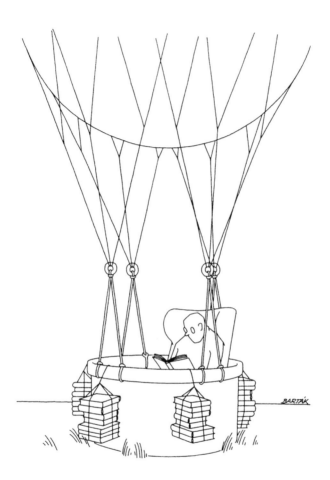

**Besprechen Sie in Partnerarbeit, wie die Zeichnung zu verstehen ist,
oder schreiben Sie einen kurzen Kommentar.**

VII, 2 Kultur in der Gesellschaft

Hilmar Hoffmann

1 – Wir verstehen also unter Kultur jenen umfassenden Bereich menschlichen Han-
  – delns, innerhalb dessen die Künste nur ein Teil sind, wenn auch ein besonders
  – wichtiger. Entfremdung, deren Ursache sich hinter allzu formal organisierten
  – Kommunikationsformen verbirgt, kann z. B. durch die Kultur der sozialen Be-
5 – ziehung und der vitalen Kommunikation aufgehoben werden; zur Kultur gehört
  – auch jene des Umgangs mit uns selbst und mit unseren Mitmenschen, mit Natur
  – und Geschichte.
  – In diesem Kontext auf wertbesetzte Optionen für jene „Kultivierung" hinzuwei-
  – sen, die für die Prozesse kultureller Kommunikation angesagt[1] sind, halte ich für
10 – selbstverständlich. Dieter Sauerzweig hat 1988 über „Kultur in der Stadt der
  – Zukunft" gesagt, erst die Kultur mache die Ansammlung von Menschen und Ge-
  – bäuden zur Stadt. „Die kulturellen Fähigkeiten einer Gesellschaft werden mehr
  – denn je für die Lösung ihrer zukünftigen Probleme bestimmend sein."
  – Inzwischen lassen sich beide Aussagen nicht mehr bruchlos auf die gleiche Form
15 – von Kultur beziehen. Einmal wollen wir zunächst davon absehen, dass Sauer-
  – zweigs erster Gedanke in seiner Umkehrung natürlich nicht zu dem Fehlschluss
  – verleiten darf, Kultur sei ausschließlich in der Stadt, nicht jedoch in der Provinz
  – möglich. Welchen Intensitätsgrad Kultur und Künste in Stadt und Land jeweils
  – haben, das hängt von anderen Faktoren ab: zum Beispiel von der Vitalität der
20 – diversen kulturellen Gemeinschaften ebenso wie von der kulturellen Bildung
  – jedes einzelnen Menschen; erst in der Summe aller schöpferischen Kräfte defi-
  – niert eine Gemeinde ihre kulturelle Größe, nicht (allein) in der Anzahl der
  – Museen, Theater, Bibliotheken, Konzerte.
  – Ich möchte darüber hinaus aber gern den Blick lenken auf die Tatsache, dass es
25 – heute zu differenzieren gilt zwischen jener Kultur, die in einer Stadt urbanes
  – Ambiente schaffen soll, und jener Kultur, mit deren Hilfe die heutigen Heraus-
  – forderungen für die Menschheit bewältigt werden sollen.

Aus: Hilmar Hoffmann, Kultur als Lebensform.
Fischer Taschenbuch-Verlag. Frankfurt/Main, 1990, S. 19–20

[1] erforderlich

I. Zur Einführung

Was rechnet man in Ihrem Land alles zur Kultur?

II. Der folgende Text ist nicht leicht zu verstehen. H_A

Sie brauchen nicht alle Wörter und Begriffe zu kennen. Es genügt, wenn Ihnen die wichtigsten Informationen verständlich sind.

Lesen Sie den Text bitte abschnittsweise in der Klasse in Gruppenarbeit oder zu Hause durch und konzentrieren Sie sich vor allem auf die Fragen in der folgenden Übung.

Zum Textverständnis

III. Steht das im Text? Wo?

		Ja, in Zeile …	nein
1.	Die Künste sind ein Teil der Kultur.	▨	▨
2.	Wenn Menschen sich in unserer Kultur fremd fühlen, müssen wir unsere sozialen Beziehungen menschlicher gestalten.	▨	▨
3.	Eine Ansammlung von Menschen und Gebäuden ist noch keine Stadt. Eine Stadt entsteht nur durch Kultur.	▨	▨
4.	Kultur lässt sich nur in der Stadt verwirklichen.	▨	▨
5.	Kultur und Künste entwickeln sich nur, wenn dafür genügend Geld vorhanden ist.	▨	▨
6.	Kulturelle Kreativität zeigt sich nicht nur in der Anzahl von Theatern, Museen und anderen Institutionen.	▨	▨
7.	Kultur formt nicht nur das Leben in den Städten, wir brauchen sie auch zur Lösung der großen Menschheitsprobleme.	▨	▨

VII, 3 Kulturelle Vielfalt im Bundesstaat

1 – Nirgendwo hat die föderale Struktur sichtbarere Spuren hinterlassen als im kul-
 – turellen Leben. Es gab in Deutschland nie die zentrale Metropole, wie sie Paris
 – für Frankreich oder London für England darstellt. Das ausgeprägte kulturelle
 – Eigenleben der Länder hat kleine und große Kulturzentren unterschiedlicher
5 – Ausprägung entstehen lassen. Kulturelles und wissenschaftliches Leben findet
 – selbst in den kleinsten Städten und Gemeinden statt.
 – Künftig wird Berlin als Hauptstadt und Regierungssitz des vereinten Deutsch-
 – lands kulturell eine wesentliche Rolle spielen. Doch die anderen deutschen
 – Städte werden ihren Rang als Kulturzentren bewahren. Der föderale Bundesstaat
10 – sorgt dafür, dass die kulturelle Vielfalt weiter blüht, nunmehr ergänzt durch das
 – reiche kulturelle Erbe der neuen Bundesländer.
 – Diese Vielfalt wird deutlich, wenn man nur kurz streift, wo die verschiedenen
 – kulturellen Institutionen und Aktivitäten ihren Sitz in Deutschland haben. Die
 – beiden zentralen Bibliotheken Deutschlands befinden sich in Frankfurt am Main
15 – und in Leipzig. Die größte Konzentration von Medien hat Hamburg aufzuwei-
 – sen, Köln und Düsseldorf sind Zentren des modernen Kunstlebens. Die meisten
 – Bühnen gibt es in Berlin, während das zentrale Staatsarchiv der Bundesrepublik
 – in Koblenz sitzt. Akademien der Wissenschaften gibt es in Düsseldorf, Göttin-
 – gen, Halle, Heidelberg, Leipzig, Mainz und München. Die bedeutendsten
20 – Museen finden sich in Berlin, München, Nürnberg, Köln und Stuttgart. Die bei-
 – den wichtigsten Literaturarchive liegen in der württembergischen Kleinstadt
 – Marbach und im thüringischen Weimar.
 – Deutschland ist also ein Land mit vielen kulturellen Zentren. So etwas wie eine
 – abgelegene kulturelle „Provinz" gibt es nicht. Niemand muss Hunderte von
25 – Kilometern weit fahren, um gutes Theater zu sehen oder gute Musik zu hören.
 – In mittelgroßen Städten finden sich mitunter erstaunlich wertvolle Bibliotheken
 – oder interessante Kunstsammlungen. Das geht auf die Zeit zurück, als Deutsch-
 – land aus vielen Fürstentümern bestand, die alle den Ehrgeiz hatten, ihre Resi-
 – denzen zu Kulturzentren zu machen, oder auf selbstbewusste Bürgerschaften,
30 – die in ihrer Stadt die Künste und Wissenschaften förderten.
 – Die meisten kulturellen Einrichtungen der Bundesrepublik werden von den
 – Gemeinden unterhalten. Die Gesetzgebung in kulturellen Angelegenheiten ist
 – von wenigen Ausnahmen abgesehen Sache der Länder. Jedes Bundesland
 – gestaltet das Bildungswesen mehr oder weniger selbständig. Dieser Kultur-
35 – föderalismus hat auch seine Schattenseiten. Lehrpläne und Abschlüsse der
 – Schulen weichen von Land zu Land oft voneinander ab. Hier können sich Pro-
 – bleme ergeben, wenn eine Familie in ein anderes Bundesland umzieht und die
 – Kinder dort keinen „Anschluss" finden. Die Bundesländer sind jedoch um
 – Zusammenarbeit bemüht. Hier nimmt schon seit langem die Ständige

40 – Konferenz der Kultusminister der Bundesländer wichtige Koordinierungsaufga-
   – ben wahr. Bei der Rahmenplanung für den Aus- und Neubau von Hochschulen
   – sowie deren Finanzierung arbeiten Bund und Länder zusammen. Speziell für
   – Zukunftsaufgaben ist die Bund-Länder-Kommission für Bildungsplanung und
   – Forschungsförderung geschaffen worden. In diesem Rahmen fördern Bund und
45 – Länder gemeinsam Modellversuche in allen Bereichen des Bildungswesens.
   – Alle diese Gremien dienen dem Ziel, das für ein modernes, effizientes Bildungs-
   – wesen notwendige Maß an Einheitlichkeit zu sichern, ohne auf die fruchtbare
   – Vielfalt zu verzichten, die das deutsche Kulturleben so unverwechselbar macht.

Tatsachen über Deutschland. Societätsverlag Frankfurt/Main, 1992. S. 335/336

I. Zur Einführung

Was fällt Ihnen ein, wenn Sie an Kultur in Deutschland denken?
Falls Sie Deutschland aus eigener Anschauung kennen: Was erschien
Ihnen besonders bemerkenswert hinsichtlich des Kulturlebens?

II. Lesen Sie den Text zu Hause bzw. in Partner- oder Gruppenarbeit in der Klasse durch und klären Sie den unbekannten Wortschatz. H_A

Zum Textverständnis

III. Bitte beantworten Sie folgende Fragen:

1. In welcher Hinsicht unterscheidet sich Deutschland von England und Frankreich?
2. Was garantiert der föderale Staat?
3. Was findet man auch in mittelgroßen Städten?
4. Wer ist für das Bildungswesen zuständig?
5. Wie wird für die notwendige Einheitlichkeit im Bildungswesen gesorgt?

IV. Fassen Sie den Text abschnittsweise zusammen und geben Sie jedem Abschnitt eine Überschrift.

V. Erklären Sie die folgenden Begriffe mit Ihren eigenen Worten.

1. Medien
2. kulturelle Provinz
3. Kunstsammlungen
4. kulturelle Einrichtungen
5. Bildungswesen
6. Lehrpläne
7. Rahmenplanung

Zum Inhalt

VI. Zur Diskussion

1. Wie wird Kultur hier verstanden? Vergleichen Sie den Kulturbegriff im Text von H. Hoffmann.

2. Welche Institutionen des Kulturlebens halten Sie für besonders wichtig: Rundfunk und Fernsehen, Presse, Volkshochschulen, öffentliche Bibliotheken, Museen, Filmproduktion, Theater, Opernhäuser und Konzertsäle und -veranstaltungen?

3. Halten Sie es für wirksamer, wenn das Kulturleben zentral vom Staat organisiert wird?

4. Falls Sie mehrere europäische Länder kennen: Welche Unterschiede zwischen Deutschland und anderen Ländern hinsichtlich des kulturellen Lebens konnten Sie feststellen?

5. Was denken Sie über unterschiedliche Lehrpläne der Schulen in den einzelnen Bundesländern?

VII, 4   Ein Wandel der Maßstäbe ist notwendig

1 Das Zurücktreten der moralischen, kulturellen und geistigen Werte hinter praktischen Leistungen und beruflichen Erfolgen, die primär in Geld gemessen werden, ist schon heute das traurige Kennzeichen unserer Zeit. Auch das neue
Europa läuft Gefahr, ausschließlich auf Wachstumsraten, Sozialprodukt und
5 Außenhandelsbilanzen konzentriert zu werden. Dass unser alter Kontinent in
erster Linie durch geistige Werte charakterisiert war, dass Europa einen geistes-
geschichtlichen Raum darstellte, das sollte nicht vergessen werden. Aber vieles
wird vergessen, beispielsweise auch, dass der erste Satz des Ahlener Programms
der damals neugegründeten CDU lautete: „Kapitalistisches Macht- und Gewinn-
10 streben kann nicht Inhalt und Ziel der staatlichen Neuordnung in Deutschland
sein."
Die hier kritisierte Rat- und Konzeptionslosigkeit ist keineswegs auf unser Land
beschränkt; sie ist nicht nur typisch für ganz Europa, sondern auch für Amerika.
Aber damit sollten wir uns nicht beruhigen, sondern versuchen, wenigstens bei
15 uns etwas zu verändern.
Allenthalben hat die Qualität der politischen Klasse nachgelassen; aber es hat
keinen Sinn und es wäre ungerecht, alle Last und alle Schuld den Politikern
zuzuschieben. Vieles hängt von uns, den Bürgern, ab. Wir alle müssen uns
ändern. Ein Wandel der Maßstäbe ist notwendig. Das Prinzip der sozialen
20 Marktwirtschaft ist als Wirtschaftsprinzip unentbehrlich, aber es darf nicht als
Entschuldigung für Nichthandeln missbraucht werden. Das Gemeinwohl muss
wieder an die erste Stelle rücken. Es ist ein Skandal, dass Gewalt, Korruption
und ein egozentrischer Bereicherungstrieb als normal angesehen werden,
während ein unter Umständen sich regendes Unrechtsbewusstsein kurzerhand
25 mit dem Hinweis auf die „Selbstregelung des Marktes" beschwichtigt wird.
Wir haben es satt, in einer Raffgesellschaft zu leben, in der Korruption nicht
mehr die Ausnahme ist und in der sich allzu vieles nur ums Geldverdienen
dreht. Es gibt Wichtigeres im Leben des Einzelnen wie auch im Leben der
Nation.

aus: Marion Dönhoff u. a., Weil das Land sich ändern muss.
Ein Manifest. Rowohlt Verlag 1992. S. 18/19

I. Zur Einführung
Wie beurteilen Sie die politisch-gesellschaftliche Situation in
Deutschland? Was halten Sie für positiv, was für negativ?

II. Lesen Sie den Text zu Hause bzw. in Partner- oder Gruppenarbeit in
der Klasse durch und klären Sie den unbekannten Wortschatz. **H**A

Zum Textverständnis

III. Steht das im Text? Wo?

	Ja, in Zeile …	nein
1. Geld wird als wichtiger angesehen als moralische, kulturelle und geistige Werte.	▨	▨
2. In Europa zählten früher vor allem geistige Werte.	▨	▨
3. Die hier geäußerte Kritik trifft nur auf Deutschland zu.	▨	▨
4. Schuld an dieser negativen Situation tragen nur die Politiker.	▨	▨
5. Wir müssen unsere Maßstäbe ändern.	▨	▨

IV. Wie steht das im Text?

1. … das neue Europa riskiert …
2. … die politische Klasse hat überall an Niveau verloren …
3. … auf das Prinzip der sozialen Marktwirtschaft kann man nicht verzichten …
4. Das Gemeinwohl muss wieder die wichtigste Rolle spielen.
5. Wir wollen nicht länger in einer Raffgesellschaft leben.
6. … bei zu vielen Dingen steht das Geldverdienen im Mittelpunkt.

Zum Inhalt

V. Zur Diskussion

1. Was meinen Sie zu dem hier zitierten ersten Satz des Ahlener Programms (1947) der CDU?
2. Über welche Grundwerte im politischen Leben einer Demokratie besteht Übereinstimmung?
3. Was verbindet die Staaten Europas miteinander?
4. Welche gemeinsamen Ziele verfolgen die europäischen Politiker?
VI. Äußern Sie sich zu folgenden Thesen.
1. Jeder hat das Recht auf ein Maximum an persönlichem Glück bei einem Minimum an Verzicht.
2. Wenn alle auf Kosten anderer leben wollen, geht der Staat schließlich zugrunde.

VII, 5

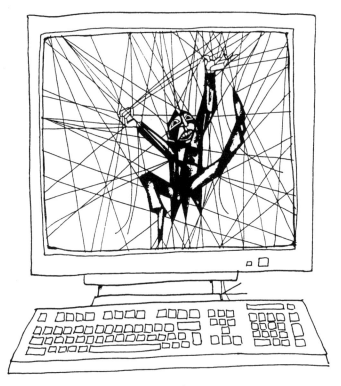

Der Mensch im Internet

Äußern Sie sich mündlich oder schriftlich:

1. Wie verstehen Sie die Zeichnung?
2. Welche Chancen bietet das Internet bei der Informationssuche, verglichen mit anderen Medien?
3. Haben Sie Schwierigkeiten, wenn Sie das Internet benutzen? Welche?
4. Was bietet das Internet, verglichen mit anderen Medien, im Allgemeinen nicht?

VII, 6 Wer zuletzt kotzt, hat gewonnen

Jobst Plog

1 – Sie nennen es das „Montags-Syndrom". Lehrer, Erzieherinnen, Sozialarbeiter.
– Chaos im Unterricht, Aggression auf dem Pausenhof, das Wochenende lässt
– grüßen[1]. Mit stunden-, ja tagelangem Konsum von Fernsehen und Videos.
– Volker Schlegel, Erzieher in Hamburg-St. Pauli: „Der natürliche Instinkt der
5 – Kinder ist verlorengegangen. Wenn früher der Gegner auf dem Boden lag,
– wussten die Kids: es reicht. Heute treten sie noch mal nach." Wer am Wochen-
– ende „Ultraman" oder „Karate-Killer" sieht; wer Kung-Fu-Monster um sein
– Bett versammelt, wo früher Schutzengel und Sandmann wachten, der kann
– montags nicht einfach zurückschalten in die Schul- oder Kindergartenwirklich-
10 – keit. Klein-Rambo schlägt zu. Und das, bestätigen alle Lehrer und Erzieher,
– erbarmungsloser denn je.
– Eine 14-jährige Realschülerin bei einer Umfrage der Zeitschrift Eltern: „Ich
– merke besonders montags in der Schule, wie die Jungen wild und gewalttätig
– sind." Ein 12-Jähriger in derselben Umfrage: „Über Leichen kann ich nur noch
15 – lachen." Und ein anderer Zwölfjähriger zieht für sich das Fazit: „Wenn ich im
– Fernsehen sehe, wie die kämpfen, weiß ich genau, wie ich mich später wehren
– kann, wenn mich einer überfällt. Es wird ja immer brutaler auf der Erde." Die
– Stuttgarter Nachrichten zitieren einen Hauptschullehrer, dessen Schüler ein per-
– verses Spiel spielen. Titel: „Wer zuletzt kotzt, hat gewonnen". Das geht so: Man
20 – trifft sich im Freundeskreis und sieht gemeinsam sogenannte „Hackfleisch-
– videos", also Videos mit exzessiver Gewalt, voller Brutalität und Menschenver-
– achtung. Wer dabei am längsten die Nerven behält, wessen Magennerven am
– besten mitspielen, der gewinnt. O selig, o selig, ein Kind noch zu sein?[2]
– Diese Filme, wohlgemerkt, stammen nicht aus der Glotze[3]. Dennoch müssen
25 – wir Fernsehprogramme und Videofilme und deren Auswirkungen auf Kinder
– und Jugendliche gemeinsam betrachten. Die hygienische Unterscheidung: Mit
– Videos haben wir nichts zu tun, verfängt bei uns Fernsehmachern nicht, weil die
– Grenzen längst fließend sind. Und wer in diesem Zusammenhang auf die Ver-
– antwortung der Eltern hinweist, fühlt sich als Rufer in der Wüste: Denn diese
30 – Verantwortung der Erziehenden existiert bei Hunderttausenden von Familien
– doch allein auf dem Papier. Man mag das beklagen, ändern wird man es nicht,
– solange der Videorecorder ein preiswerter Babysitter ist, der für ungemein
– pflegeleichte, nämlich ruhige Kinder sorgt.

Aus: Jobst Plog, Wer zuletzt kotzt, hat gewonnen.
Süddeutsche Zeitung, 9./10. Oktober 1993

[1] Man spürt die Folgen des Wochenendes.
[2] Zeile aus einem Lied.
[3] umgangssprachlich: Fernsehgerät. Vom Verb „glotzen".

I. Zur Einführung

Wann schalten Sie das Fernsehen ein?

Welche Sendungen interessieren Sie besonders? Warum?

II. Lesen Sie den Text zu Hause bzw. in Partner- oder Gruppenarbeit in der Klasse durch und klären Sie den unbekannten Wortschatz.   H_A

Zum Textverständnis

III. Was steht im Text?

1. a) Am Montag unterrichten die Lehrer schlecht.
   b) Die Schüler verhalten sich auf dem Pausenhof aggressiv.
   c) Alle warten auf das Wochenende.

2. a) Früher sahen die Kinder abends im Fernsehen Sendungen mit dem Sandmann.
   b) An Wochenenden gehen die Kinder in Versammlungen mit Kung-Fu-Monstern.
   c) Am Montag sieht man sich im Fernsehen wieder Filme aus Schule und Kindergarten an.

3. a) Nur Leichen beeindrucken den Zwölfjährigen noch.
   b) Nach Meinung einer 14-jährigen Realschülerin sind die Jungen am Montag besonders wild und aggressiv.
   c) Wer sich beim gemeinsamen Ansehen bestimmter Videos als erster übergeben muss, hat gewonnen.

IV.

1. In welcher Hinsicht verhalten Kinder sich bei Schlägereien heute anders als früher?
2. Welche Lehre zieht ein Zwölfjähriger aus dem Fernsehprogramm?
3. Wie nennt die Schülergruppe die Videos, die sie gemeinsam ansehen, und warum?
4. Wie sieht es mit der Verantwortung der Eltern aus?
5. Welche Funktion hat der Videorecorder häufig?

Zum Inhalt

V. Zur Diskussion

1. Handelt es sich hier um ein nationales oder um ein internationales Problem?
2. Warum strahlen die kommerziellen Fernsehsender solche Filme aus?
3. Wodurch werden die Wertvorstellungen von Kindern und Jugendlichen besonders geprägt? (Elternhaus, Schule, soziales Umfeld, Medien?)

VI. Äußern Sie sich zu einer der folgenden Thesen:

1. In jedem Land müsste eine Zensurbehörde, die nicht von der Regierung ernannt wird, über die Zulassung von Filmen und Videoaufzeichnungen entscheiden.
2. Es müsste verboten werden, dass nur am Profit orientierte Geschäftemacher in den Medien Gewalt verherrlichen.
3. Der Markt regelt alle Probleme, auch diese.
4. Je permissiver eine Gesellschaft ist, desto gefährdeter ist sie in ihrer Existenz.
5. Jede Form von Zensur endet in einer Diktatur.
6. Eine demokratische Öffentlichkeit ist stark genug, ihre Wertvorstellungen durchzusetzen.
7. Kein Medium kann so gut informieren wie das Fernsehen.

VII, 7

„Mutter, rat mal, von wo aus ich dich anrufe? Genau – aus meinem neuen Daimler mit 285 PS, und mit meinem neuen Autotelephon, acht Watt Leistung, Freisprecheinrichtung, 24-Stunden-Stand-by und ..."

Äußern Sie sich mündlich oder schriftlich:

1. Welchen Beruf könnte der Anrufer haben?
2. Warum ruft er wohl gerade seine Mutter an?

VII, 8   Freie Fahrt – zur Hölle

Till Bastian

Über den Mobilitäts- und Geschwindigkeitskult unserer Zeit

1 – „Mobilität" heißt das Leitmotiv unserer technokratischen Epoche, „Schneller!
– Höher! Weiter!" ihr erklärtes Ziel. Der Versuch, die Verfügbarkeit von Zeit und
– Raum zwecks besserer Nutzung ständig zu optimieren, lebt von beständiger
– Beschleunigung. Im subjektiven Empfinden ruft er das Gefühl der Eile hervor.
5 – EILE – das ist ein Erleben, das sich allgegenwärtig einstellt und unser ganzes
– Dasein prägt, weil wir nicht darauf verzichten wollen, in der für uns verfügba-
– ren und prinzipiell beschränkten Zeit ein immer größeres Inventar an möglichen
– Handlungsalternativen unterzubringen.
– Diesen Zwang zu beständig beschleunigter Mobilität – von Paul Virilio als
10 – „Dromokratie" bezeichnet – dürfen wir nicht allein im exzessiven Automobil-
– missbrauch einer „Gesellschaft auf Rädern" orten, in einem realitätsblinden
– Drang nach: „Freier Fahrt für freie Bürger". Die schädlichen Wirkungen dieser
– Autofixiertheit sind ja bereits sattsam beschrieben. Der moderne Automobil-
– missbrauch ist vielmehr selbst nur ein Symptom. Er gleicht der „Eisbergspitze"
15 – und basiert auf einem allgemeinen Mobilitäts- und Geschwindigkeitskult, der
– unser Leben bis in die kleinsten Einzelheiten formt. So sind wir es beispiels-
– weise gewohnt, in den Lebensmittelabteilungen der Kaufhauspaläste Früchte
– aus aller Herren Länder zu jeder Jahreszeit in beliebigem Maße kaufen zu kön-
– nen. Dies ist freilich nur möglich durch eine raffinierte Kombination von
20 – Transport- und Konservierungstechniken, die jeweils sehr energieaufwendig
– sind. In einer verwandten Branche, der Hochseefischerei, liegt die Energieaus-
– beute bei 0,01 Prozent – das heißt, für jede Kalorie, die ich mir mit dem Nah-
– rungsmittel Fischstäbchen zuführe, müssen 100 Kalorien in die Dieselmotoren
– der Fischkutter, in die Kühlaggregate der Lagerhäuser und so weiter fließen.
25 – Überall ist die sich beschleunigende Vermarktung der Zeit deutlich spürbar:
– Tragbares Telefon, Telefax im Auto, Datenterminals in den Zügen der Bundes-
– bahn. Früher reiste man, um vom Punkt A an den Punkt B zu gelangen, und
– freute sich, zwischenzeitlich einiges sehen und erleben zu dürfen; in der Eisen-
– bahn schaute man unterwegs aus dem Fenster, betrachtete die Landschaft,
30 – träumte vor sich hin … Heute hält man unterwegs Konferenzen ab und schleppt
– ein Miniaturbüro mit sich herum. Im Intercity-Express hocken die Manager
– mittlerer Preislage, das Laptop auf den Knien – und wer nicht arbeitet, trägt
– einen Kopfhörer im Ohr: Aus dem Fenster gucken lohnt ohnedies nicht, denn
– dank „zeitsparender" Streckenführung rast der Zug durch Tunnel auf Tunnel, der
35 – Reisende wird in eine Art Rohrpostsendung verwandelt und freut sich auch
– noch über die „gewonnene" Zeit.

In: Psychologie heute, November 1992

I. Zur Einführung

Wodurch wird unser Lebenstempo bestimmt? Durch Zeitmangel, den Stand der Technik, den Zwang, Geld zu verdienen?

II. Lesen Sie den Text zu Hause bzw. in Partner- oder Gruppenarbeit in der Klasse durch und klären Sie den unbekannten Wortschatz. H_A

Zum Textverständnis

III. Steht das so im Text? Wo?

	Ja, in Zeile …	nein
1. Wir versuchen, Zeit und Raum immer besser zu nutzen, und beschleunigen alles.	▨	▨
2. Wir sind immer in Eile, weil wir in der Zeit, die uns im Leben zur Verfügung steht, viele Handlungsmöglichkeiten haben wollen.	▨	▨
3. Das Auto zwingt uns zu dauernd wachsender Mobilität.	▨	▨
4. Die Tatsache, dass wir Mobilität und Geschwindigkeit für sehr wichtig halten, wirkt sich auf unser ganzes Leben aus.	▨	▨
5. Fischstäbchen enthalten besonders viele Kalorien.	▨	▨
6. Früher reiste man, um etwas von der Landschaft zu sehen.	▨	▨

IV. Erklären Sie die folgenden Begriffe und Ausdrücke mit Ihren eigenen Worten.

1. Handlungsalternativen
2. Mobilität
3. Automobilmissbrauch
4. Geschwindigkeitskult
5. Früchte aus aller Herren Länder
6. Energieausbeute
7. Vermarktung
8. Manager mittlerer Preislage

Zum Inhalt

V. Zur Diskussion

1. Welche der hier besprochenen Aspekte halten Sie für besonders problematisch?
2. Vielleicht beurteilen Sie manches anders als der Autor. Was z. B.? Wo könnte man auch Positives sehen?

VII, 9 Einwanderung und die neue Weltunordnung

Daniel Cohn-Bendit

1 Die multikulturelle Gesellschaft entzweit. Zumindest heute noch. Obwohl niemand so genau sagen kann, worin sie denn eigentlich besteht, gibt es entschlossene Befürworter ebenso wie entschiedene Gegner. Die einen versprechen sich viel von der multikulturellen Gesellschaft, die andern sehen sie als Bedrohung.
5 In beiden Fällen geht Unruhe von ihr aus.
Es hat sich eingebürgert, von multikultureller Gesellschaft zu sprechen, und nur deswegen verwenden wir den unscharfen, spektakelhaften Begriff. Er hat mehrere Nachteile, etwa den, dass er zu den Begriffen gehört, die so tun, als wäre mit der Benennung eines Problems dieses auch schon im Griff. Vor allem aber:
10 Er erweckt den Eindruck, als sei die multikulturelle Gesellschaft etwas Neues und Unerhörtes – und als gäbe es die realistische Alternative der monokulturellen Gesellschaft.
Tatsächlich aber gibt es diese Alternative nicht. Denn die multikulturelle Gesellschaft ist immer und überall und schon ziemlich alt. Deutschland z. B. war
15 schon lange vor dem Tag multikulturell, an dem der erste türkische Arbeitsmigrant in die Bundesrepublik kam. Man kann das den Telefonbüchern des Ruhrgebiets entnehmen, und gräbt man etwas tiefer, dann erweisen sich – wir werden darauf zurückkommen – sogar die Bayern als ein außerordentlich multikultureller Menschenschlag. Die Einwanderung, die es in der Bundesrepublik
20 seit Jahrzehnten gibt, ist nichts Neues, sondern setzt eine alte deutsche Tradition fort.
Das ist aber nur die eine Seite. Denn zwar ist die multikulturelle Gesellschaft nie neu – sie ist aber auch selten normal. Oder genauer: Sie ist eine immer wieder provozierende Normalität. Sie ist die Regel, die hartnäckig für die Ausnahme gehalten wird. Weil sie so wahrgenommen wird, überrascht und verwirrt
25 sie immer wieder. Ist der Italiener gerade eben halbwegs eingemeindet, kommt die Türkin und nach ihr der Mann aus dem Maghreb. Das wird kein Ende nehmen, jeder Überraschung folgt die nächste auf dem Fuß. Das hat zwar auch Pizza, Kebab, Couscous und noch viel mehr ins Land gebracht, wogegen sich nicht einmal eingefleischte Fremdenfeinde ernsthaft wehren (schon gar nicht der
30 politisch organisierte Teil von ihnen, der sich – auch das ein Teil der wundersamen multikulturellen Wirklichkeit – bevorzugt in den Hinterzimmern von Kneipen zu versammeln scheint, die von Ausländern betrieben werden). Dennoch ist die Meinung populär, allmählich sei es nun genug, irgendwann müsse Schluss sein; nichts gegen Ausländer, aber sie müssen die Ausnahme bleiben. Deswegen
35 ist vielen die multikulturelle Gesellschaft ein Greuel.

Aus: „Heimat Babylon" von Daniel Cohn-Bendit und Thomas Schmid.
Hoffmann und Campe 1993 (Campe paperback) S. 14/15

I. Zur Einführung
Welche Assoziationen verbinden Sie mit dem Begriff „multikulturell"?

II. Lesen Sie den Text zu Hause bzw. in Partner- oder Gruppenarbeit in der Klasse durch und klären Sie den unbekannten Wortschatz. H

Zum Textverständnis

III. Was steht im Text?

	Ja, in Zeile …	Nein
1. Die multikulturelle Gesellschaft		
a) schafft Konflikte	▨	▨
b) ist leicht zu definieren	▨	▨
c) bedeutet Bedrohung und Unruhe	▨	▨
2. Deutschland		
a) ist schon seit langem multikulturell	▨	▨
b) nahm vor allem im Ruhrgebiet und in Bayern viele Einwanderer auf	▨	▨
c) ist erst seit einigen Jahrzehnten das Ziel von Einwanderungen	▨	▨
3. Einwanderungen		
a) erfolgen in Schüben	▨	▨
b) werden ein Ende nehmen	▨	▨
c) werden begrüßt	▨	▨

IV. Bitte beantworten Sie folgende Fragen:
1. Was wird über den Begriff „multikulturelle Gesellschaft" gesagt?
2. Welche Nachteile hat dieser Begriff?
3. Welche Alternative besteht nicht?
4. Als was wird die multikulturelle Gesellschaft wahrgenommen?
5. Wogegen wehren sich auch eingefleischte Fremdenfeinde nicht?
6. Welche Meinung ist populär?

V. Fassen Sie zusammen: Was wird gesagt über …
1. die Reaktion auf die multikulturelle Gesellschaft?
2. die „multikulturelle Gesellschaft" geschichtlich gesehen?
3. die multikulturelle Gesellschaft als Normalität?

Zum Inhalt

VI. Zur Diskussion

1. Wie würden Sie „multikulturelle Gesellschaft" definieren?
2. Was denken Sie über die Behauptung , dass die multikulturelle Gesellschaft „immer und überall" „schon ziemlich alt" ist?
3. Hat Einwanderung immer auf Dauer eine multikulturelle Gesellschaft zur Folge?
4. Meinen Sie, dass alle Länder multikulturelle Gesellschaften darstellen, oder trifft diese Erscheinung vor allem auf bestimmte einzelne Länder zu?
5. Sollten weltweit die Grenzen aller Länder für alle Wanderbewegungen geöffnet werden?
6. Wie unterscheiden sich klassische Einwanderungsländer (z. B. USA, Australien) von Ländern mit Einwanderung wie Deutschland?
7. Stellen die hier besprochenen Probleme sich auch in Ihrem Land und wie werden sie gelöst?

VII. Äußern Sie sich zu folgenden Thesen:

1. Der Mensch hat von Natur aus Angst vor Fremden und dem Fremden.
2. Der Mensch ist von Natur aus gastfreundlich und nimmt Fremde gerne auf.
3. Alle Länder sollten bemüht sein, ihre Probleme so zu lösen, dass Wanderbewegungen gar nicht notwendig werden.

VII, 10 **Die Merkmale des Kulturbürgers**

Hilmar Hoffmann

1   Unser Idealbild vom Kulturbürger scheint Gestalt zu gewinnen:

- Er ist erstens friedensfähig. Indem er eine Lebensform entwickelt, die dauerhaft ohne Unterdrückung, Ausbeutung und Raubbau praktiziert werden kann, verschafft er sich selbst und seiner Lebensform eine Zukunft.
- Er ist zweitens mußefähig und damit in der Lage, souverän mit seiner Zeit umzugehen, und zwar nicht nur allein als Individuum, sondern auf überindividueller und gesellschaftlicher Ebene.
- Er hat drittens deshalb mehr Zeit, weil die Arbeit gleichmäßiger verteilt ist und weil er in die Lage versetzt wird, bewusst Prioritäten für Dinge zu setzen, die ihm wichtig sind.
- Er kann viertens auf eine anregungsreiche Infrastruktur zurückgreifen, die ihm hilft, die Zeit mit Lebensqualität zu erfüllen.
- Er ist schließlich fünftens zu einem nicht-entfremdeten Umgang mit dem Reichtum in der Lage. Statt sich von Moden- und Konsumzwängen knechten zu lassen und dabei seine und anderer Zukunft zu verspielen, kann er seinen Reichtum für Zwecke der Lebensqualität und Persönlichkeitsentwicklung nutzen, ohne der Langeweile anheimzufallen.
- Er ist schließlich sechstens imstande, als soziales Wesen seine Kommunikation und Kooperation mit anderen lustvoll, erlebnisoffen und ergebnisreich zu koordinieren.

Zukunftsforscher glauben, „dass die wesentlichen Weichenstellungen für eine akzeptable Art des Überlebens der Menschheit im Bereich der Menschenbilder und des Wertewandels" geschehen. Das enttäuscht die Hoffnungen der Technokraten – sie müssen damit fertig werden. Aber es wertet den kulturellen Bereich insgesamt auf, und damit unser Bild vom Kulturbürger.

Ist dies eine überzogene Utopie? Wir haben eingangs erklärt, dass Utopien notwendige Bestandteile der Kultur sind. Gleichwohl lässt uns die Frage nicht los, ob solche Eigenschaften und Fähigkeiten angesichts der gegenwärtigen materiellen Strukturen überhaupt zu realisieren sind. Da genügt die Optimierung der kulturellen Infrastruktur nicht, auch wenn sie personell bestens ausgestattet wäre. Da braucht es Zeit und Geduld. Auch dies scheint mir wichtig: Es handelt sich um einen kulturellen Prozess. Wenn wir sehen, dass eine einzelne Bank in der Bundesrepublik eine Bilanzsumme verwaltet, die in ihrer Größenordnung vergleichbar ist mit dem Haushalt unserer Republik, dann sagt dies auch etwas über die herrschenden Machtverhältnisse.

37 – Wir geben die Hoffnung aber nicht auf. Nicht nur, weil wir ohne Hoffnung nicht
– leben könnten, sondern vor allem, weil wir im Prozess des gegenwärtigen
– Wertewandels erste Zeichen für eine Umkehr zu erkennen glauben. Der Kultur-
40 – bürger vergrößert mit seinem individuellen Wertesystem, mit seiner Vision von
– einer Zukunft, in der wir uns gern einrichten möchten, die Chancen für seine
– eigene und für unser aller Zukunft. Wird er sich wie der Baron von Münchhau-
– sen[1] am eigenen Schopf aus dem Sumpf ziehen können? Oder ist mit Brecht
– „der Vorhang zu und alle Fragen offen"[2]?

Aus: Hilmar Hoffmann, „Kultur als Lebensform".
Fischer Taschenbuch Verlag, Frankfurt 1990. S. 114/115

[1] Karl Friedrich Hieronymus Freiherr von Münchhausen (1720–1797), Verfasser bekannter „Lügen-
geschichten"

[2] Aus dem Epilog des Stückes „Der gute Mensch von Sezuan" von Bertolt Brecht (1898–1956)

I. Zur Einführung

Inwieweit sehen Sie Ihre persönliche Lebensführung als kulturell
bedingt an?
Tragen Sie Ihre Gedanken schriftlich oder in Gruppenarbeit zusammen
und führen Sie darüber ein Gespräch in der Klasse.

II. Lesen Sie den Text zu Hause bzw. in Partner- oder Gruppenarbeit in der Klasse durch und klären Sie den unbekannten Wortschatz. H

Zum Textverständnis

III. Steht das im Text? Wo?

	Ja, in Zeile …	Nein
1. Der Kulturbürger ist nicht aggressiv und vertritt die Lebensform der Zukunft.		
2. Er verfügt selbst über seine Zeit für sich und für die Gesellschaft.		
3. Der Kulturbürger verteilt seine Arbeit über das ganze Jahr, vergisst aber auch den Urlaub nicht.		
4. Die kulturelle Infrastruktur verbessert seine Lebensqualität.		
5. Der Kulturbürger gibt sein Geld für gutes Essen und Sport aus.		
6. Seine sozialen Kontakte gestaltet er angenehm und bereichernd.		

IV. Bitte beantworten Sie die folgenden Fragen.

1. Wo werden nach Meinung der Zukunftsforscher die Weichen für das Überleben der Menschheit gestellt?
2. Wie reagieren die Technokraten auf die Meinung der Zukunftsforscher?
3. Was sind Utopien?
4. Was braucht man für die Verbesserung der kulturellen Infrastruktur?
5. Was lässt sich jetzt vielleicht erkennen?

Zum Inhalt

V. Zur Diskussion

1. Wie verstehen Sie in diesem Zusammenhang die Begriffe „Unterdrückung", „Ausbeutung" und „Raubbau"?
2. Was gehört zu einer anregungsreichen Infrastruktur?
3. Wo liegt der Unterschied zwischen Lebensstandard und Lebensqualität?
4. In welchen Bereichen müsste sich ein Wertewandel vollziehen, damit die Menschheit überlebt?
5. Welche gesellschaftlichen Kräfte sind an einem Wertewandel nicht interessiert?
6. Wo sind Ansätze für einen Wertewandel erkennbar?

VI. Äußern Sie sich zu folgenden Thesen:

1. Wenn die heute verbreiteten Wertvorstellungen „maximaler Konsum" und „höchstmögliches persönliches Glück" sich nicht ändern, wird die Menschheit nicht überleben.
2. Viele unserer Wertvorstellungen werden uns durch die Werbung suggeriert.
3. Wir brauchen für das neue Jahrtausend ein neues Denken.

Kapitel VIII

Die deutsche Sprache

In jeder Sprache spiegeln sich die historischen, politischen und kulturellen Veränderungen wider, die eine Sprachgemeinschaft durchgemacht hat.

Die deutsche Sprache hat seit 1945 starke, ja zum Teil gewaltsame Einflüsse erlebt: zwei ganz verschiedene Staatsgebilde (BRD und DDR), die sich insbesondere im Wortschatz unterschiedlich entwickelt haben. Dabei hat der westliche, speziell amerikanische Lebensstil sicher die nachhaltigsten Spuren im Deutschen hinterlassen. Anglizismen sowie Lehnübersetzungen in großer Zahl sind bis in die Umgangssprache eingedrungen. Das im technisch-wissenschaftlichen Bereich neu gebildete englische Vokabular wurde oft direkt und unkritisch übernommen und ist heute – mehr oder weniger assimiliert – fester Bestandteil in fast jedem fachsprachlichen Diskurs.

Besonders in der Sprache der Wirtschaft und speziell in der Werbung fällt auf, dass ein immer regelloser „pidginisiertes" Englisch verwendet wird, das von breiten Teilen der Bevölkerung kaum noch verstanden wird. Hier hat sich eine alberne, um falsche „Internationalität" bemühte Mode durchgesetzt, die bei Ausländern oft Erstaunen und Verwunderung auslöst und auch von Deutschsprachigen nicht ohne Widerspruch hingenommen wird.

Daneben hat sich auch die Sprache der Jugendlichen, verstärkt seit dem Aufbruch der 68er Generation, viele neue, eigenwillige Begriffe und Ausdrucksformen ge-schaffen, die aus unserer Alltagssprache nicht mehr wegzudenken sind. Die deutsche Sprache als lebendiges Kommunikationsmittel ist daher ständig im Fluss. Das gilt einerseits in Bezug auf eine wachsende internationale Durchdringung. Andererseits entstehen spezifische „Sondersprachen", die als Binde-glied und Erkennungscode für bestimmte kulturelle, ideologische, soziale Gruppen dienen.

VIII, 1

Äußern Sie sich mündlich oder schriftlich:

1. Welche Bedeutungen hat das Wort „Geist"?
2. Was kann passieren, wenn ein Redner / Professor Metaphern oder Bilder als Definition benutzt?
3. Wie würden Sie „Sprache" definieren?

VIII, 2 Graffiti* (Sponti-Sprüche)

Keiner ist unnütz. Er kann immer noch als schlechtes Beispiel dienen.

Ich geh kaputt. Gehst du mit?   Wer früher stirbt, ist länger tot.

Die Elbe ist ein Jungbrunnen – ein Schluck und du wirst nicht alt.

Der Student geht so lange zur Mensa, bis er bricht.

Jedem das Seine, mir das meiste!   Als Gott den Mann schuf, hat sie bloß geübt!

Alle wollen zurück zur Natur, aber keiner zu Fuß.

Oh, bitte rühr mich nicht an!
Oh, bitte rühr mich nicht
Oh, bitte rühr mich
Oh, bitte rühr
Oh, bitte
Oh,

P. S. Die Abk. für Abk. ist Abk.

Brot für die Dritte Welt – aber die Wurst bleibt hier!

Man kann sich an alles gewöhnen – nur nicht am Dativ.

Zu dick bist du nicht, aber für dein Gewicht bist du zu klein.

Schwach anfangen und dann aber stark nachlassen

Die Lücke, die wir hinterlassen, ersetzt uns vollkommen.

*   *Graffiti (Sgraffito, ital.: Schraffierung), vorwiegend von Jugendlichen auf Wände, Mauern und Fassaden meist mit Farbspray aufgesprühte Parolen, Sprüche oder Bilder, die in den 70er Jahren in vielen Großstädten (Schwerpunkt: Berlin/West, Zürich) aufgetaucht sind.*

(AKTUELL – Das Lexikon der Gegenwart, Chronik-Verlag 1984, Seite 275)

In Form der Graffiti entlädt sich viel Protest und Kritik der jungen Generation an den Werten und Konventionen der bürgerlichen Gesellschaft bzw. der „schweigenden Mehrheit" der angepassten Leute im Land. Besondere Merkmale der meist ganz kurzen Sprüche und Parolen sind: unerwartete Effekte, schwarzer Humor, Spiel mit Sprache und Mehrdeutigkeit, groteske Logik, entstellte Sprichwörter oder Zitate, komischer Unsinn, Selbstironie usw.

Wählen Sie (zusammen mit Partnern) ein oder mehrere Beispiele und untersuchen Sie, was daran überraschend, witzig, widersprüchlich, schockierend usw. ist.

Achten Sie dabei auch auf sprachliche Effekte!

VIII, 3   Der Rat will keine Rätin sein

1 ~ ZÜRICH, 22. September (epd). Die Männer in der Zürcher Gemeinde Wädens-
~ wil setzen sich energisch dagegen zur Wehr, in der neuen Gemeindeordnung als
~ weiblich gekennzeichnet zu werden. In dem Text, der am Wochenende vom Volk
~ gebilligt werden soll, ist ausschließlich von Amtsinhaberinnen, Beamtinnen,
5 ~ Gemeinde- und Stadträtinnen die Rede. Die Männer seien grundsätzlich mitge-
~ meint, heißt es in der Präambel. Das Gemeindeparlament hatte der neuen Ord-
~ nung in dieser Form zugestimmt, um das Problem der Gleichberechtigung in
~ Amtstexten besser in den Griff zu bekommen. Gegen die „revolutionäre Präam-
~ bel" laufen die Männer nun Sturm. Sie wollen nicht einfach „mitgemeint" sein.

epd-Meldung

I. Die dezentrale Regierungsform in der Schweiz gibt den Kantonen viel Autonomie.
Bei wichtigen Entscheidungen wird die Bevölkerung direkt befragt und kann so ihren politischen Willen durchsetzen. Um was für Entscheidungen von allgemeinem Interesse könnte es sich z. B. handeln?

II. Das Wort „Rat" hat verschiedene Bedeutungen.
Unter anderem bezeichnet es Personen in bestimmten Funktionen. Suchen Sie Beispiele dafür (z. B. Staatsrat, Landrat, …)

III. Lesen Sie den Text zu Hause bzw. in Partner- oder Gruppenarbeit in der Klasse durch und klären Sie den unbekannten Wortschatz.   H_A

Zum Textverständnis

IV. Welche Teilsätze gehören zusammen?

1. Die Männer setzten sich dagegen zur Wehr,	a dass die Männer grundsätzlich mitgemeint sind.
2. Der vorgeschlagene Text	b als weiblich gekennzeichnet zu werden.
3. In der Präambel steht,	
4. Das Gemeindeparlament wollte das Problem der Gleichberechtigung	c sie nicht einfach mitgemeint sein wollen.
5. Die Männer laufen Sturm dagegen,	d soll vom Volk gebilligt werden.
	e. durch die neue Ordnung besser in den Griff bekommen.

V. Bilden Sie mit folgenden Wörtern jeweils einen sinnvollen Satz:

Beratung   Rathaus   raten   beraten   ratlos   ratsam   verraten

z. B. Die Bürger versammelten sich im Rathaus.

VI. Bilden Sie drei Gruppen und vertreten Sie …

1. den Standpunkt der Männer (z. B. Tradition, Anspruch auf Führung usw.).
2. den Standpunkt der Frauen (z. B. Gleichberechtigung …).
3. Vorschläge zu einem Kompromiss, der beide Parteien befriedigen könnte.

VIII, 4   Sprachmüll, frisch entsorgt

Jochen Schmid

1 – Die Emanzipation der Frauen schreitet unaufhaltsam voran. Das Ergebnis ist
 – eine stetig wachsende Zahl an Gleichstellungsbeauftragten in der öffentlichen
 – Verwaltung. Gleichstellungsbeauftragte (es handelt sich durchweg um Frauen)
 – achten unter anderem darauf, dass es einen Amtmann und eine Amtfrau gibt,
5 – einen Politessor und eine Politesse, eine Hundesteuer und eine Hündinnensteuer.
 – Damit auch die Sprache der öffentlichen Verwaltung mit der nötigen Geschlech-
 – tertrennschärfe daherkommt.
 – Vieles liegt noch im Argen. Zum Beispiel dürften die Gleichstellungsbeauftrag-
 – ten eigentlich nicht Gleichstellungsbeauftragte heißen. Denn nur einzeln ist die
10 – Gleichstellungsbeauftragte auch als Frau zu erkennen. Kommen zwei Gleich-
 – stellungsbeauftragte gemeinsam vor, so ist ihr Geschlecht nicht auszumachen.
 – Auf dem jüngsten Gleichstellungsbeauftragtenkongress (er hieß letztmals so) in
 – Schwäbisch Gmünd wurde deshalb die Idee geboren, gleich von Gleichstellungs-
 – beauftragtinnen zu reden. Die Debatte ist noch nicht beendet und dreht sich
15 – darum, ob es Gleichstellungsbeauftragtinnen oder GleichstellungsbeauftragtIn-
 – nen heißen muss. Wir berichtinnen[1] weiter.
 – Die Emanzipation, und damit kommen wir auf das eigentliche Thema von
 – heute, schreitet also mächtig voran. Dies zeigt sich auch im Berufsleben. Kaum
 – ein Job (außer Bademeister, Bischof und Blockwart), der nicht Mann und Frau
20 – gleichermaßen angeboten würde. Bei den gleichstellungsfreundlichen Stellenan-
 – zeigen in der Zeitung ist freilich Vorsicht geboten. Eine Finte geht beispiels-
 – weise so: „Frauen werden bei gleicher Eignung, Befähigung und fachlicher Lei-
 – stung bevorzugt berücksichtigt, sofern nicht in der Person eines Mitbewerbers
 – liegende Gründe überwiegen." Das hat Stil. Schöner lässt sich nicht sagen, dass
25 – Frauen bevorzugt unberücksichtigt bleiben, weil die Person eines Mitbewerbers
 – als Grund allemal überwiegt.

27 – Es wird die Emanzipation nicht stoppen, die, wie gesagt, gewaltig auf dem Vor-
 – marsch ist. Inzwischen gibt es auch keine „Fräuleins" mehr. Als direkte Folge
 – sind unverheiratete Frauen immer schwerer auszumachen, ist das Fräulein vom
30 – Amt weitgehend digitalisiert und hat das „Fräulein! Noch ein Helles!" im Bier-
 – garten endgültig ausgedient. Die Gesellschaft für deutsche Sprache sucht des-
 – halb eine Ersatzbezeichnung für die weibliche Restaurationskraft auf Zuruf und
 – wäre, wie sie bereits hat wissen lassen, mit „Oberin! Ein Helles!" nicht zufrie-
 – den. Wir schlagen vor: „Frau Bedienung! Ein Helles!" und haben diese Anrede,
35 – bei unserem letzten Biergartenbesuch, unverzüglich von unserem GleichBestel-
 – lungsbeauftragten[2] testen lassen. Wir mussten lange warten.

Aus: Badische Zeitung, Magazin, 20./21. August 1994

[1] absichtlich falsch gebildetes Wort
[2] Wortspiel

I. Für viele Berufe und Funktionen. die traditionell nur von Männern ausgeübt wurden, gibt es nur maskuline Sprachformen.
Kennen Sie dieses Problem in Ihrer Sprache auch?

II. Lesen Sie den Text zu Hause bzw. in Partner- oder Gruppenarbeit in der Klasse durch und klären Sie den unbekannten Wortschatz.

H꜀

Zum Textverständnis

III. Beantworten Sie aus dem Text die folgenden Fragen:
1. Wozu hat die Emanzipation geführt?
2. Wie erkennt man diese Entwicklung in der Sprache der öffentlichen Verwaltung?
3. Welches Problem stellt sich bei der Bezeichnung von sogenannten
 Gleichstellungsbeauftragten?
4. Wie ist die Situation beim Angebot von Jobs?
5. Wie wird die Berücksichtigung von Frauen in der Stellenanzeige relativiert?
6. Von welchen drei Verwendungen des Wortes „Fräulein" spricht der Text?
7. Wofür wird eine Ersatzbezeichnung gesucht?

IV. Kreuzen Sie an. was folgende Formulierungen bedeuten:

1. Damit die Sprache mit der
   nötigen Geschlechtertrennung
   daherkommt.

   ▨ damit die Sprache unbedingt
   nach Geschlechtern unterscheidet

   ▨ daher kommt die sprachliche
   Trennung von maskulin/feminin

2. Vieles liegt noch im Argen.

   ▨ über vieles ärgert man sich

   ▨ vieles ist noch nicht gelöst

3. Bei den Stellenanzeigen ist
   Vorsicht geboten.

   ▨ bei Stellenanzeigen sollte man
   sich vorher informieren

   ▨ bei Stellenanzeigen muss
   man sehr genau Acht geben

4. Das Fräulein vom Amt ist
   weitgehend digitalisiert.

   ▨ das Fräulein vom Amt
   ist durch Elektronik ersetzt

   ▨ das Fräulein vom Amt hängt von
   ihrer Fingerfertigkeit ab

5. Das „Fräulein! Noch ein Helles!"
   hat endgültig ausgedient.

   ▨ der Zuruf: „Fräulein … !"
   funktioniert nicht mehr

   ▨ man kann bei einer Kellnerin kein
   Bier bestellen

V. In diesem Text sind einige Stellen bzw. Beispiele übertrieben, ironisch, nicht ganz ernst.
Markieren Sie diese und tauschen Sie Ihre Meinung dazu aus!

Zum Inhalt

VI. Halten Sie die Forderungen nach einer sprachlichen Gleichstellung in Form von neuen Begriffen bzw. Bezeichnungen für notwendig, für künstlich, für überflüssig …?

VII. In Deutschland spielt das Thema der gesetzlichen und praktischen Gleichstellung von Frau und Mann eine wichtige Rolle.
Der Gesetzgeber und viele andere Institutionen engagieren sich dafür. In welchen Bereichen, glauben Sie, gibt es hier Konflikte und Defizite (z. B. Beruf, Familie, …)?

VIII. Was versteht man unter Emanzipation der Frauen? Geben Sie ein paar Beispiele, die zeigen, dass sich die Rolle der Frauen in den letzten Jahrzehnten geändert hat.

VIII, 5 Schlicht deutsch

Leserbrief

1 – Ein langjähriger Leser kritisiert den Gebrauch von Anglizismen.
  – Zunehmend abstoßend und irritierend empfinde ich die immer häufigere Ver-
  – wendung der Anglizismen. Die so hoch entwickelte deutsche Sprache hat die
  – Einflechtung fremder Sprachenteile meist nicht nötig. Warum kann man statt
5 – „Recycling" nicht „Wiederverwertung", statt „Holding" nicht „Haltergesell-
  – schaft", statt „Meeting" nicht „Treffen", statt „Team" nicht „Gruppe" und statt
  – „leader" nicht „Führer" oder „Leiter" sagen? Warum zerstört man unsere
  – schöne Sprache?
  G.B., Augsburg

Aus: Capital 8/94, S. 207

I. Dieser kurze Text ist ein „Leserbrief".
Leserbriefe werden in Zeitungen / Zeitschriften abgedruckt. Stimmen sie deshalb mit der Meinung der Redaktion überein?

II. Lesen Sie den Text durch und beantworten Sie die folgenden Fragen:
1. Wie empfindet der Briefschreiber die Verwendung von Anglizismen?
2. Warum hält er sie für unnötig?
3. Was schlägt er als Lösung vor?

Zur Diskussion

III. Sollte man Leserbriefe ernst nehmen?
Drückt sich darin nur eine persönliche Meinung aus oder widerspiegeln sie auch allgemein verbreitete Ansichten bzw. Gefühle?

IV. Was halten Sie von dem Vorschlag, Fremdwörter soweit wie möglich durch Wörter aus der eigenen Sprache zu ersetzen, vielleicht auch neue Wortbildungen zu schaffen?
Suchen Sie gemeinsam ein Dutzend Fremdwörter und probieren Sie deren „Übertragung" ins Deutsche!

VIII, 6 Überfremdung

Hans Joachim Störig

1 – Die führende Stellung der USA unter den Siegermächten des Zweiten Weltkrie-
– ges, ihre wirtschaftliche und technische Führungsrolle, der schnelle Wandel von
– Anschauungen und Gewohnheiten im Verhältnis der Geschlechter, der Genera-
– tionen, das Aufkommen neuer „Subkulturen" unter jungen Menschen – dies und
5 – manches andere in Amerika, was in Deutschland, mindestens in den ersten zwei
– bis drei Jahrzehnten nach Kriegsende, als richtungweisend, vorbildlich, nachah-
– menswert empfunden wurde: dies alles hat dazu geführt, dass angloamerikani-
– sche Wörter in großer Zahl ins Deutsche übernommen wurden. Gegen ein
– vergleichbar starkes Anwachsen amerikanischer Einflüsse ins Französische hat
10 – sich der französische Staat unter Präsident de Gaulle mit der Kampagne gegen
– das Franglais gewehrt – mit zweifelhaftem Erfolg.
– Die Vorliebe der Deutschen für amerikanische Wörter war zum Teil eine Sache
– der Mode und des Zeitgeistes, sie wurde aber sehr begünstigt durch die große
– Anzahl griffiger, kurzer Wörter, die das Englische, besonders in seiner amerika-
15 – nischen Ausprägung, bereithält. Man denke nur an „Tip", „Trip", „Hit", „Pop",
– "Rock", "Gag". Besonders stark war und ist die amerikanische Einwirkung in
– der Sprache der Werbung, des Sports, der "Rauschgiftszene", der Wirtschaft
– ("Input", "Floating"), der Medien, der Raumfahrt und Elektronik.

aus: H. J. Störig, Abenteuer Sprache. Langenscheidt-Verlag, 1987. S. 214

**I. Wenn Sie durch die Straßen deutscher Städte bummeln, sehen Sie
überall fremdsprachige Ausdrücke, Hinweise, Werbeslogans, meist
auf Englisch.**
Soll dadurch ausländischen Touristen die Orientierung erleichtert werden, oder welche Erklärung haben Sie dafür?

**II. Viele deutsche Texte enthalten mehr oder weniger zahlreiche
Fremdwörter.**
Ist das für Sie eine Hilfe oder eine Schwierigkeit beim Verstehen?

**III. Lesen Sie den Text zu Hause bzw. in Partner- oder Gruppenarbeit in
der Klasse durch und klären Sie den unbekannten Wortschatz.**

IV. Beantworten Sie aus dem Text folgende Fragen:

1. Welche Entwicklungen in den USA wurden in Deutschland als vorbildlich empfunden?
2. In welcher Zeit war der amerikanische Einfluss besonders stark?
3. Wozu hat diese Bewunderung der USA geführt?
4. Wie hat man in Frankreich auf den starken amerikanischen Einfluss reagiert?
5. Wie erklärt sich die Vorliebe der Deutschen für amerikanische Wörter und Bezeichnungen? (Mehrere Gründe!)
6. In welchen Bereichen war und ist der Einfluss des „Amerikanischen" besonders stark?

Zur Diskussion

V. Glauben Sie, es gibt auch für Deutsche Probleme mit der großen Zahl von Fremdwörtern in ihrer Sprache?

Was für Probleme könnten das beispielsweise sein?

VI. Gibt es in Ihrem Land ähnliche Entwicklungen? Sieht man die Gefahr einer „sprachlichen Überfremdung"?

VIII, 7 Aus den Leitlinien des VDS[1]

Worum es geht

Die Sprachen und Kulturen Europas werden in zunehmendem Maße von anglo-amerikanischem Sprach- und Kulturgut beeinflusst. Das hat letztlich einen Identitätsverlust der betroffenen Völker und Volksgruppen zur Folge.

Durch die inflationär vermehrte Aufnahme von angloamerikanischen Wörtern und Wendungen droht sich insbesondere die deutsche Sprache in einem Maße zu verändern, das weit über das hinausgeht, was sie in ihrer Geschichte durch Übernahmen z. B. aus dem Lateinischen und Französischen erfahren hat.

Was wir wollen

Wir wollen dem oben geschilderten Prozess entgegenwirken, gemeinsam mit gleichgerichteten Initiativen in Deutschland und anderen europäischen Ländern, sofern diese nur auf die Erhaltung der sprachlichen und kulturellen Vielfalt Europas gerichtet und nicht mit nationalistischen oder revisionistischen[2] Zielsetzungen verbunden sind.

Wogegen wir uns wenden

Wir wenden uns dagegen, dass Waren und Dienstleistungen ganz oder teilweise in englischer Sprache beworben[3] und ausgezeichnet werden.

Wir wenden uns gegen die Nichtberücksichtigung der Interessen großer Bevölkerungsgruppen, die keine hinreichenden Kenntnisse der englischen Sprache besitzen.

Was wir vorschlagen

Wir schlagen vor, dass Begriffe und Redewendungen aus dem Englischen nur dann in die Alltagssprache übernommen werden, wenn kein treffender Ausdruck in deutscher Sprache vorliegt oder sich unschwer bilden lässt.
Beispiele:

nicht	„Slow-Motion"	statt	„Zeitlupe"
nicht	„event"	statt	„Ereignis"
nicht	„Highlight"	statt	„Höhepunkt", „Glanzlicht"
aber doch	„Pullover"	statt	„Überzieher"
aber doch	„Hobby"	alternativ zu	„Steckenpferd"
aber doch	„Standard"	differenzierend zu	„Norm"

Wofür wir eintreten

Wir treten dafür ein, dass die deutsche Sprache als Lehr- und Wissenschaftssprache erhalten bleibt, weil sie sonst ihre Fähigkeit verliert, sich der Moderne anzupassen und auch ihre Assimilationskraft einbüßt, was der Tod jeder Sprache ist.

Wir treten weiter dafür ein, dass Deutsch, mit Abstand die am meisten verbreitete Sprache in der Europäischen Union, ein gebührender Platz in der EU eingeräumt wird.

[1] VWDS: Verein für deutsche Sprache e. V., 1997 in Dortmund gegründet, zählt z. Zt. (1999) bundesweit ca. 6000 Mitglieder aus allen Schichten der Bevölkerung. (http://www.vwds.de)

[2] revisionistiwsch: der Anspruch, frühere Grenzen wieder herzustellen

[3] ein Produkt bewerben = Werbung treiben für ein Produkt

I. Lesen Sie die verschiedenen Abschnitte aufmerksam durch und unterstreichen Sie die wichtigsten Informationen.

II. Kennen Sie in Ihrem Land Organisationen, die sich kritisch mit der sprachlichen Entwicklung von heute beschäftigen?

III. Gibt es in Ihrem Land eine offizielle Sprachpolitik, die durch gesetzliche Maßnahmen oder Empfehlungen Einfluss nimmt auf die Übernahme von Fremdwörtern in die eigene Sprache?

VIII, 8 Die Umlautkrise

Ulrich Stock

1 Sie lernt Deutsch, seit drei Jahren schon, und sie macht ihre Sache nicht
 schlecht. „In Grunde", sagt sie, „ist es gar nicht so schwierig."
 „Im Grunde", erwidere ich, „im, im!"
 Das macht sie immer falsch, und ich vermute, sie wird noch in zehn Jahren in
5 Grunde sagen, obwohl sie im Grunde weiß, dass es im Grunde heißt.
 Wir haben so verschiedene Phasen durchlaufen. Zunächst das *h*: In ihrer Sprache macht es weiche, zerfließende Konsonanten hart; wir Deutsche wissen das
 unbewusst, denn niemand von uns spricht von *Spadschetti,* wie sie heißen müssten, wenn sie *Spagetti* geschrieben würden.
10 In übrigen (im, im!) dient das h nur dazu, gleichlautende Worte optisch zu
 unterscheiden. So heißt das Wörtchen *o* „oder", das Wörtchen *ho* (wie o gesprochen) „ich habe". In ihrer Sprache ist das h eine Flagge, die vor dem Wort
 gehisst wird, um lautlos eine andere Bedeutung anzuzeigen.
 Interessantes Verfahren, gibt es in Deutschen nicht (im, im!). Bei uns ist das *h*
15 ein aus den Tiefen des Brustkorbes aufsteigender Hauch, ein Zeichen geworde-
 ner Seufzer.
 Sie ignorierte das lange konsequent.
 Eizung, Aut, Asenbraten, Andtuch, Of, Uhn, Omosexualität … Ehre sei Gott in
 der Öhe.
20 Ich seufzte im Gedanken (in, in!), wusste aber, wenn ich meinen Seufzer ihrem
 Wort addierte, stets, wovon sie sprach.
 Inzwischen kommt ihr *h* nicht immer, aber immer öfter, bald schon zu oft.
 Hofen, Heilzug, Higel, Hapfel, hoben und hunten. Linguisten wissen solchen
 Überschuss gewiss zu erklären.
25 Zu Anfang dachte ich manchmal, wie mühevoll es doch ist, mit jemandem zu
 leben, der die Sprache nicht kennt. Um verstanden zu werden, sagt man es ein-
 facher; und selbst einfach ist es oft noch zu schnell. Witze verhallen ungehört –
 und unterbleiben irgendwann.
 Heute sehe ich das ganz anders. Wenn die Worte erst mal fließen, und seien sie
30 oft noch fehlerhaft, tragen sie ungemein zum Verständnis bei – dem Verständnis
 der eigenen Sprache. Und erzeugen einen Witz, wo früher nie welcher war.
 Mülleim*at* sagte sie lange Zeit, und als ich sie eines Tages korrigierte, es heiße
 Mülleimer, da sah sie mich ganz erstaunt an und fragte: „Heißt es nicht Müll-
 Heimat?" Die Heimat des Mülls – nun war sie in Eimer (im, im!).
35 Neulich fuhren wir mit dem Rad über Land, und sie fragte, woher diese Aufen
 in Grunde kämen: „Diese Haufen im Grund", erwiderte ich, „kommen von den
 Maulwürfen!"
 „Ah."

– Einige Kilometer weiter zeigte sie auf eine fast schwarze Wiese: „Guck, wie
40 – viele Wurfeltiere!"
– Wurfeltiere – ist das nicht ein schönes Wort?
– „Der Maulwurf, die Maulwürfe", erklärte ich ihr. Und weiß: Nächstes Mal
– heißen sie womöglich Würfeltiere.
– Mit den Umlauten hat sie es nämlich besonders. Da geht es neuerdings drunter
45 – und druber; die verqueren Doppelpünkte springen auf die falschen Vokale, und
– wo sie hingehoren, fehlen sie.
– Der Grund, die Grunden.
– Der Arm, die Ärme.
– Ihr Meisterwerk ist ürsprunglich. Täglich rechne ich mit den Öhrenstopseln.
50 – Vielleicht sind sie bereits gefallen, und ich habe es nur nicht gehort, weil sie
– mir schon in den Öhren steckten?
– „Ich habe eine Umlautkrise", erklärt jedenfalls die Urheberin.
– Tatsächlich: Über Monate kamen die Äs, Ös und Üs sauber daher, und warum
– sie nun auf einmal verruckt spielen, ist ihr ganz unklar. Vielleicht werden in den
55 – Kopfen der Lernenden von Zeit zu Zeit neue Drahten gezogen?
– Sprachwissenschaftler wissen solches Dürcheinander gewiss zu deuten. Mir feh-
– len die Wörten, woruber ich mich aber nicht beklage, ist die Sache doch alles
– im allen heher eiter.

Die Zeit, 21. 5. 1993

**I. Das Deutsche hat bestimmte Laute bzw. Lautverbindungen
(Umlaute, Reibelaute ...), die als typisch deutsch und schwierig
gelten.**
Überlegen Sie, wo Ihnen selbst die deutsche Aussprache Probleme
bereitet. Sammeln Sie Beispiele.

II. Die Erlernung von Fremdsprachen geht oft ungleichmäßig vor sich.
Manchmal machen wir schnelle Fortschritte, dann gibt es Phasen der
Stagnation, und gelegentlich erleben wir sogar Rückschritte. Je mehr wir
uns dabei auf bestimmte Eigenheiten bzw. Schwierigkeiten fixieren,
desto häufiger machen wir gerade die „Fehler" (= Fehlleistungen), die
wir unbedingt vermeiden wollen.
Kennen Sie andere Situationen, wo dieser paradoxe psychologische
Mechanismus eintritt? (z. B. bei Prüfungen, Stress, Streit usw.)

Zum Textverständnis

III. Lesen Sie den ganzen Text aufmerksam durch und notieren Sie die Fehler bzw. lautlichen Probleme, die der Ausländerin im Text Schwierigkeiten bereiten.   H$_\wedge$

IV. Beantworten Sie aus dem Text die folgenden Fragen:

1. Aus welcher Sprache kommen die Aussprachegewohnheiten der Frau?
2. Wenn unser Partner die Sprache nur ungenügend beherrscht, was macht man, um verstanden zu werden?
3. Welche positiven Aspekte können solche sprachlichen Verständnisprobleme auch haben?
4. Wie äußerte sich die „Umlautkrise" der Frau?

V. Lesen Sie den Text jetzt noch einmal von Anfang bis Ende durch und korrigieren Sie sämtliche fehlerhaften Wörter bzw. Formen.

VI. Unterhalten Sie sich mit einem Partner aus Ihrer Gruppe ganz zwanglos und achten Sie dabei gegenseitig auf die Mänge / Fehler / Schwierigkeiten der Aussprache.
Welche Punkte erschweren das Verständnis?

VII. Suchen Sie sich irgendeinen kurzen Text, z. B. aus der Zeitung, und markieren Sie, wo jeweils der Wortakzent ist (eventuell auch Haupt- und Nebenakzent, Satzakzent!)   H$_\wedge$

VIII, 9 „Das Deutsche ist differenzierter"

Said[1]

1 – **SZ:** *In fast allen Ihren Gedichten geht es um Politisches …*
   – **Said:** Es sind aber keine politischen Gedichte. Nicht im Sinne von Peter Zahl
   – oder Erich Fried. Ich glaube – das soll jetzt kein Selbstlob sein –, ich bin ein
   – bisschen leiser. Ich habe einen größeren Abstand. Und ich habe den Abstand
5 – auch nötig: Wenn heute etwas passiert, kann ich nicht morgen darüber schrei-
   – ben. Vielleicht tue ich das, aber dann kommt es erst einmal in die Schublade für
   – mehrere Wochen oder Monate. Wenn ich mich sofort über etwas äußern könnte,
   – wäre das Journalismus – eine andere Aufgabe.
   – **SZ:** *Sie vermischen ja ständig Politisches und Privates in Ihren Gedichten.*
10 – Said: Ich bin auch gegen diese Trennung von beidem. Erst dann, wenn etwas
   – mich menschlich berührt, ist es für mich politisch. Was würde es mich zum Bei-
   – spiel interessieren, wenn der Finanzminister dieses Landes noch eine zweite
   – Geliebte hätte? Das stört mich überhaupt nicht, weder moralisch noch mensch-
   – lich.
15 – **SZ:** *Legen Sie alle Gedichte, egal welchen Themas, erst mal in die Schublade?*
   – **Said:** Ja. Ich sage immer: Ein Gedicht wird mit Wörtern gemacht, nicht mit
   – Absichten. Wenn ich dann nach sechs Monaten ein Gedicht anschaue und
   – immer noch denke, es ist nicht peinlich, dann darf ich es aus der Hand geben.
   – Der Kopf ist die letzte Kontrollinstanz.
20 – **SZ:** *Schreiben Sie eigentlich auch noch auf Persisch oder nur auf Deutsch?*
   – **Said:** Nur auf Deutsch.
   – **SZ:** *Gibt es Dinge, die Sie in der einen Sprache besser ausdrücken können als*
   – *in der anderen?*
   – **Said:** Natürlich gibt es tausend Dinge im Deutschen, die ich nicht auf Persisch
25 – ausdrücken kann. Das Deutsche ist einfach präziser. Deutsch gehört zu den her-
   – metischen Sprachen, wie auch Arabisch oder Spanisch. Sprachen, die erst ein-
   – mal hart klingen – aber wenn sie eine Persönlichkeit spricht, dann sind sie wun-
   – derschön. Persisch ist zunächst einmal sehr zugänglich, weicher – rein akustisch.
   – Nolens volens ziehe ich immer Vergleiche zwischen den Sprachen und denke
30 – über ihre Unzulänglichkeiten nach. Es gibt dieses Paradebeispiel: Auf Arabisch
   – hat man Tausende von Wörtern für das Wort „Kamel" – aber das Wort „Rakete"
   – hat man aus dem Deutschen entlehnt. Die Sprachen sind also auf ganz unter-
   – schiedlichen Gebieten fortgeschritten oder stehen geblieben. Insgesamt ist das
   – Deutsche allerdings viel differenzierter.
35 – **SZ:** *Sie schreiben also nicht nur auf Deutsch, weil Ihnen nichts anderes übrig*
   – *blieb?*
   – **Said:** Es war so: Zu dem Zeitpunkt, als ich meinte, ich habe etwas zu schreiben,
   – war – und ist noch heute – der Zugang zur offiziellen, das heißt veröffentlichten

38 – persischen Sprache durch die Zensur versperrt. Und da griff ich zu der Sprache,
   – die um mich herumlag: der deutschen.
40 – **SZ:** *Also doch ein pragmatischer Entschluss?*
   – **Said:** Sagen wir so: von der Biographie auferlegt. Ich bereue das nicht. Aber
   – freiwillig war es nicht. Ich glaube, kein Mensch verlässt das muttersprachliche
   – Terrain freiwillig. Ich sage immer: Im Deutschen greife ich etwas – das Persi-
   – sche dagegen ergreift mich. Natürlich kontrolliere ich mich. Aber wenn ich
45 – müde bin oder traurig, habe ich das Bedürfnis, Persisch zu reden.
   – **SZ:** *Zu schreiben auch?*
   – **Said:** Ja, auf einer irrealen Ebene. Weil ich sehr wohl weiß: Ich könnte auf
   – Persisch nur dann schreiben, wenn ich täglich mit verschiedenen Menschen Per-
   – sisch reden könnte. Hier aber bin ich eingerahmt von der deutschen Sprache.
   – Canetti hat einmal gesagt: „Jede Sprache hat eine Sprachluft." Die Sprache, die
   – ich atme, ist Deutsch.

Interview aus: Süddeutsche Zeitung Nr. 186 vom 13./14./15. August 1994

[1] iranischer Autor, der in Deutschland lebt und auf Deutsch schreibt

I. Autoren schreiben nicht immer in ihrer Muttersprache. Was für Gründe mag es dafür geben?

II. Verschiedene Sprachen haben nicht in allen Lebensbereichen die gleichen Ausdrucksmittel und -möglichkeiten oder einen gleich reichhaltigen Wortschatz.
Die Geschichte und die Entwicklung einer Sprachgemeinschaft sind sehr unterschiedlich. Welche Faktoren, Bedingungen, Einflüsse können eine Sprache entscheidend prägen?

III. Lesen Sie den Text zu Hause bzw. in Partner- oder Gruppenarbeit in der Klasse durch und klären Sie den unbekannten Wortschatz.

Zum Textverständnis

IV. Stimmen folgende Aussagen mit dem Text überein?

	ja, vgl. Zeile …	nein
1. Sind Saids Gedichte eine direkte politische Reaktion?		
2. Es darf in einem Gedicht keine Trennung von Menschlichem und Politischem geben.		
3. Ein Gedicht ist nur dann gut, wenn es auch einer späteren kritischen Prüfung standhält.		

4. Das Deutsche ist schwerer zugänglich als das
   Persische.

5. Manche Sprachen sind weit fortgeschritten und
   andere sind irgendwann stehen geblieben.

6. Said schrieb in der offiziellen Sprache, weil es die
   Zensur sonst verboten hätte.

7. Freiwillig tauscht niemand seine Muttersprache
   gegen eine andere Sprache.

8. Said schreibt nicht auf Persisch, weil ihm die
   tägliche Praxis fehlt.

**V. Der Autor scheint anzudeuten, dass bei der Muttersprache mehr das
Gefühl, bei der gewählten Sprache aber der Kopf eine Rolle spielen.**
Suchen und markieren Sie entsprechende Stellen im Text (mit Zeilenangabe).

Zum Inhalt

**VI. Es hat immer wieder Beispiele gegeben, dass berühmte Autoren
nicht in ihrer Muttersprache geschrieben haben und ihren Platz in
einer „anderen" Literatur gefunden haben.** H
Kennen Sie Namen? Im Deutschen ist Elias Canetti ein bekannter Fall:
Informieren Sie sich über diesen Autor!

**VII. Schreiben Sie ein paar erklärende Zeilen zu einem der beiden
Text-Zitate:**
a. Ein Gedicht wird mit Wörtern gemacht, nicht mit Absichten.
b. „Jede Sprache hat eine Sprachluft". (E. Canetti)

VIII, 10 **Warum wird Deutsch gelernt?**

U. Ammon

1 – Nach einer Erhebung aus dem Jahr 1964 (nach Muller) liegt Deutsch mit 100
– Millionen Muttersprachlern an sechster Stelle der Weltsprachen. Die numeri-
– sche Rangordnung nach Grimes von 1984 setzt Deutsch mit 119 Millionen
– Muttersprachlern an die siebte Stelle, die dargestellte Schätzung aus dem Jahr
5 – 1987 schließlich ordnet der deutschen Sprache die elfte Stelle zu. Darin drückt
– sich vermutlich durchaus eine wirkliche Veränderung aus. Die Sprecherzahlen
– der in den Entwicklungsländern verankerten Sprachen sind in den letzten Jahr-
– zehnten wegen des schnelleren Bevölkerungswachstums nach oben gerückt.
– Deshalb haben allerdings die Sprachen nicht unbedingt an internationaler
10 – Bedeutung gewonnen. Zwar werden Sprachen mit mehr Muttersprachlern eher
– als Fremdsprachen gelernt und dann auch international verwendet, jedoch gibt
– es andere Faktoren, die für den internationalen Rang einer Sprache noch bedeut-
– samer sind als die numerische Stärke.
– Die Zahl der Staaten, in denen eine Sprache amtlichen Status hat, ist eine wei-
15 – tere wichtige Grundgröße ihrer Internationalität. Die Verteilung auf mehrere
– Staaten fördert die internationale Verwendung, auch die internationale Verwen-
– dung im engeren Sinn. Eine solche Sprache hat z. B. bessere Aussichten, eine
– amtliche Stellung in internationalen Organisationen zu erlangen. Beispiele sind
– das Spanische oder das Arabische, die Amtssprachen der Vereinten Nationen
20 – wurden, weil sie staatliche Amtssprachen zahlreicher Länder sind. Durch die
– bevorzugte Stellung in einer so wichtigen Organisation wie den Vereinten
– Nationen wird wiederum die sonstige internationale Stellung der Sprachen
– gestärkt. Sie spielen dann zum Beispiel eine größere Rolle in der sprachlichen
– Ausbildung von Diplomaten. Deutsch ist in insgesamt sieben Ländern staatliche
25 – Amtssprache. In Deutschland, Österreich und Liechtenstein ist es alleinige
– nationale (= gesamtstaatliche) Amtssprache; nationale Ko-Amtssprache, das
– heißt zusammen mit anderen Sprachen, ist es in der Schweiz (zusammen mit
– Französisch und Italienisch) und in Luxemburg (zusammen mit Französisch und
– Letzeburgisch). Schließlich ist es regionale Amtssprache in Italien, und zwar in
30 – der Provinz Bozen-Südtirol (zusammen mit Italienisch), und in Belgien, in der
– deutschsprachigen Gemeinschaft im Osten des Landes.
– Im Vergleich mit allen übrigen Sprachen der Welt liegt Deutsch nach der Zahl
– der Amtssprach-Staaten (sieben) auf Platz fünf, gleichrangig mit Portugiesisch.
– Der Abstand zu den höher platzierten Sprachen (Englisch, 63 Amtssprach-Staa-
35 – ten; Französisch, 34; Spanisch 23; Arabisch 22) ist zum Teil beträchtlich. Weder
– die numerische Stärke noch die Bedeutsamkeit als staatliche Amtssprache kön-
– nen erklären, warum Deutsch die am dritt- oder vierthäufigst gelernte Fremd-
– sprache der Welt ist oder warum Japanisch in neuester Zeit immer häufiger als

Fremdsprache gelernt wird. Das Gelerntwerden als Fremdsprache ist ein ziem-
40 lich guter Indikator für die internationale Stellung einer Sprache. Für sie spielen
also offenbar noch andere als die bisher betrachteten Faktoren eine Rolle. Der
vermutlich wichtigste dieser weiteren Faktoren ist die ökonomische Stärke einer
Sprache oder eigentlich der Sprachgemeinschaft. Sie lässt sich errechnen als das
Bruttosozialprodukt aller Muttersprachler der betreffenden Sprache zusammen-
45 genommen. Man addiert die Daten für alle Länder mit einer nennenswerten
Anzahl der betreffenden Muttersprachler, wobei die mehrsprachigen Staaten
anteilsmäßig einbezogen werden.
Nach der ökonomischen Stärke ist Deutsch unter den Sprachen der Welt deutlich höher platziert als nach den zuvor verwendeten Maßzahlen. Nach einer
50 Untersuchung aus dem Jahr 1990 liegen vor Deutsch (1090 Milliarden US $)
nur Englisch (4271) und Japanisch (1277). Nicht wenige numerisch vor Deutsch
liegende Sprachen rangieren ökonomisch dahinter, wie zum Beispiel Spanisch,
Portugiesisch, Hindi-Urdu, Russisch und auch – wenigstens bisher noch – Chi-
nesisch.

Aus: U. Ammon, Die deutsche Sprache: Lingua franca im Schatten von Englisch?
In: Deutschland. Zeitschrift für Politik, Kultur, Wirtschaft und Wissenschaft. Nr. 12/94

Kapitel IX

Das Ich und die anderen

Zu allen Zeiten bestand ein Spannungsverhältnis zwischen Individuum und Gesellschaft. Die Bedürfnisse des Einzelnen, sein Wunsch nach Selbstverwirklichung stehen nicht immer im Einklang mit den Anforderungen und Erwartungen der Gesellschaft.

Im Zuge einer fortschreitenden Akzeptanz von Rechten und Ansprüchen des Individuums auf seine eigene, persönliche Entfaltung ist der ehemals fast selbstverständliche „Sinn für Solidarität" zurückgedrängt worden. Überall rücken egoistische Interessen in den Vordergrund, auf Kosten des Nutzens für die Gesellschaft.

Die schon immer bestehenden Interessenkonflikte im wirtschaftlichen und sozialen Bereich haben sich so verschärft, dass sie zu einer zunehmenden Polarisierung führten: zwischen Arm und Reich, Jung und Alt, zwischen Kinderlosen und Familien usw. Es wird immer deutlicher erkennbar, dass die Lasten zwischen den verschiedenen Mitgliedern der Gesellschaft sehr ungleich und auch ungerecht verteilt sind.

Um diese alarmierende Schieflage zu korrigieren, werden alle Betroffenen, Begünstigte wie Benachteiligte, umdenken müssen, um zu einem neuen gesellschaftlichen Konsens zu gelangen. Ein tiefgreifender Wertewandel in diesem Sinn steht zur Diskussion.

IX, 1   Ich

Matthias Horx

1 – Meine sehr verehrten Damen und Herren, ich danke Ihnen für die Einladung.
 – Ob ich dazu beitragen kann, dem fragenden Titel Ihres Kongresses „Solidarität
 – – ein Auslaufmodell" mit Antworten gerecht zu werden, wage ich nicht voraus-
 – zusagen. Ich möchte meinen kleinen Vortrag mit einem Bekenntnis beginnen: In
5 – meinem Bekanntenkreis wimmelt es von Egomanen. Meine Freunde leiden
 – durch die Bank unter narzisstischen Störungen. Wir halten uns nicht aus. Wir
 – sind von uns selbst getrieben. Und ehrlich gesagt: Unser Hut ist uns allemal
 – näher als der Rock des Nachbarn.
 – Womit wir direkt beim Thema angelangt wären. Ihrer Diagnose stimme ich zu:
10 – So weit wir blicken können, ist jene Kraft, die wir gemeinhin „Solidarität" zu
 – nennen pflegten, im Rückzug begriffen. Gegenseitige Hilfe? Familiärer Zusam-
 – menhalt? Stabilität in der Kindererziehung? Die Pflege alter Menschen? Meine
 – Vorredner haben hierzu fundiertes Material geliefert, das gesamt auf dasselbe
 – hinausläuft: Etwas ist faul in unserer Gesellschaft, substantiell faul. Und dass
15 – dies mit dem Vormarsch des kleinen, harmlosen Wörtchens „Ich" zu tun hat,
 – daran besteht kein Zweifel.
 – Meine sehr verehrten Damen und Herren, wir haben es bei unserem „Feind" mit
 – einem relativ jungen Phänomen zu tun. Seine ersten Spuren finden wir zwar
 – schon in der Antike, Ausnahme-Egos ziehen sich durch die Geschichte in Form
20 – von Künstlern, Wahnsinnigen, Genies. Dass aber das ICH auf breiter Front vor
 – dem WIR platziert wird, dass wir uns selbst zum Maßstab nehmen, als archime-
 – dischen[1] Punkt unserer Existenz, ist eine Erfindung der unmittelbaren Neuzeit.
 – Jeder kann dies an sehr einfachen empirischen Daten überprüfen. Fragt man
 – Großeltern, Urgroßeltern nach ihrem Lebenssinn, wird man zunächst auswei-
25 – chende und widersprüchliche Antworten erhalten, bald darauf folgen epische
 – Erzählungen über Vater, Mutter, Herkunft, Heimat und Heirat, die auf etwas
 – hinweisen, was bis vor ein, zwei, drei Jahrzehnten noch eine Selbstverständlich-
 – keit war: ein Schicksal. Niemand – oder kaum jemand – von den Älteren hat
 – seine Biographie als selbstgestaltet, selbstbestimmt, als gemacht erlebt. Das
30 – Leben war geprägt von Zufällen, Notlagen, historischen Katastrophen, mit
 – denen man, so gut es ging, fertig zu werden versuchte. Auch die Menschen, mit
 – denen man sein Schicksal teilte, wurden selten mit den Kriterien des vernünfti-
 – gen, abwägenden Ich gemessen.
 – Vergleichen wir damit unser heutiges Verhalten, fällt sofort ein gravierender
35 – Unterschied ins Auge: Nichts ist selbstverständlich. Statt „Schicksal" ist das
 – Zauberwort unserer Existenz das „Problem" geworden. Wir haben ständig
 – „Probleme" mit den fundamentalsten Dingen des Lebens. Wir problematisieren,
 – ob der Beruf uns erfüllt, ob wir nicht noch etwas anderes, Besseres tun könnten,

39 – etwas mit mehr Sinn, Lebensfülle. Uns befällt in unregelmäßigen Abständen das
40 – bohrende Gefühl, der Mensch, den wir gerade lieben, könnte nicht der richtige
– sein; wenn man nur weitersuchte, neu anfinge, den Partner / die Freunde / den
– Beruf wechselte, könnte noch ein größeres Glück des Weges kommen.

Aus: Matthias Horx, Wörterbuch der 90er Jahre.
Hoffmann und Campe, Hamburg 1991. S. 95–96

1 archimedisch (hier): fest, unverrückbar

I. Das Personalpronomen „ich" ist hier groß geschrieben.
In der Psychologie findet es sich oft auch als substantivierter Begriff:
das Ich (= das Ego). Womit, meinen Sie, hat dieser Text zu tun?

II. Was verstehen Sie unter „Solidarität" Wie und bei was für Gelegenheiten zeigt sich Solidarität?

Zum Textverständnis

III. Lesen Sie den ganzen Text kursorisch durch. H_A
Er ist in 5 Abschnitte unterteilt. Versuchen Sie, jedem Abschnitt eine
Überschrift zu geben, z. B.

Abschnitt A: Vorüberlegungen des Redners zu seinem Vortrag.

Abschnitt B: _____

Abschnitt C: _____

Abschnitt D: _____

Abschnitt E: _____

IV. Beantworten Sie folgende Fragen zu …
… Abschnitt A:

1. Wozu soll der eingeladene Redner beitragen?
2. Was kennzeichnet seine Bekannten und Freunde?
3. Was bedeutet der Spruch. „Unser Hut ist uns allemal näher als der Rock des Nachbarn"?

… Abschnitt B:
1. Welcher Diagnose stimmt der Redner zu?
2. Welche Beispiele für Solidarität werden genannt?
3. Womit hat das Wörtchen „ich" zu tun?

… Abschnitt C:

1. Wen meint er mit „unserem Feind"?
2. Wie äußerte sich das „Ich" in der Antike?
3. Seit wann gilt das „Ich" als zentraler Maßstab unserer Existenz?

… Abschnitt D:

1. Wie antworten Großeltern, Urgroßeltern auf die Frage nach dem Lebenssinn?
2. Was war vor 20 oder 30 Jahren noch selbstverständlich?
3. Wie haben die Älteren ihr Leben / ihre Biographie empfunden?

… Abschnitt E:

1. Welches Wort ist heute zentral in unserer Existenz?
2. Womit gibt es Probleme?
3. Welche Zweifel befallen uns von Zeit zu Zeit?

V. Was bedeuten folgende Ausdrücke bzw. Wendungen? Ordnen Sie die richtigen Erklärungen zu:

1. ein Auslaufmodell
2. es wimmelt von Egomanen
3. sie leiden durch die Bank
4. narzisstische Störungen
5. als archimedischer Punkt unserer Existenz
6. epische Erzählungen
7. fällt ein gravierender Unterschied ins Auge
8. ein noch größeres Glück des Weges kommen

a sie leiden alle, ohne Ausnahme
b man merkt einen bedeutsamen Unterschied
c einem noch größeren Glück begegnen
d ein Modell, das zu Ende geht
e zu stark auf sich selbst fixiert
f es gibt eine große Zahl von Leuten, die ihr „Ich" kultivieren
g sehr ausführliche Schilderung „objektiver" Ereignisse
h als Mittelpunkt unseres Lebens

Zum Inhalt

VI. Welchen der folgenden Wege halten Sie für den besseren, interessanteren?

a. Wenn die Ziele, Aufgaben, die Lebenserfüllung von jeder Person selbst gewählt und bestimmt werden können?

b. Wenn die Ziele und Aufgaben, der Lebenssinn von anderen, z. B. von der Gesellschaft bestimmt werden?

Bilden Sie zwei Gruppen und versuchen Sie, die beiden Alternativen zu verteidigen!

VII. Gibt es nicht einen Widerspruch zwischen der These, dass „Solidarität ein Auslaufmodell" sei, und der Tatsache, dass immer mehr „solidarische Maßnahmen" z. B. in Deutschland geschaffen werden?

(Von der „Sozialhilfe" bis zur „Pflegeversicherung" , von der „Solidarabgabe" bis zu allen möglichen „Notstandshilfen".)

VIII. Schreiben Sie ein paar Zeilen zu dem Spruch „Wenn jeder für sich selbst sorgt, ist für alle gesorgt".

IX, 2   Ein junger Mann drängt sich vor

Martin Walser

1 Und schon war er im Bahnhof. Um 9 Uhr 53 ging sein Zug, aber vor allen
Schaltern lange Schlangen. Er schwitzte, er war gerannt. Er mußte raus aus
München. Sofort. Mit welcher Ruhe der Beamte hinter der Scheibe die Arbeit
dem Computer auftrug und ohne jede Regung saß, bis er die Karte kriegte.
5 Jeder vor Gottlieb war sein Feind. München–Frankfurt, das war eine beispiel-
haft einfache Strecke. Aber die meisten vor ihm wollten in Winkel, die sogar
einen Computer in Verlegenheit brachten. Als Gottlieb schon fast dran war,
rannte ein Jüngerer an ihm und den anderen vorbei und drängte sich vor den
Schalter hin. Gottlieb konnte nicht begreifen, daß sich die anderen Wartenden
10 das gefallen ließen. Er war wütend auf die zwei Mädchen direkt vor ihm, die
völlig selbstvergessen in der Reihe standen und sich von ihr, ohne jeden eigenen
Anteil, bewegen ließen. Sie redeten so miteinander, als lägen sie in der Sonne,
im Sand. Die eine sagte: Das's auch schon 'n alter Knacker, oder? Die andere,
träge zustimmend: Ja-a, fufzch, zwonfuffzch.[1] Gottlieb mußte sich klarmachen,
15 daß sie nicht von ihm sprachen. In dem Augenblick kam der junge Mann vorbei, der sich vorgedrängt hatte. Gottlieb mußte dem, obwohl es jetzt überhaupt
nichts mehr nützte, so giftig wie möglich ins Gesicht sagen, daß er sich ruhig
auch hätte anstellen können. Der stoppte, drehte sich braungebrannt, muskulös,
blondschopfig Gottlieb zu und sagte: Ich hab nur 'ne Auskunft eingeholt, aber
20 wenn Ihnen was nicht paßt, kriegen Se eine in die Fresse[2]. Gottlieb wußte nicht,
was er sagen sollte. Wahrscheinlich hat er, als er selber jung war, Ältere ganz
genauso behandelt, wie er jetzt gerade behandelt worden war. Zwischen Menschen gibt es doch keine Unterschiede. Außer: Altersunterschiede. Besser, du
bist einfach damit einverstanden. Es gehört ab jetzt dazu. Du kannst ja grinsen,
25 weil du weißt, dem wird es einmal genauso gehen, dann erinnert er sich vielleicht an den Hauptbahnhof in München. Das Gefühl, er halte es hier nicht
mehr aus, wurde übermächtig. Er wäre jetzt gleich dran gewesen. Er konnte
nicht mehr anstehen. Alle vor und hinter ihm hatten die Beschimpfung gehört.
Da der Beschimpfende so jung und schön und stark war und seinen Satz so
30 vollkommen ruhig und zielsicher gelandet hatte, waren alle, obwohl Gottlieb die
gemeinsame Sache vertreten hatte, auf der Seite des Stärkeren.

*Aus: Martin Walser, Jagd. Roman. Suhrkamp-Verlag,
Frankfurt am Main 1988. S. 138–139*

[1] fünfzig, zweiundfünfzig
[2] bekommen Sie einen Schlag ins Gesicht

I. **Es gehört zu unseren alltäglichen Erfahrungen, irgendwo in einer Schlange zu stehen: vor Schaltern, bei Behörden, an Haltestellen, in Geschäften.**

Manchen Leuten scheint das Warten nichts auszumachen. andere sind ungeduldig und nervös. Was geht in den Köpfen vor sich?

II. **Lesen Sie den Text zu Hause bzw. in Partner- oder Gruppenarbeit in der Klasse durch und klären Sie den unbekannten Wortschatz.** **H**A

III. **Beantworten Sie aus dem Text folgende Fragen:**

1. Was wollte Gottlieb am Schalter im Bahnhof?
2. Wie verhielt sich der Beamte am Schalter?
3. Was wunderte Gottlieb, als sich ein junger Mann an allen vorbei nach vorn drängte?
4. Wovon redeten die zwei Mädchen vor ihm in der Schlange?
5. Was sagte Gottlieb zu dem jungen Mann, und wie?
6. Wie reagierte der junge Mann darauf?
7. Welche Rolle spielt der Altersunterschied in Gottliebs Überlegungen?
8. Warum empfand er seine Situation plötzlich als so peinlich?
9. Warum war die Reaktion der anderen Wartenden für Gottlieb besonders frustrierend und bitter?

Zum Inhalt

IV. **Können Sie sich vorstellen, daß der gleiche Vorgang ohne Ärger passiert wäre, wenn z. B. der junge Mann um Erlaubnis gebeten hätte oder Gottlieb seine Eile klar gemacht hätte?**

Spielen Sie die Situation mit verschiedenen Rollen und mit verschiedenem Verlauf.

V. **In Deutschland gibt es verschiedene Bemühungen und Einrichtungen, um das Leben älterer Menschen in der Öffentlichkeit zu erleichtern.**

Können Sie ein paar Beipiele nennen? (Verkehr, Behörden, usw.)

VI. **Wie ist der Umgang zwischen jungen und alten Menschen in Ihrem Land?**

Gibt es viel/wenig Respekt, Rücksichtnahme, gegenseitiges Verständnis? Schreiben Sie dazu ein paar Zeilen!

IX, 3   Die Beziehung zwischen den Generationen gehört zu den Säulen der Kultur

Richard von Weizsäcker

1 – In jeder Gesellschaft gehört die Beziehung zwischen den Generationen zu den
– Säulen der Kultur. Tragen sie bei uns noch genug? Schon die demographischen
– Zahlen alarmieren. Vor hundert Jahren standen zehn Jugendliche unter einund-
– zwanzig Jahren nur einem Alten über fünfundsechzig Jahren gegenüber. Im
5 – Jahre 2000, also in kurzer Zeit, werden beide Gruppen etwa gleich groß sein.
– Das kann nicht ohne schwerwiegende Folgen bleiben. Die Lasten für die Jungen
– steigen immer mehr, sowohl wenn sie eigene Kinder haben wollen als auch und
– vor allem wegen der Versorgung der Alten. Stehen wir am Anfang eines Auf-
– standes der Jungen gegen die Alten?
10 – Jedenfalls wächst neues Denken innerhalb der Altersgruppen heran und verän-
– dert ihr Verhalten zueinander. Bei den Jungen ist dies normal; sie wollen ihre
– eigenen Erfahrungen machen. Doch dabei merken sie früher oder später, daß
– niemand ganz von vorne anfangen kann. Es ist auch in ihrem Interesse, nicht
– alles Erfahrungswissen verlorengehen zu lassen. Die Kontinuität der Generatio-
15 – nen zu wahren und zu achten ist eine Hilfe.
– Die Alten haben ebenfalls Grund zu neuem Denken. Wir sollten und wir können
– lebenslang dazulernen, uns bilden und erziehen. Leider ist es zur Zeit ganz all-
– gemein um Fragen der Bildung und Erziehung merkwürdig ruhig im Lande. Die
– verantwortlichen Bildungspolitiker ringen zwar um Reformschritte. Doch neh-
20 – men die große Politik und die Öffentlichkeit davon nur selten ernsthaft Notiz,
– obwohl wir doch mindestens eines wissen: daß das Bildungswesen eines Landes
– zu den zentralen Standortfaktoren in der liberalisierten Weltwirtschaft gehört.
– Über ihre reine Effizienz hinaus hängt aber die Qualität der Bildung vor allem
– von den Werten und Zielen im Zusammenleben der Menschen ab. Keine Bil-
25 – dung kommt ohne den Mut zur Erziehung aus, und Mut zur Erziehung bedeutet
– im Wandel der Zeitbedingungen zunächst Mut zur Veränderung unseres eigenen
– Lebens, auch im Alter.

Aus: Richard von Weizsäcker, Die Quelle meines Amtes waren die Menschen.
Abschiedsrede. Frankfurter Allgemeine Zeitung, 2.7.94. S. 7

I. Wo entstehen Konflikte zwischen der jüngeren, der mittleren und der älteren Generation?
Nennen Sie Situationen / Beispiele.

II. In Deutschland hat sich das zahlenmäßige Verhältnis zwischen den Altersgruppen dramatisch verändert.

Kennen Sie Gründe für diese Entwicklung?

III. Lesen Sie den Text zu Hause bzw. in Partner- oder Gruppenarbeit in der Klasse durch und klären Sie den unbekannten Wortschatz. **H**

IV. Beantworten Sie aus dem Text die folgenden Fragen:

1. Worin sieht der Autor eine der Säulen der Kultur?
2. Wenn sich im Jahr 2000 Jung und Alt in etwa gleicher Zahl gegenüberstehen, was für Folgen (mehrere!) sind zu erwarten?
3. Die jungen Leute möchten ihre eigenen Erfahrungen machen. Was merken sie dabei?
4. Weshalb ist das sogenannte Erfahrungswissen wichtig?
5. Welche Gründe zu neuem Denken haben die Alten?
6. Werden die Fragen der Bildung und Erziehung in der Politik und Öffentlichkeit ernsthaft genug diskutiert?
7. Was gehört zu den zentralen Standortfaktoren?
8. Wovon hängt die Qualität der Bildung überwiegend ab?
9. Was bedeutet Mut zur Erziehung im Alter?

Zur Diskussion

V. Die sozialen Systeme der Altersversorgung beruhen in Deutschland auf dem sogen. „Generationenvertrag", d. h. die sozialen Beiträge der aktiv Berufstätigen dienen zur Finanzierung der Renten.

Besonders aus drei Gründen ergeben sich jetzt Probleme:

1. immer längere Lebenserwartung,
2. immer kürzeres Berufsleben (früher Ruhestand),
3. oft später Einstieg ins aktive Berufsleben.

Diskutieren Sie über die Gründe für diese Entwicklung und spekulieren Sie über die möglichen sozialen Konsequenzen.

VI. Wie sieht die Alterspyramide in Ihrem Land aus?

Gibt es ähnliche oder andere Probleme als in Deutschland?

VII. Schreiben Sie ein paar Zeilen über die Altersversorgung in Ihrem Land.

Z. B. staatlich oder privat, nach Erreichung einer Altersgrenze, nach der Zahl der Berufsjahre usw.

IX, 4   Guter Durchschnitt

Ben Witter

1 An Werktagen steht er um sieben Uhr auf, stellt sich unter die Dusche und zieht
   sich anschließend im Sitzen seine Hose an und lässt seine Familie reden.
   Danach setzt er sich an den Frühstückstisch.
   Anschließend geht er zu seinem Wagen, zwanzig Schritte mögen es sein. Er
5 startet und schaltet das Radio ein. Er fährt stets dieselben Straßen hin und
   zurück. Zweimal musste er innerhalb von elf Jahren wegen Blechschadens aus-
   steigen. Auf dem Betriebsgelände rollt er die Strecke bis zu seiner Parkschneise
   in einer Minute ab. Der Fahrstuhl bringt ihn in den fünften Stock. Die Wege von
   seinem Wagen zum Fahrstuhl und dann an den Schreibtisch sind fast gleich
10 lang.
   Zum Büro des Chefs benötigt er dreizehn Schritte, zur Toilette braucht er ein
   paar mehr, und in die Kantine fährt er mit dem Fahrstuhl. Seine Heimfahrt ver-
   zögert sich durch die Verkehrsdichte durchschnittlich um acht bis zehn Minuten.
   Nach dem Abendessen setzt er sich an seinen Schreibtisch, von dem aus er ins
15 Wohnzimmer blicken kann. Später versammelt sich die Familie im Wohnzimmer. Da bleibt sie, bis es ins Bett geht.
   So verlief sein Tagesablauf bisher. Seit neuestem lässt er, angepasst und zuverlässig, seinen Wagen in der Garage und nimmt die U-Bahn. Dabei fiel ihm auf,
   dass er das Gehen wieder üben musste. Zuerst stoppte und wich er automatisch
20 aus, als führe er noch den Wagen. Allmählich fiel dieser Druck aber von ihm ab.
   Statt der Radionachrichten hört er jetzt, was die Fahrgäste von sich geben. Er
   bewertet diese Aussagen genauso wie Meldungen. Das Gehen und U-Bahn-Fah-
   ren kosten beim Hin und Zurück einen zusätzlichen Zeitaufwand von insgesamt
   zweiunddreißig Minuten.
25 Das Gehen und Stehen hat ihn nachdenklicher gemacht. Sonst aber bleibt es bei
   den gewohnten Schritten hin und her. Und er spricht inzwischen von einer
   neuen Nachdenklichkeit; angepasst wie er ist, muss ja alles ein zündendes
   Motto haben. Er redet nicht mehr zu laut, eher prägnant leise. Er hält sich im
   besten Sinne des Wortes für den guten Durchschnitt, pflichtbewusst dem Zeit-
30 geist dienend, Nichtraucher, Freizeitenthusiast – im Rahmen selbstverständlich
   –, und so ist er im Großen und Ganzen einfach gut – und gängig.

Aus: Ben Witter, Angetippt. Luchterhand Literaturverlag 1992. S. 216–217

**I. Lesen Sie den ganzen Text durch und versuchen Sie, unbekannte
     Wörter und Ausdrücke zu klären.   H**ₐ

II. Die drei ersten Abschnitte schildern den detaillierten Tagesablauf des Mannes.

Halten Sie die wichtigsten Aktivitäten in Stichworten fest.

Abschnitt A: z. B. werktags sieben Uhr aufstehen, duschen, anziehen, frühstücken.

Abschnitt B: _____

Abschnitt C: _____

III. Was änderte sich, nachdem der Mann sich für die U-Bahn entschieden hatte?

1. Wie reagierte er zuerst?
2. Was ersetzte ihm das Radio?
3. Was bedeutete es für den Zeitaufwand seiner Fahrten?
4. Was hat den Mann nachdenklich gemacht?
5. Wie schätzt er sich und sein neues Verhalten ein?
6. Was bedeutet, pflichtbewusst dem Zeitgeist dienen?

Zum Inhalt

IV. Der Mann hat sein Leben so organisiert, wie „man" es von ihm erwartet: berechenbar, zuverlässig, angepasst, pflichtbewusst.

Welche Vorteile hat ein solches Leben? (für sich selbst, für Familie, Gesellschaft … ?) Welche Kritik könnte man daran üben? (Langweilig, pedantisch, konformistisch usw.)

Stellen Sie entsprechende Argumente einander gegenüber!

V. Es wird behauptet, dass eine wachsende Zahl von Menschen nur ihre individuellen Wünsche und egoistischen Ziele verfolgt, ohne Rücksicht auf die Folgen für ihre Mitmenschen, für die Natur und Zukunft.

Was halten Sie von dieser Kritik? Schreiben Sie ein paar Zeilen darüber.

IX, 5 Erwachsenwerden

Matthias Horx

1 – „Einfach" ist sein Leben nie geworden, im Gegenteil. Er gehört zu jenem zwar
 – kleinen, aber gebenedeiten Kreis von Distanzvirtuosen, die es schaffen, das
 – Erwachsenwerden dadurch aus ihrem Leben fernzuhalten, dass sie andauernd
 – und hartnäckig, wie der Volksmund sagt, „nichts Halbes und nichts Ganzes"
5 – vollbringen. M. hat in Rom eine Zwei-Jahres-Liebschaft gehabt, in München
 – studiert, im Allgäu eine Wohngemeinschaft und in Hamburg ein „Projekt" ange-
 – fangen, er besitzt ein Untermieter-Zimmer in Berlin und Bekannte, bei denen er
 – „pennen" kann, in allen deutschen Städten und Regionen. Er hat keine Kinder.
 – Er hat noch nicht mal einen Hund. Er hat es vermieden, eine Beziehung über
10 – die kritische Fünf-Jahres-Grenze hinweg aufrechtzuerhalten, und irgendwie
 – schafft er es immer wieder aufs Neue, großäugige, gut aussehende Frauen für
 – sich zu begeistern. Seine berufliche Biographie ist vielschichtig und keineswegs
 – erfolglos. Er hat als Rockmusiker schon ein Bein in den Charts gehabt, als
 – Kneipier einen hübschen Treff in seiner Heimatstadt Braunschweig aufgezogen,
15 – als freier Autor für den Rundfunk gearbeitet und nebenbei eine aufwendige bio-
 – logische Hühnerzucht betrieben. Er hat stets, wenn es beziehungs- oder berufs-
 – mäßig ernst wurde, eine große Reise unternommen, nach Bali oder Gomera,
 – Südamerika oder Kalifornien, dorthin, wo er, seit ich ihn kenne, eigentlich aus-
 – wandern möchte.
20 – In seinem Alter noch ganz ohne Fesseln und Verpflichtungen – alle Achtung.
 – Doch manchmal, wenn wir uns M. so von der Seite ansehen, im klaren Licht
 – der untergehenden Sonne über dem Taxöldener Forst etwa, wirkt er seltsam fah-
 – rig, haltlos, nervös, fast könnte man sagen: leer. Wer den Ernstfall, die Festle-
 – gung vermeidet, der wächst nur bis zu einem gewissen Punkt. Er bleibt, in
25 – gewissem Sinne, ein Kind. Dies ist, zweifelsohne, eine Möglichkeit, und keine
 – schlechte.

Aus: Matthias Horx, Wörterbuch der 90er Jahre.
Hoffmann und Campe Verlag, Hamburg 1991. S. 66

**I. Der Titel deutet einen wichtigen Prozess im Leben jedes Menschen
an.**
Versuchen Sie eine Definition, was in unserer Gesellschaft „erwachsen"
bedeutet.

**II. Lesen Sie den Text zu Hause bzw. in Partner- oder Gruppenarbeit in
der Klasse durch und klären Sie den unbekannten Wortschatz.   H_A**

III. Kreuzen Sie an, was folgende Ausdrücke/Formulierungen bedeuten:

1. ein gebenedeiter Kreis von Distanzvirtuosen
   - ▦ (er gehörte) zu einer Gruppe von Tanzvirtuosen
   - ▦ er gehörte) zu der kleinen Zahl, die sich im Leben nicht fest binden

2. nichts Halbes und nichts Ganzes vollbringen
   - ▦ im Leben nichts fertig bringen
   - ▦ sich für nichts im Leben wirklich ernsthaft entscheiden

3. er besitzt Bekannte, bei denen er pennen kann
   - ▦ er hat Bekannte, bei denen er übernachten kann
   - ▦ er hat Bekannte, bei denen es Pannen gibt

4. hatte als Rockmusiker schon ein Bein in den Charts
   - ▦ als Rockmusiker war er schon auf dem Weg zum Erfolg
   - ▦ als Rockmusiker hatte er einen Unfall mit seinem Bein

5. als Kneipier hat er einen Treff aufgezogen
   - ▦ er zog viel in Kneipen herum
   - ▦ seine Kneipe wurde zum Treffpunkt

6. noch ganz ohne Fesseln und Verpflichtungen: alle Achtung.
   - ▦ man muss auf Fesseln und Verpflichtungen Acht geben
   - ▦ keine Fesseln und Verpflichtungen zu haben, verdient Respekt

7. Wenn wir uns M. von der Seite ansehen, wirkt er seltsam … leer.
   - ▦ wenn wir uns auf M.s Seite stellen, scheint er nichts zu besitzen
   - ▦ wenn wir M. genauer betrachten, dann fehlt ihm der innere Halt

IV. M. führte viele Jahre ein abwechslungsreiches Leben: er wechselte und probierte viel. H

Skizzieren Sie anhand der konkreten Angaben im Text einen kurzen zusammenhängenden Lebenslauf.

Zur Diskussion

V. Wie hat es M. geschafft, keine festen, dauerhaften Bindungen einzugehen?

Haben Sie, außer den Erklärungen im Text, noch andere, eigene Begründungen?

VI. Der Autor spricht mit einer gewissen Bewunderung von dieser Biographie. Im letzten Abschnitt allerdings relativiert er seine Einschätzung.

Was meint er wohl mit der These: „Wer den Ernstfall, die Festlegung vermeidet, der wächst nur bis zu einem gewissen Punkt"?

VII. Es gibt Jugendliche, die sehr früh entscheiden, was sie lernen, was sie arbeiten, was sie werden möchten. Andere zögern lange, haben große Schwierigkeiten, sich in einer bestimmten Richtung festzulegen. Sie suchen sozusagen ein Leben lang nach ihrer eigentlichen Erfüllung bzw. Aufgabe im Leben.

Welche Gründe und Umstände fallen Ihnen ein, die diese verschiedenen Entwicklungen erklären?

IX, 6   Das Erlernen der Marktwirtschaft

Wolf Biermann

1 – Das stößt den kleinen Leuten im Osten bitter auf: Die mit ihrer sozialistischen
 – Planwirtschaft gescheiterten Partei-Chaoten kriegen die kapitalistische Kurve
 – viel eleganter als die ausgepowerten Proleten. Manche kleinen Leute hängen
 – den Illusionen vom großen sozialen Frieden länger nach als Funktionäre, die
5 – ihnen die Lüge von der „sozialistischen Menschengemeinschaft" grad eben
 – noch eingebläut hatten.
 – Die Arbeiter haben nicht gelernt, ihre Arbeitskraft gut zu verkaufen. Seit 1933
 – ist vergessen, was Gewerkschaften sind. Die bombastischen Phrasen vom Klas-
 – senkampf sind geplatzt, der wirkliche mickrige Klassenkampf um ein paar
10 – Mark beginnt. Die einfachen Leute fürchten sich davor und erlernen die Spielre-
 – geln der Marktwirtschaft mit größerer Scheu als die Ideologen, die das Ostvolk
 – immer vor der Barbarei des Kapitalismus gewarnt hatten. Das eine Jahr zwi-
 – schen Revolution und Wiedervereinigung war überhaupt das Jahr der klamm-
 – heimlichen Umwandlung von sozialistischem Raub in bürgerliches Eigentum.
15 – Im Großen wie im Kleinen.
 – Die Richter und Staatsanwälte des alten Regimes absolvieren jetzt bundesdeut-
 – sche Lehrgänge zur Umschulung. So auch die Wehrwirtschaftsführer[1] der volks-
 – eigenen Industrie. Die realsozialistischen Lumpen von gestern haben Millionen
 – an Land gezogen und lernen jetzt in Intensivkursen, wie man aus Geld Kapital
20 – macht. Man nehme: lebendige Arbeitskraft plus tote Arbeit: Maschinen, Werk-
 – zeuge und Gebäude und Rohstoffe, rühre mit dem Marketinglöffel kräftig um –
 – und schon „arbeitet" das Geld. Pipi-eier-leicht, wie mein Sohn Til sagt.

Aus: Wolf Biermann, Über das Geld und andere Herzensdinge.
Kiepenheuer & Witsch, Köln 1991. S. 87–88

[1]   Begriff aus dem Dritten Reich, ironisch auf die Planwirtschaft der DDR angewendet.

I. Vorinformation: Vor der Wiedervereinigung Deutschlands stand der Marktwirtschaft im Westen (BRD) die Planwirtschaft im Osten (DDR) gegenüber.   Hₐ
Suchen Sie mithilfe eines Lexikons eine Definition dieser beidenSysteme.

II. Bei der Wiedervereinigung übernahm die DDR praktisch alle wichtigen Gesetze bzw. Regelungen des Westens. d. h. der BRD.
Dieser tiefe und plötzliche Wechsel brachte für die ostdeutsche Bevölkerung große Unsicherheit und viele Anpassungsprobleme. Können Sie sich ein paar konkrete Schwierigkeiten vorstellen?

III. Lesen Sie den Text zu Hause bzw. in Partner- oder Gruppenarbeit in der Klasse durch und klären Sie den unbekannten Wortschatz.

Zum Textverständnis

IV. Der Text enthält einige umgangssprachliche Ausdrücke bzw. Begriffe. Ordnen Sie die folgenden Bedeutungen richtig zueinander:

1. das stößt den kleinen Leuten bitter auf sich
2. die Parteichaoten kriegen die Kurve viel eleganter
3. Manche Leute hängen den Illusionen länger nach
4. die ihnen die Lüge eingebläut hatten
5. die bombastischen Phrasen sind geplatzt
6. die Lumpen von gestern haben Millionen an Land gezogen

a die großen Reden haben als unwahr erwiesen
b. die Betrüger von früher haben Millionen zu Unrecht erworben 3.
c. die kleinen Leute sind darüber besonders verärgert
d. die Parteichaoten schaffen es viel leichter sich anzupassen
e. manche Leute glauben länger an …
f. die sie gezwungen hatten, die Lüge für wahr zu halten

V. Beantworten Sie aus dem Text folgende Fragen:
1. Womit waren die Parteichaoten gescheitert?
2. Was konnten die Arbeiter bei den Gewerkschaften nicht lernen?
3. Wie sieht der wirkliche Klassenkampf jetzt aus?
4. Wie kommen die einfachen Leute mit der Marktwirtschaft zurecht?
5. Was ist in dem Jahr zwischen Revolution und Wiedervereinigung (1989/90) geschehen?
6. Was machen die Führungskräfte des alten Regimes (DDR), um sich im neuen System erfolgreich durchzusetzen?

Zur Diskussion

VI. Womit hängt es zusammen, dass trotz großer Veränderungen in vielen Ländern oft die gleichen Leute von vorher ihre Macht, ihren Erfolg und Einfluss behalten?
Suchen Sie Gründe dafür (z. B. Ausbildung, Charakter, Beziehungen usw.).

VII. Manche behaupten, bei der Wiedervereinigung habe man die Chance vertan, in Deutschland ein anderes, neues System zu schaffen: eine Mischung aus den Vorteilen der Marktwirtschaft und des Sozialismus.
Bilden Sie zwei Gruppen: die eine begründet die Chancen einer solchen Alternative; die andere versucht die Unmöglichkeit zu beweisen.

IX, 7   Soziale Ungerechtigkeit

Interview

1 – **SPIEGEL:** Sie predigen oft und gern gegen die Zunahme sozialer Ungerechtig-
  – keit in Deutschland.
  – **Kamphaus:** Gern nicht, aber es ist für mich in der Tat ein zentraler Punkt.
  – Früher habe ich, wenn von der sich immer weiter öffnenden Schere zwischen
5 – Arm und Reich die Rede war, bloß an die Dritte Welt gedacht. Inzwischen
  – beschreibt dieses Bild die Realität in Deutschland. Eine Caritas-Untersuchung
  – vor kurzem hat ergeben, dass zehn Prozent der deutschen Bevölkerung an der
  – Armutsgrenze und darunter leben. Das ist doch alarmierend in einem so reichen
  – Land. Die Zahl der Millionäre ist rasant gestiegen und die Zahl der Obdachlo-
10 – sen auch. Was heißt da Gerechtigkeit für alle? Dazu kann man doch nicht
  – schweigen.
  – **SPIEGEL:** Wen wollen Sie kritisieren? Die Wirtschaftspolitik?
  – **Kamphaus:** Ich kritisiere die Verteilung des Erwirtschafteten. Die Entwicklung
  – führt zu einer polarisierten Gesellschaft. Und wenn fast vier Millionen Arbeits-
15 – lose vom Wirtschaftsprozess einfach ausgeschlossen sind, dann ist das schlimm,
  – dann ist das ein Skandal. Einschneidende Änderungen sind notwendig. Das dür-
  – fen die Politiker im Superwahljahr nicht verschweigen. Ein Arzt, der einen über-
  – lebensnotwendigen Eingriff unterließe, weil er dem Patienten nicht weh tun
  – möchte, müsste seine Zulassung zurückgeben.
20 **SPIEGEL:** Ihre Worte sind starker Tobak für die Politiker.
  – **Kamphaus:** Das ist mir egal. Ich scheue Konflikte nicht. Kirche hat die ver-
  – flixte Pflicht und Schuldigkeit, wenn sie sich selbst treu bleiben will, bei den
  – armen Leuten zu stehen. Und wenn offenkundig ist, dass die Zahl derer, die zu
  – den Armen gehören, von Monat zu Monat zunimmt, dann muss man das auch
25 – deutlich sagen, ob gelegen oder ungelegen. Da gibt es keine Rücksichtnahme,
  – weder auf Parteien noch auf bestimmte Politiker.
  – **SPIEGEL:** Was kann die Kirche denn tun, um mehr soziale Gerechtigkeit in
  – unserer Gesellschaft durchzusetzen?
  – **Kamphaus:** Mir liegt sehr daran, dass deutlich wird: Sozialabbau besteht nicht
30 – nur darin, dass an dieser und jener Stelle ein bisschen gekappt wird. Der Teu-
  – felskreis, der die Reichen reicher und die Armen ärmer macht, muss durchbro-
  – chen werden. Die Frage ist, wieweit wir bereit sind, an unsere Besitzstände her-
  – anzugehen und über eine neue Verteilung des Erwirtschafteten nachzudenken.
  – Wo die Besitzstandswahrung zum Allerheiligsten wird, da scheut man Umver-
35 – teilungen wie der Teufel das Weihwasser.

Aus: Spiegel-Gespräch: Verhüten ist besser als Abtreiben.
Der Limburger Bischof Franz Kamphaus über Moral, Politik und Kirche.
Der Spiegel, 26./27. 6. 1994. S. 54

I. Deutschland gilt, vom Ausland her gesehen, als reiches Land.
Glauben Sie. dass es auch hier Armut, Not, Obdachlosigkeit in größerem Maßstab gibt?

II. Wer bzw. welche Institutionen üben normalerweise Kritik an den Missständen und Ungerechtigkeiten in einem Land?

Zum Textverständnis

III. Lesen Sie den Text zu Hause bzw. in Partner- oder Gruppenarbeit in der Klasse durch und klären Sie den unbekannten Wortschatz.

IV. Suchen Sie aus dem Text alle Zahlen bzw. statistischen Belege heraus, die die These von Kamphaus beweisen. H

V. Beantworten Sie aus dem Text folgende Fragen:
1. Wie reagiert Kamphaus auf die soziale Ungerechtigkeit?
2. Gegen wen oder was richtet er seine Kritik?
3. Worin sieht er die Funktion der Kirche in diesem Zusammenhang?
4. Was hält er von politischer Rücksichtnahme?
5. Worin sieht Kamphaus das Hauptproblem für die ungerechte Entwicklung in Deutschland. ?

VI. Was bedeuten folgende Ausdrücke?

1. die sich weiter öffnende Schere	a die negative Automatik zwischen Reich und Arm muss aufhören
2. ein Arzt müsste seine Zulassung zurückgeben	b wenn der erworbene Besitz das höchste Gut ist
3. Ihre Worte sind starker Tobak	c der größer werdende Abstand zwischen Arm und Reich
4. die verflixte Pflicht und Schuldigkeit	d ein Arzt müsste seinen Beruf aufgeben
5. der Teufelskreis muss durchbrochen werden	e. was Sie sagen, sind harte Vorwürfe
6. wo die Besitzstandswahrung zum Allerheiligsten wird	f. die unbedingte Aufgabe und moralische Pflicht

Zum Inhalt

VII. In vielen Ländern haben die Kirchen noch einen starken Einfluss auf die Politik.

Was könnten / sollten sie tun, um die von ihnen kritisierte soziale und wirtschaftliche Ungerechtigkeit zu mindern?

VIII. Schreiben Sie ein paar Zeilen zu einem der beiden Themen:

a.　Ist es Aufgabe der Kirchen, sich in die Politik einzumischen?

b.　Tun die Kirchen in Ihrem Land etwas gegen Armut und Ungerechtigkeit?

IX, 8

Temperamente

Tatkräftig, zielbewusst, aufwärtsstrebend …

Äußern Sie sich mündlich oder schriftlich:

1.　Die Treppe führt „in den Himmel". Wer wohnt dort nach altem Glauben der Völker? Wer macht das Wetter, sendet die Blitze? Sagen Ihnen die Wörter „Olymp", „Zeus" etwas?

2.　Was denken und fühlen wohl die Mitarbeiter beim Beobachten des großen „Aufsteigers"?

IX, 9 Wettbewerb der Wertkonzepte

Gertrud Höhler

Der traditionelle Tugendkatalog der Industriekultur gibt Auskunft über die Wertvorstellungen, an denen sich die Industriegesellschaften bei ihrem Aufbruch in die Phase von Naturwissenschaft und Technik, von Wohlstand und sozialer Sicherheit orientiert haben.

Daneben erscheint seit mehr als zwanzig Jahren eine andere Skala der Wünsche und Bedürfnisse, die nicht mehr generell von Tugendgeboten und Rechtschaffenheitsidealen diktiert wird. Eher wird eine Selbstbesinnung sichtbar, die auch zu Forderungen führt und Anrechte einklagt. Dem „Du sollst" tritt das „Ich will" entgegen.

Die Werte der Industriekultur	Die Werte der Übergangsjahrzehnte
Selbstkontrolle und Einsatz für das Ganze	Selbstentfaltung und Einsatz für das Überschaubare
Orientierung auf morgen	Aufgehen im Heute
Aufgabenbezogenheit	Personenbezogenheit
Altruismus als Pflicht	Individualität als Anspruch
Wir-Bezug	Ich-Stärke
Autoritätsgläubigkeit	Autoritäts-Skepsis
Ergebnis-Orientierung	Erlebnis-Orientierung
Langstreckenmentalität (Dauerläufer)	Kurzstreckenmentalität (Sprinter)
Frustrationstoleranz	Enttäuschungsbereitschaft
Selbstbegrenzung, Disziplin	Selbsterfahrung, Emotionalität
hohe Resistenz gegen „soziale Kälte"	hohes Wärmebedürfnis
Pflichtbewusstsein	Wunsch nach Anerkennung
Konventionsgehorsam	Toleranz
Funktions-Orientierung	kreative Unbefangenheit
hierarchische Kommunikation	offene Kommunikationssysteme
Orientierung am Machbaren	Suche nach Visionen
Fortschrittsoptimismus	Fortschrittsskepsis
Technikzustimmung	Relativierung der Technik
Instrumentalisierung der eigenen Physis für „Aufgaben"	Respekt vor der eigenen Physis und ihren Ansprüchen
Konsumfreude zw.	Konsum-Souveränität: Das Pendeln den Standards
Besitzprestige (Geltung durch Haben)	Aktionsprestige (Geltung durch Handeln)
Genießer- und Nutzerverhältnis zur Natur	Schuldnerverhältnis zur Natur
Natur als Beute	Natur als Opfer
„Zeit ist Geld"	„Zeit statt Geld"
Kausalitätsorientierung	Komplexitätsorientierung
	Aus: Gertrud Höhler, Spielregeln für Sieger.
	Econ-Verlag 1991. S. 65–67

I. Was verbindet sich mit dem weiten Begriff der modernen Industriekultur?

Versuchen Sie, ein Assoziogramm zu erstellen, in das Sie alle Merkmale eintragen, die Ihnen dazu einfallen.

II. Haben sich in den letzten Jahren erkennbare Veränderungen in der Wirtschaft, in den Unternehmen, in der Marktpolitik usw. vollzogen?

Nennen Sie Beobachtungen, Beispiele!

Zum Textverständnis

III. Lesen Sie die beiden einführenden Abschnitte des Textes genau durch. Hᴀ

Markieren und erklären Sie die Schlüsselbegriffe „Tugendkatalog", „Wertvorstellung", „Rechtschaffenheitsideale", „Selbstbesinnung".

IV. Lesen Sie die beiden parallelen Werte-Listen und stellen Sie dabei fest, ob darin auch einige Begriffe / Aspekte enthalten sind, die Sie selbst in den Fragen I. und II. gefunden haben

V. Vergleichen Sie die parallelen Listen Zeile für Zeile und markieren Sie alle direkten Gegensätze.

Z. B.
Selbstkontrolle – Selbstentfaltung
Altruismus – Individualität
Autoritätsgläubigkeit – Autoritätsskepsis

_____ – _____

_____ – _____

VI. Zeigen Sie anhand der beiden Listen Beispiele, wo der Wechsel vom traditionellen „Du sollst" zum neuen „Ich will" klar erkennbar ist.

Z. B.
Wir-Bezug – Ich-Stärke
Pflichtbewusstsein – Wunsch nach Anerkennung

_____ – _____

_____ – _____

Zur Diskussion

VII. Welche neuen „Werte des Übergangs" halten Sie für besonders markant und vielversprechend für die Zukunft, wenn der Mensch und seine Bedürfnisse wieder stärker in den Mittelpunkt rücken sollen?
Stellen Sie in Partnerarbeit eine Rangfolge der 5 wichtigsten Punkte / Aspekte auf (aus dem Katalog).

VIII. Schnell und flexibel reagieren, den Kundenwünschen gerecht werden, saubere Produkte anbieten, sanfte Technologie einsetzen: dies sind einige Stichworte der neuen Orientierung bei der Produktion, bei der Vermarktung, in den Unternehmen.
Entsteht durch diese Tendenzen eine „menschlichere" Industriekultur?

IX. Industrie und Technik werden heute nicht mehr nur als Fortschritt gesehen.
Wie erklären sich die Kritik und das Misstrauen vieler Menschen?
Schreiben Sie ein paar Zeilen darüber.

Kapitel X
Deutschland und die Welt

Die Vereinigung Deutschlands im Jahr 1990 war das Ergebnis einer neuen Weltsituation. Sie kam so unerwartet wie die Veränderungen in Osteuropa und hing eng mit ihnen zusammen. Man war in Deutschland auf die neue Lage nicht vorbereitet. Es darf nicht verwundern, dass die Vereinigung Deutschlands in vielen europäischen Ländern mit Misstrauen zur Kenntnis genommen wurde. Würde das neue Deutschland sich von seiner früheren Politik abkehren, seine Bindungen an den Westen lockern und sich stärker nach Osten orientieren? Doch die Furcht vor einem unberechenbaren deutschen Sonderweg erwies sich als unbegründet. Alle tragenden politischen Kräfte verfolgen eine konsequente europäische Integrationspolitik. Die Schwierigkeiten des Vereinigungsprozesses wurden allgemein unterschätzt. Die Wirtschaft auf dem Gebiet der früheren DDR brach weitgehend zusammen, ein großer Teil der Arbeitsplätze ging verloren, Neben den äußeren Folgen der Vereinigung gab es die inneren. Das Wertesystem der ostdeutschen Gesellschaft wurde brüchig, man musste sich auf vielen Gebieten neu orientieren. Die Herstellung der inneren Einheit erweist sich als ein langwieriger Prozeß. Die jahrzehntelange Trennung wirkt nach.

Ein anderes wichtiges Problem, dem sich Deutschland gegenübersieht, ist die wachsende Zuwanderung vor allem aus Osteuropa und dem Mittelmeerraum. Das Nebeneinander verschiedener Kulturen mit seinen vielfältigen Aspekten prägten Politik und Alltag. Heute sind rund zehn Prozent der Wohnbevölkerung in der Bundesrepublik ausländischer Herkunft.

*in alter Rechtschreibung

X, 1

*„Der heutige Satellitenfilm zeigt zur Abwechslung mal die Familie Schrattenberger
aus Niederolm im Garten ihres Reihenhauses."*

X, 2   Deutsche Befindlichkeiten

Günter de Bruyn

1   Wie also befinden sich heute die Deutschen, die vor zwei Jahren noch glaubten,
  vorläufig nicht oder nie mehr zusammen kommen zu können, die vor einem
  Jahr den Fall der Mauer bejubelten und vor vier Wochen sich wieder zusam-
  menschlossen? Sie sind, glaube ich, froh, es erreicht zu haben, und doch nicht
5   zufrieden mit sich und noch weniger miteinander – wie das in Familien so geht.
  Ist man getrennt, ist die Liebe innig und unproblematisch, sieht man sich wieder
  nach Jahren, ist die Freude groß und emphatisch, doch mit dem Zusammenleben beginnen die Schwierigkeiten; denn Einheit ist noch nicht Einigkeit. Man
  muss sich erst aneinander gewöhnen, und der Hinzukommende muss die Vor-
10   teile und Tücken des für ihn neuen Hauses erst kennen lernen. Vernunft und
  Verständnis werden von beiden gefordert. Mit letzterem hapert es noch ein
  wenig. Vernunft aber hat der 3. Oktober bewiesen. Da hätte wieder, wie mancher von uns und mancher ausländische Nachbar befürchtet hatte, von Wahnsinn die Rede sein können, aber nicht wie am 9. November, wo mit diesem
15   Begriff die Sprachlosigkeit vor dem Glück der plötzlichen Freiwerdung hatte
  ausgedrückt werden sollen, sondern von Wahnsinn im nationalistisch-rauschhaf-
  ten Sinn. Aber von dieser Art angstmachendem Wahnsinn hatte die Vereinigungsfeier vor dem Reichstag nichts aufzuweisen. Auch die Zeit davor zeigte
  wenig von einem Überschwang nationaler Gefühle. Viel mehr war sie erfüllt
20   vom Streit der Parteien, vom Feilschen, Rechnen und Kalkulieren. Das
  schmerzte ein wenig und wirkte weder erhaben noch würdig, aber es beruhigte
  sehr.

Aus: Günter de Bruyn, Deutsche Befindlichkeiten. In: Günter de Bruyn,
Jubelschreie, Trauergesänge. Deutsche Befindlichkeiten. S. Fischer-Verlag 1991. S. 44/45

I.   Zur Einführung

Sammeln Sie zu der folgenden Frage mögliche Gesichtspunkte und
tauschen Sie darüber Ihre Meinungen aus:
Welche politischen Veränderungen in Europa haben sich durch die
Vereinigung Deutschlands ergeben?

II. Lesen Sie den Text zu Hause bzw. in Partner- oder Gruppenarbeit in der Klasse durch und klären Sie den unbekannten Wortschatz.   H

Zum Textverständnis

III. Steht das im Text? Wo?

Ja, in Zeile ...   Nein

1. Vor kurzem noch glaubten die Deutschen nicht, dass es eine Vereinigung geben könnte.

2. Sie sind mit der Vereinigung nicht zufrieden.

3. Einheit ist nicht das gleiche wie Einigkeit.

4. Ost- und Westdeutschland müssen Verständnis füreinander aufbringen.

5. Die Vereinigungsfeier machte Angst.

6. Die Parteien stritten, feilschten und rechneten.

IV. Wie steht das im Text?

1. Die Deutschen begrüßten den Fall der Mauer mit großer Freude.
2. Sie bildeten einen gemeinsamen Staat...
3. ...wie es typisch für Familien ist ...
4. An dieser zuletzt genannten Eigenschaft fehlt es noch etwas.
5. Man hätte von Wahnsinn sprechen können.
6. Die Vereinigungsfeier wirkte nicht so...

Zum Inhalt

V. Zur Diskussion

1. Was kann „Wahnsinn" alles bedeuten?
2. Wie ist das Verhalten der Bevölkerung von West- und Ostdeutschland zueinander?
3. Warum hätte man mit einem nationalistischen Ausbruch rechnen können?
4. Wo liegen die Schwierigkeiten für die innere Einheit Deutschlands?
5. Was denken Sie über die Form der Vereinigung Deutschlands?

VI. Äußern Sie sich mündlich oder schriftlich zu folgenden Thesen:

1. Es wäre besser gewesen, wenn man für das neue Deutschland eine neue Verfassung ausgearbeitet hätte.
2. Das Tempo der Vereinigung war zu schnell.
3. Es gab keine Alternative zur Form der tatsächlich erfolgten Vereinigung.

X, 3   Die Politik des vereinigten Deutschland

Richard von Weizsäcker

1 – Die Politik des vereinigten Deutschland wird auf den Erfahrungen der letzten
 – Jahrzehnte aufbauen. Für die Bundesrepublik Deutschland war die Integration
 – im Westen die entscheidende Weichenstellung nach dem Krieg. Sie hat unser
 – Leben geprägt, unsere Energien mobilisiert und frische Kräfte hervorgebracht.
5 – Unsere Bürger wissen dies sehr genau und haben das lebhafteste Interesse
 – daran, diese vorteilhafte Entwicklung nicht zu gefährden. Man wird im heutigen
 – Deutschland vergeblich nach politisch relevanten Denkansätzen zu einer natio-
 – nalen Sonderrolle suchen. Es gibt sie nicht. Rückfälle in altes Kontinental-
 – machtsdenken werden zuallerletzt von uns ausgehen.
10 – Wir wissen ebenfalls sehr genau, daß heute keine der großen Gegenwartsaufga-
 – ben in unserem nationalen Rahmen gelöst werden kann. Unser vitales Interesse
 – liegt in den übernationalen Zusammenhängen. Wir sind uns der Notwendigkeit
 – einer wahrhaft handlungsfähigen Gemeinschaft bewußt, und wir verkennen
 – nicht, daß die Gemeinschaft ihrerseits dafür auch kräftiger deutscher Impulse
15 – bedarf.
 – Ein Faktor der Stabilität in der Mitte Europas sollen wir sein, so hieß es im
 – Londoner Kommuniqué. Wir sind an den westlichen Werten und Zielen orien-
 – tiert. Unsere geopolitische Lage findet sich in der Mitte, unsere Anstrengungen
 – sind daher um der europäischen Stabilität willen auf das ganze Europa gerichtet,
20 – und dies nicht erst seit heute.
 – Auf der Grundlage unserer unwiderruflich festen Westintegration gingen von
 – uns schon vor zwanzig Jahren Signale zur Entspannung und zu einer neuen Ost-
 – politik aus. Nach längeren und gefahrvollen Entwicklungen haben sie zu neuen
 – großen Chancen für den Frieden in Europa beigetragen. Es ist von entscheiden-
25 – der Bedeutung, daß wir sie weiter nutzen. Darauf werden wir Deutschen auch in
 – Zukunft unablässig drängen.
 – Mit anderen Worten: Wir werden weiterhin mit Festigkeit für eine aktive Ostpo-
 – litik von seiten des Westens eintreten. Aber wir werden nichts allein unterneh-
 – men. Jeder nationale Alleingang würde unsere Möglichkeiten weit überfordern
30 – und zugleich unsere freundschaftlichen Beziehungen aufs Spiel setzen sowie
 – unsere für uns so lebensnotwendige Verankerung im Westen gefährden.

Aus: Richard von Weizsäcker, Das ganze Europa ist unser Ziel. In: Richard von Weizsäcker,
Von Deutschland nach Europa. Wolf Jobst Siedler Verlag, Berlin 1991. S. 218/219

I. Zur Einführung

Erstellen Sie gemeinsam ein Assoziogramm zu „Die Außenpolitik der Bundesrepublik von 1949 bis 1989".

II. Lesen Sie den Text zu Hause bzw. in Gruppenarbeit oder Partnerarbeit in der Klasse durch und klären Sie den unbekannten Wortschatz. **H**ₐ

Zum Textverständnis

III. Steht das so im Text? Wo?

	Ja, in Zeile …	Nein
1. Die Zugehörigkeit zur westlichen Welt war nach dem Zweiten Weltkrieg die wichtigste Grundtatsache für Westdeutschland.		
2. Deutschland will keine nationale Sonderrolle.		
3. Die deutsche Politik orientiert sich nach Westeuropa.		
4. Anfang der 70er Jahre trat die Bundesrepublik für eine neue Entspannungs- und Ostpolitik ein.		
5. Deutschland wird auch alleine eine aktive Ostpolitik betreiben.		

IV. Bitte beantworten Sie folgende Fragen:

1. Worauf stützt sich die heutige deutsche Politik?
2. Welche Folgen hatte die Integration in den Westen für Deutschland?
3. Wie können Gegenwartsfragen nicht gelöst werden?
4. Wie muss die Gemeinschaft beschaffen sein?
5. Woran ist Deutschland orientiert?
6. Wozu hat die deutsche Ostpolitik beigetragen?

V. Wie steht das im Text?

1. Sie hat unser Leben geformt…
2. Unsere Bürger sind sehr daran interessiert…
3. …eine Entwicklung aufs Spiel setzen…
4. …sich über die Notwendigkeit…im Klaren sein…
5. Wir werden uns für eine aktive Ostpolitik einsetzen…
6. …die feste Bindung an den Westen…

Zum Inhalt

VI. Zur Diskussion

1. Worin könnte eine nationale Sonderrolle Deutschlands bestehen?
2. Welche großen internationalen Gegenwartsaufgaben gibt es heute?
3. Worin bestand die neue deutsche Ostpolitik?
4. Wie ist zu verstehen, dass die Bundesrepublik lange Zeit als „wirtschaftlicher Riese" aber „politischer Zwerg" galt?

X, 4   Die Verteidigung des Territoriums

Hans Magnus Enzensberger

1 Zwei Passagiere in einem Eisenbahnabteil. Wir wissen nichts über ihre Vorge-
schichte, ihre Herkunft oder ihr Ziel. Sie haben sich häuslich eingerichtet,
Tischchen, Kleiderhaken, Gepäckablagen in Beschlag genommen. Auf den
freien Sitzen liegen Zeitungen, Mäntel, Handtaschen herum. Die Tür öffnet
5 sich, und zwei neue Reisende treten ein. Ihre Ankunft wird nicht begrüßt. Ein
deutlicher Widerwille macht sich bemerkbar, zusammenzurücken, die freien
Plätze zu räumen, den Stauraum über den Sitzen zu teilen. Dabei verhalten sich
die ursprünglichen Fahrgäste, auch wenn sie einander gar nicht kennen,
eigentümlich solidarisch. Sie treten, den neu Hinzukommenden gegenüber, als
10 Gruppe auf. Es ist ihr Territorium, das zur Disposition steht. Jeden, der neu
zusteigt, betrachten sie als Eindringling. Ihr Selbstverständnis ist das von Einge-
borenen, die den ganzen Raum für sich in Anspruch nehmen. Diese Auffassung
läßt sich rational nicht begründen. Um so tiefer scheint sie verwurzelt zu sein.
Nun öffnen zwei weitere Passagiere die Tür des Abteils. Von diesem Augenblick
15 an verändert sich der Status der zuvor Eingetretenen. Eben noch waren sie Ein-
dringlinge, Außenseiter; jetzt haben sie sich mit einem Mal in Eingeborene verwandelt. Sie gehören zum Clan der Seßhaften, der Abteilbesitzer, und nehmen
alle Privilegien für sich in Anspruch, von denen jene glauben, daß sie ihnen
zuständen. Paradox wirkt dabei die Verteidigung eines „angestammten" Territo-
20 riums, das soeben erst besetzt wurde; bemerkenswert das Fehlen jeder Empathie
mit den Neuankömmlingen, die mit denselben Widerständen zu kämpfen, dieselbe schwierige Initiation vor sich haben, der sich ihre Vorgänger unterziehen
mußten; eigentümlich die rasche Vergeßlichkeit, mit der das eigene Herkommen
verdeckt und verleugnet wird.
25 Dennoch kommt es so gut wie nie zu offenen Auseinandersetzungen. Das liegt
daran, daß die Fahrgäste einem Regelsystem unterliegen, das nicht von ihnen
abhängt. Ihr territorialer Instinkt wird einerseits durch den institutionellen Code
der Bahn, andererseits durch ungeschriebene Verhaltensnormen wie die der
Höflichkeit gebändigt. Also werden nur Blicke getauscht und Entschuldigungs-
30 formeln zwischen den Zähnen gemurmelt. Die neuen Fahrgäste werden gedul-
det. Man gewöhnt sich an sie. Doch bleiben sie, wenn auch in abnehmendem
Grade, stigmatisiert.

Aus: Hans-Magnus Enzensberger, Die große Wanderung. Suhrkamp Verlag 1992, S. 11–13

I. Zur Einführung

Wie verhalten Sie sich in einem Zugabteil (oder in einer ähnlichen Situation) gegenüber Fremden? Suchen Sie Kontakt oder vermeiden Sie ihn? Machen Sie dabei Unterschiede nach Frauen und Männern, Alter, Inländern, Ausländern? Warum?

II. Lesen Sie den Text zu Hause bzw. in Gruppenarbeit oder Partnerarbeit in der Klasse durch und klären Sie den unbekannten Wortschatz. H_A

Zum Textverständnis

III. Bitte beantworten Sie folgende Fragen:
1. Wer ist zuerst im Eisenbahnabteil?
2. Wie reagieren die Reisenden auf die neuen Passagiere?
3. Als was betrachten die alten Fahrgäste die neu zusteigenden?
4. Wie reagieren die später gekommenen Reisenden auf Neuankömmlinge?

IV. Zum Textverständnis

Steht das im Text? Wo?

	Ja, in Zeile …	Nein
1. Die beiden Passagiere haben das ganze Abteil besetzt.		
2. Die ersten Fahrgäste sehen das Abteil als ihr Territorium an.		
3. Es gibt eine rationale Erklärung für das Verhalten der ersten Passagiere.		
4. Aus den Eindringlingen sind Eingeborene geworden.		
5. Oft gibt es offene Auseinandersetzungen.		
6. Man gewöhnt sich an die neuen Fahrgäste, die aber negativ gekennzeichnet bleiben.		

V. Wie steht das im Text?
1. Sie haben es sich bequem gemacht…
2. Über ihr Territorium wird entschieden…
3. Sie verlangen für sich alle Sonderrechte…
4. Man entschuldigt sich auf undeutliche Weise…

Zum Inhalt

VI. Zur Diskussion

Der Text handelt vom Verhalten von Fahrgästen in einem Eisenbahnabteil. Könnte man eine Parallele zwischen einem Eisenbahnabteil und einem Land ziehen? Wo liegen Unterschiede?

Eisenbahnabteil	*Land*
alte und neue Passagiere	Einheimische und Einwanderer
alle haben durch die Fahrkarte	?
nur „geliehenes" Territorium	?
die Fahrkarte gibt allen Passagieren die gleichen Rechte	
die Fahrkarte gibt allen den gleichen sozialen Rang	
keine Gefahr, den Platz an andere zu verlieren	
die Passagiere sind nicht Gastgeber, sorgen nicht für Ernährung und Unterkunft neuer Fahrgäste	

VII. Äußern Sie sich zu den folgenden Fragen wahlweise mündlich oder schriftlich:

1. Ist ein solches wie hier im Eisenbahnabteil beschriebenes Verhalten allgemein-menschlich und gilt es für jedes Land?
2. Welche Faktoren erschweren die Aufnahme von Fremden?
3. Wieviel Assimilierungsbereitschaft kann man von Einwanderern erwarten?

X, 5   Das Wagnis multikultureller Demokratie

Daniel Cohn-Bendit

1   Obwohl alle modernen Gesellschaften in der Aufnahme und Integration des
  Fremden wie der Fremden seit langem außerordentlich geübt sind, ist das
  Fremde – und zwar in Deutschland wie anderswo – selten willkommen. Denn es
  überbringt immer auch die Botschaft, dass es nicht so bleiben wird, wie es war.
5   Da man so komplexe Prozesse wie Industrialisierung, Bürokratisierung und
  Wertewandel nicht zur Rechenschaft ziehen kann, ist es für viele verlockend, die
  Fremden aus Fleisch und Blut zur Rechenschaft ziehen zu wollen.
  Das Eigene gegen das Fremde: In diesem Muster wahrzunehmen ist weder neu
  noch eigentümlich deutsch. Es prägt alle Kulturen. Es ist die Abgrenzung, die
10   Identität stiftet. Das hat eine nur scheinbar paradoxe Folge: Das Fremde wird
  geradezu gebraucht, um dem Eigenen Kontur zu geben. Das gilt im Alltag –
  und das gilt auch für die Militanten von Rostock. Denn was wären sie, könnten
  sie sich nicht von den Fremden abgrenzen?
  Die Vielfalt hat große Vorteile, es ist zugleich aber auch schwer, mit ihr zu
15   leben. Denn immer stört sie die vertrauten Kreise. Das Bedürfnis nach Heimat,
  d. h. Übersichtlichkeit, ist legitim. Wir möchten zeigen, dass sich diejenigen
  auch selbst keinen Gefallen tun, die meinen, mit dem Export der Fremden ihr
  Bedürfnis nach Heimat befriedigen zu können. Viel besser ist der umgekehrte
  Weg: den Fremden die Chance einzuräumen, hier eine neue Heimat zu finden.
20   Nur so könnte das moderne Babylon – zu dem es keine Alternative gibt – so
  etwas wie eine Heimat werden.
  Babylon: Das heißt auch, dass die multikulturelle Gesellschaft eine Konfliktge-
  sellschaft ist und bleiben wird. Es irrt, wer meint, ohne Ausländer ginge es in
  dieser Gesellschaft friedlicher zu. Es irrt aber auch, wer meint, die multikultu-
25   relle Gesellschaft wäre eine harmonische Gesellschaft. Zauberformeln und
  Königswege gibt es so oder so nicht. Man kann sich den Umgang mit der Tatsache, dass Deutschland ein Einwanderungsland ist, aber schwer machen oder
  erleichtern. Wir plädieren für den zweiten Weg. Will man ihn gehen, braucht es
  dazu verbindliche Regeln. Nur mit ihnen ist die demokratische Integration von
30   Fremden möglich; und nur mit ihnen kann es gelingen, diejenigen zu überzeugen, die heute von einem ausländerfreien Deutschland träumen.
  In jeder Einwanderungsgesellschaft stößt Ungleichzeitiges aufeinander, und vieles ist erst einmal nicht kompatibel. Reibung kann zur Blockade führen, sie
  kann aber auch der Anfang eines Prozesses der Bereicherung sein, und zwar im
35   wörtlichen wie im übertragenen Sinne des Wortes. Soll Bereicherung das Ziel
  sein, dann braucht es politische und gesellschaftliche Verfahren, um – wo
  immer möglich – das Blockadepotential der Einwanderungsgesellschaft in
  Chancen umzuwandeln. Das meinen wir mit multikultureller Demokratie.

39 – Da es für sie – wie für fast alles in der offenen Gesellschaft – keine Garantie
– gibt, nennen wir sie ein Wagnis.

Aus: Daniel Cohn-Bendit, „Heimat Babylon".
Hoffmann und Campe 1993. S. 11–13

I. Zur Einführung
Sammeln Sie in Gruppenarbeit Punkte zu den folgenden Fragen und
führen Sie darüber eine Diskussion.
1. Wie reagieren Sie auf Fremde und Fremdes im eigenen Land?
2. Was empfinden Sie im Ausland als besonders fremd?
3. Suchen Sie im Ausland das, was bekannt und vertraut ist, oder reizt Sie
   eher das ganz Fremde?

II. Lesen Sie den Text zu Hause bzw. in Partner- oder Gruppenarbeit in der Klasse durch und klären Sie den unbekannten Wortschatz. H

Zum Textverständnis

III. Steht das im Text? Wo?

	Ja, in Zeile …	Nein
1. Das Fremde ist meistens unwillkommen.	▪	▪
2. Abgrenzung schafft Identität.	▪	▪
3. Das Bedürfnis nach Heimat darf nicht anerkannt werden.	▪	▪
4. Die multikulturelle Gesellschaft ist friedlich.	▪	▪
5. Deutschland ist ein Einwanderungsland.	▪	▪
6. Es gibt keine Sicherheit für das Funktionieren einer multikulturellen Gesellschaft.	▪	▪

IV. Bitte beantworten Sie folgende Fragen.
1. Wen macht man für Veränderungen verantwortlich?
2. Wie kann aus dem neuen Babylon eine Heimat werden?
3. Was ist die multikulturelle Gesellschaft und was wird sie bleiben?
4. Wie soll man Fremde integrieren?
5. Was passiert in jeder Einwanderungsgesellschaft?
6. Wozu können Konflikte führen?
7. Wie kann man das Blockadepotential in Chancen umwandeln?

Zum Inhalt

V. Zur Diskussion

1. Was ist mit dem „modernen Babylon" gemeint und wie entsteht es?
2. Warum gibt es keine Alternative zu dem „modernen Babylon"?
3. Welche Konflikte gibt es in einer multikulturellen Gesellschaft?
4. Wodurch soll die demokratische Integration der Einwanderer ermöglicht werden?
5. Gibt es multikulturelle Gesellschaften, die gut funktionieren? Nennen Sie Beispiele.

VI. Äußern Sie sich zu folgenden Fragen bzw. Thesen.

1. Eine multikulturelle Gesellschaft ist nur möglich, wenn alle Betroffenen sie akzeptieren.
2. Was spricht für eine multikulturelle Gesellschaft?

X, 6   Interkulturell trainieren

1 – **AK:** *Welche Zusatzqualifikationen halten Sie für international tätige Fach- und*
    Führungskräfte für unbedingt erforderlich?
    Kappel: Geschäftsleute sowie Mitarbeiter, die in der Auslandsabteilung oder
    längere Zeit im Ausland arbeiten, müssen über gute Fremdsprachenkenntnisse
5 – verfügen, doch die allein reichen nicht aus. Kenntnisse über kulturelle Zusam-
    menhänge, Umgangsformen und Geschäftspraktiken im Gastland helfen nicht
    nur, Missverständnisse zu vermeiden, sie sind sogar für den beruflichen Erfolg
    entscheidend. Die Bedeutung der interkulturellen Kompetenz wird viel zu häu-
    fig unterschätzt.
10 – **AK:** *In der Praxis wird zur Verständigung sehr oft Englisch als Drittsprache*
    eingesetzt. Ist interkulturelles Wissen auch dann notwendig?
    Kappel: Nach meinen Erfahrungen ist interkulturelles Bewusstsein dann sogar
    noch wichtiger. Gerade über eine gemeinsame Drittsprache wird oft vergessen,
    wie groß die Unterschiede im Denken und Verhalten sein können.
15 – **AK:** *Was verstehen Sie unter dem Begriff „interkulturelle Kompetenz" genau?*
    Kappel: Ich gebe Ihnen ein Beispiel. Sprachliche und kulturelle Kompetenz
    sind nicht nur für gegenseitiges Verstehen die Basis, sondern vor allem für
    gegenseitiges Verständnis. Und im Umgang mit Fremden ist Verständnis zualler-
    erst einmal das Vermeiden von Missverständnissen. Häufig beginnen die Mis-
20 – sverständnisse schon bei der Terminplanung. Pünktlichkeit zum Beispiel ist kein
    absoluter, sondern ein kulturell bestimmter Wert, der in Deutschland hoch
    gehalten wird. Im Kontakt mit jemandem, in dessen Land Zeit einen anderen
    Stellenwert hat, kann daraus ein Konflikt entstehen.
    Auch mit den beiden Begriffen Qualität und Effizienz wird schon in den
25 – europäischen Ländern sehr Unterschiedliches verbunden. Daraus wird deutlich:
    Interkulturelle Kompetenz wird schon gebraucht, um den direkten Nachbarn zu
    verstehen – und nicht vorwiegend in außereuropäischen Ländern. Dort ist sich
    jeder Europäer über die Andersartigkeit der jeweiligen Kultur viel eher
    bewusst.[1]
30 – **AK:** *Wie kann kulturelles Wissen trainiert werden?*
    Kappel: Zunehmend geht gutes Fremdsprachentraining Hand in Hand mit der
    Vermittlung von interkulturellem Wissen. Häufiger allerdings sind spezielle
    Seminare, die länderbezogen in eine bestimmte Kultur einführen, oder Semi-
    nare, die für dieses Thema sensibilisieren und Kategorien an die Hand geben,
35 – mit denen man wesentliche kulturelle Unterschiede erkennen und verarbeiten
    kann. Von den Teilnehmern erfordert dies die Bereitschaft, die eigene Kultur aus
    einer gewissen Distanz zu betrachten, ihre Bedingtheit zu erkennen. Unser Han-
    deln ist ebenso durch Normen, Traditionen und Gewohnheiten bestimmt wie das
    unserer ausländischen Partner. Nur wenn uns bewusst ist, was an unserem eige-

40 – nen Verhalten dem Gegenüber als fremd oder gar merkwürdig erscheinen kann,
– können wir seine Reaktionen richtig interpretieren. Wichtig ist in jedem Fall,
– dass das Training sich am konkreten Bedarf der Teilnehmer ausrichtet. Im
– Wesentlichen bestimmt dabei die berufliche oder geschäftliche Aufgabenstel-
– lung das Lernziel und die Inhalte.

Aus: Auslandskurier 12/93. Eppinger-Verlag, Schwäbisch Hall

Bernd E. Kappel, Geschäftsführer der Industrie Sprachen-Dienst GmbH (ISD),
Stuttgart

[1] Meistens: ist sich der Kultur bewusst; ist sich im Klaren über

I. Zur Einführung
Äußern Sie sich zu der These:
Mit der Weltsprache Englisch kann man sich überall verständigen und
es wäre gut, wenn man Englisch überall lernen würde.

II. Lesen Sie den Text zu Hause bzw. in Partner- oder Gruppenarbeit in der Klasse durch und klären Sie den unbekannten Wortschatz. **H**A

Zum Textverständnis

III. Was wird im Text gesagt? (Zwei Lösungen sind richtig.)

1. International tätige Führungskräfte
   a) brauchen gute Fremdsprachenkenntnisse.
   b) müssen Umgangsformen und Geschäftspraktiken im Gastland kennen.
   c) überschätzen die Wichtigkeit interkultureller Kompetenz.

2. Englisch als Drittsprache
   a) macht interkulturelles Wissen überflüssig.
   b) macht interkulturelles Wissen besonders wichtig.
   c) lässt die Unterschiede im Denken und Verhalten vergessen.

3. Interkulturelle Kompetenz
   a) ist die Basis für gegenseitiges Verstehen und Verständnis.
   b) wird durch guten Fremdsprachenunterricht und besondere Seminare erworben.
   c) macht deutlich, wie wichtig Pünktlichkeit ist.

IV. Bitte beantworten Sie die folgenden Fragen.

1. Wann ist man sich über die Andersartigkeit der jeweiligen Kultur leichter im Klaren?
2. Was wird in speziellen Seminaren geboten?
3. Was wird von den Teilnehmern an solchen Seminaren erwartet?
4. Wodurch wird unser Handeln bestimmt?
5. Wann können wir die Reaktionen unseres Gegenübers richtig interpretieren?
6. Woran muss das Training sich ausrichten?
7. Was muss das Lernziel und die Inhalte der Seminare bestimmen?

Zum Inhalt

V. Äußern Sie sich zu den folgenden Fragen mündlich oder schriftlich.

1. In welchen privaten Situationen halten Sie interkulturelles Wissen für wichtig?
2. Welche Rolle spielen Gesten und Mimik als Mitteilungsmittel?
3. Hatten Sie selbst schon Schwierigkeiten, weil Sie über ungenügende interkulturelle Informationen verfügten? Welche?
4. Welche Gesten sind Ihnen in Deutschland aufgefallen? Bedeuten sie das Gleiche wie in Ihrem Land?

X, 7 Messen und Ausstellungen

1 Deutsche Messen haben Tradition: Sie entwickelten sich im frühen Mittelalter aus einzelnen Märkten, auf denen die Menschen zusammenkamen, um Handel zu treiben. Die Messen standen unter dem Schutz gekrönter Häupter. So verlieh Kaiser Friedrich II. am 11. Juli 1240 der Stadt Frankfurt am Main das Messe-
5 privileg und stellte die zur Messe reisenden Kaufleute unter seinen Schutz. Einem Privileg Kaiser Maximilians von 1507 verdankt die Leipziger Messe, die aus bereits 1165 bezeugten Märkten hervorgegangen ist, ihre spätere Blütezeit. Heute ist die frühere Universalmesse in Deutschland von der Fachmesse für einen oder mehrere Wirtschaftszweige abgelöst worden. Der Messeplatz
10 Deutschland ist weltweit anerkannt: Von den international etwa 150 führenden Fachmessen finden rund zwei Drittel in Deutschland statt. Rund 152 000 Aussteller, darunter rund 70 000 ausländische Teilnehmer, präsentierten im Jahr 1997 den fast zehn Millionen Besuchern auf 128 überregionalen Messen und Ausstellungen ihre Waren. Der Gesamtaufwand der ausstellenden Wirtschaft für
15 Messebeteiligungen in Deutschland wird auf rund neun Milliarden DM geschätzt. Messen gehören heute zu den wichtigsten und effizientesten Marketinginstrumenten. Ihre Stärke liegt – gerade auch im Zeitalter des Internet – in der direkten persönlichen Kommunikation. Der Anteil von Ausstellern aus dem Ausland
20 auf deutschen Messen wächst ständig und lag 1997 bei rund 46 Prozent. Ein wachsendes internationales Angebot belebt den Wettbewerb und zieht in der Folge größeres internationales Besucherinteresse nach sich. Neben den großen Messen finden jährlich in Deutschland rund 200 regionale und eine Vielzahl kleinerer Ausstellungen statt.
25 Die wichtigsten Messeplätze. Die wichtigsten deutschen Messestädte sind: Berlin, Düsseldorf, Essen, Frankfurt am Main, Friedrichshafen, Hamburg, Hannover, Köln, Leipzig, München, Nürnberg und Stuttgart. In Hannover finden die beiden größten Messen der Welt statt. Die 1947 gegründete Hannover-Messe verzeichnete 1998 rund 7500 Aussteller auf einer Standfläche von 310 000 Qua-
30 dratmetern. Die Hannover-Messe zeigt das Weltangebot für zahlreiche Branchen der Investitionsgüterindustrie. ...
Auslandsmessen und -ausstellungen. Die zunehmende Verflechtung der Weltwirtschaft führt dazu, dass die Exportförderung durch Beteiligung an Messen und Ausstellungen im Ausland für die deutsche Wirtschaft immer wichtiger
35 wird. Dies geschieht in Form von Gemeinschaftsausstellungen deutscher Unternehmen auf Auslandsmessen. 1997 beteiligten sich mehr als 5 000 deutsche Firmen mit Unterstützung der Bundesregierung an ausländischen Veranstaltungen. In regelmäßigen Abständen veranstaltet die Bundesrepublik Deutschland

39 – Technologieausstellungen im Ausland, wie beispielsweise 1994 die „TECHNO-
– GERMA" in Mexiko. Im Jahr 1999 findet eine TECHNOGERMA in Indone-
– sien statt. Im April 1998 gab es erstmals eine deutsche Konsumgüterausstellung
– in Shanghai (KONSUGERMA). Die Bundesrepublik nahm 1992 an der Welt-
– ausstellung in Sevilla teil und war 1998 auf der Weltfachausstellung EXPO '98
– in Lissabon vertreten. Sie wird selbst Schauplatz der Weltausstellung EXPO
45 – 2000 in Hannover sein, die unter dem Motto „Mensch – Natur – Technik" steht.

Aus: Tatsachen über Deutschland. Societäts-Verlag,
Frankfurt am Main 1999. S. 357–360

I. Zur Einführung
Erstellen Sie ein Assoziogramm zum Thema „Handelsmessen".

II. Lesen Sie den Text zu Hause bzw. in Partner- oder Gruppenarbeit in der Klasse durch und klären Sie den unbekannten Wortschatz.

Zum Textverständnis

III. Bitte beantworten Sie folgende Fragen:
1. Was erfahren wir über die historische Entwicklung der Messen?
2. Wie differenzieren sich Messen heute?
3. Wie hoch ist der Anteil von ausländischen Ausstellern?
4. Was zeigt die Hannover-Messe?
5. Warum beteiligt sich die deutsche Wirtschaft an Messen?

IV. Steht das im Text? Wo?

	Ja, in Zeile …	Nein
1. Ungefähr zwei Drittel aller Fachmessen finden in Deutschland statt.	▨	▨
2. Messen werden nach seit langem bewährten Konzepten organisiert.	▨	▨
3. Auch im Ausland wächst die Zahl der Messen.	▨	▨
4. Die Wirtschaft beteiligt sich auch an Messen im Ausland.	▨	▨
5. Deutschland veranstaltet keine eigenen Industrieausstellungen im Ausland.	▨	▨

V. Wie steht das im Text?

1. Die Fürsten gewährten den Messen ihren Schutz.
2. Die spätere Blütezeit der Leipziger Messe ist auf ein Privileg zurückzuführen.
3. Aus der früheren Universalmesse ist eine Fachmesse geworden.
4. Die ausstellende Wirtschaft gibt schätzungsweise neun Milliarden DM für Messebeteiligungen in Deutschland aus.
5. Die zunehmende Verflechtung der Weltwirtschaft hat zur Folge...
6. Die Bundesrepublik wird die Weltausstellung Expo 2000 in Hannover veranstalten ...

Zum Inhalt

VI. Zur Diskussion

1. Halten Sie Messen angesichts der gewachsenen anderen Informationsmöglichkeiten heute noch für sinnvoll? Warum (nicht)?
2. Wie erklären Sie die Tatsache, dass Messen in Deutschland immer eine große Rolle spielten?

X, 8

Mahner von Nairobi

X, 9   Menschheitsaufgaben

Marion Dönhoff u. a.

Es gibt heute deutlich erkennbare Menschheitsaufgaben, sie reichen weit über
Europa hinaus und betreffen alle Kontinente gleichzeitig. An der Spitze dieser
Aufgaben steht die Notwendigkeit, die Bevölkerungsexplosion zu beenden.
Allein im zwanzigsten Jahrhundert hat sich die Zahl der auf der Erde lebenden
Menschen vervierfacht. Im Jahre 1900 lebten etwas mehr als anderthalb Milliar-
den Menschen, im Jahre 2000 werden es sechs Milliarden sein. Dieses Wachs-
tum findet fast ausschließlich in den Entwicklungsländern Asiens, Afrikas und
Lateinamerikas statt. Wenn diese Entwicklung nicht gebremst werden kann,
wird sie zur weiteren Ausbreitung von Hunger und Elend führen und auch zur
Tendenz großer Wanderungsbewegungen vom Süden in den industrialisierten
Norden – und damit zu neuartigen Konflikten und möglicherweise auch zu
Kriegen.
Wer diese Probleme erkennt, der kommt alsbald zu dem Ergebnis, dass man
diesen Gefahren entgegentreten muss. Wer dies aber tun will, der steht vor
tiefgreifenden moralischen Zweifelsfragen und vor enormen praktischen
Schwierigkeiten. Der bisherige Erfolg ist insgesamt ganz und gar unzureichend.
Notwendig sind bessere Erziehung und Ausbildung, besonders für Mädchen,
und die Gleichstellung der Frauen, damit Empfängnisverhütung eine Chance
bekommt. Unsere Entwicklungshilfe sollte sich hierauf in erster Linie richten.
Gegenwärtig geben die Entwicklungsländer im Durchschnitt fünfmal soviel
Geld für ihr Militär aus, wie sie an Entwicklungshilfe empfangen. Deutschland
muss dazu beitragen, dass die Entwicklungsländer sich zur Familienplanung
befähigen. Wer große Armeen aufbaut und unterhält, sollte keinen Anspruch auf
unsere Entwicklungshilfe haben; wer dagegen Erziehung, Ausbildung und Familienplanung ausbauen will, dem sollten wir helfen.
Es liegt zwanzig Jahre zurück, dass der Club of Rome uns auf die „Grenzen des
Wachstums" hingewiesen hat. Heute wissen wir: Es ist nicht die Begrenztheit
der verfügbaren Rohstoffe, welche wir fürchten müssen, sondern es ist die
ungehemmte Bevölkerungsvermehrung und davon ausgehend die zunehmende
Zerstörung der Umwelt, zumal der Atmosphäre.
Die entwickelten Industriestaaten haben die Pflicht, die Ergebnisse ihrer Wissenschaften, ihrer Technik und ihrer Produktion den Entwicklungsländern
zugängig zu machen. Sie müssen umgekehrt ihre eigenen Märkte für die Produktion der Entwicklungsländer öffnen. Nördlicher Protektionismus und
Abschließung gegen die Erzeugnisse des Südens – zumal gegen dessen Agrar-
produkte! – sind nicht nur moralisch verwerflich, sondern sie verschärfen den
aus der Bevölkerungsexplosion entstehenden Wanderungsdrang aus dem Süden

38 – in den Norden. Protektionismus dient kurzfristig dem Interesse einzelner Grup-
– pen, langfristig schneidet er ins Fleisch unserer eigenen Sicherheit. Deshalb
40 – muss Deutschland weltweit, im GATT und besonders innerhalb der EU ein
– Anwalt des Freihandels sein.
– Sicherheit ist nicht allein eine militärische oder eine polizeiliche Kategorie.
– Sicherheit kann auch durch unzureichende oder falsche Bevölkerungs-,
– Umwelt-, Energie- und Handelspolitik gefährdet werden. Es ist Aufgabe auch
45 – unserer Außen- und Europapolitik, unseren Partnern gegenüber dafür einzutre-
– ten, dass diese Erkenntnis akzeptiert und dass ihr gemäß gehandelt wird. Inso-
– fern kann unsere Außenpolitik Beiträge zur „Welt-Innenpolitik" leisten.

Aus: Marion Dönhoff u. a., Weil das Land sich ändern muss.
Ein Manifest. Rowohlt-Verlag, Hamburg 1992, S. 94–96

I. Zur Einführung

Wie verstehen Sie die Überschrift, ohne den Inhalt des Artikels zu kennen?

II. Lesen Sie den Text zu Hause bzw. in Partner- oder Gruppenarbeit in der Klasse durch und klären Sie den unbekannten Wortschatz.　H

Zum Textverständnis

III. Bitte beantworten Sie folgende Fragen:

1. Welche Aufgabe ist die wichtigste?
2. Welche Folgen wird weiteres Bevölkerungswachstum haben?
3. Was ist nötig um das Bevölkerungswachstum zu stoppen?
4. Welche Länder sollten Entwicklungshilfe bekommen?
5. Welche Pflichten haben die entwickelten Länder?
6. Wofür müssen die Industrieländer ihre Märkte öffnen?
7. Wem dient der Protektionismus?
8. Wodurch kann Sicherheit gefährdet werden?

IV. Steht das im Text? Wo?

	Ja, in Zeile …	Nein
1. Im 20. Jahrhundert hat sich die Zahl der Menschen vervierfacht.	▨	▨
2. Maßnahmen gegen weiteres Bevölkerungswachstum stoßen auf praktische Schwierigkeiten und moralische Probleme.	▨	▨
3. Problematischer noch als die Bevölkerungsvermehrung ist die Begrenztheit der verfügbaren Rohstoffe.	▨	▨
4. Der Protektionismus der nördlichen Länder ist unmoralisch.	▨	▨
5. Wenn wir uns gegen die Produkte der südlichen Länder abschließen, wird die Einwanderungswelle größer werden.	▨	▨
6. Deutschland muss internationale Prozesse für den Freihandel führen.	▨	▨
7. Die wichtigste Aufgabe unserer Politik ist Sicherheit.	▨	▨

Zum Inhalt

V. Zur Diskussion

1. Was für eine Auffassung von Politik steht hinter diesen Gedankengängen?
2. Wofür fühlen Sie sich verantwortlich: nur für Ihr Land oder für die ganze Menschheit?
3. Wer trägt die Verantwortung für die Armut in vielen Ländern?
4. Kennen Sie ein Land, das eine Politik vertritt, wie sie hier gefordert wird?
5. Was halten Sie von der Forderung: Global denken, lokal handeln?

VI. Äußern Sie sich mündlich oder schriftlich zu den folgenden Thesen.

1. Solange die meisten Länder eine egoistische Marktpolitik betreiben, sind die hier aufgestellten Forderungen illusorisch.
2. Es gibt auf Dauer keine Alternative zu der im Text geforderten Politik.
3. Die Verteilungskämpfe auf der Erde werden nicht ab-, sondern zunehmen.

X, 10

Land in Sicht!

Hinweise für den Lehrer

Einige Themen des Buches sind für den Lerner vielleicht nicht neu. Sie sind hier wieder aufgenommen und erweitert worden. Bei anderen, die bisher noch nicht Gegenstand des Unterrichts waren, obliegt es dem Lehrer, das Interesse der Kursteilnehmer zu wecken und zu lenken. Kriterium für die Auswahl der Themen, die sich in langjährigem Unterricht mit unterschiedlichen Lernergruppen bewährt haben, war ihre landeskundliche Relevanz, ihre Eignung, Orientierungshilfe in der Fremdkultur zu bieten. Es ging hier nicht primär um die Vermehrung von Sachwissen, sondern um die Vermittlung eines anschaulichen Bildes vom Leben in der Zielkultur, natürlich mit allen durch den Rahmen eines Lehrbuchs bedingten Einschränkungen. Von den Bedürfnissen der Lerner her sollte definiert werden, in welchem Umfang Sachwissen zur Sprache kommt. Ein wichtiges Lernziel dabei ist auch, die Selbstständigkeit des Lerners zu fördern, ihn in die Lage zu versetzen, nachzu-fragen und nachzuschlagen (Vgl. entsprechende Arbeitsanweisungen). Es ist empfehlens-wert, dass der Lehrer über allgemeine und spezielle Wörterbücher, Enzyklopädien und Nachschlagewerke informiert.

Die Einführungen, die den einzelnen Kapiteln vorangestellt sind, sollen zur ersten Orientierung dienen. Sie umreißen den Bezugsrahmen und stellen einen Zusammenhang zu den Aspekten her, die im Mittelpunkt des Themas stehen. Gleichzeitig werden auch wichtige Schlüsselbegriffe geliefert. Es ist zwar vorstellbar, dass die Einführungen in der Klasse gelesen und besprochen werden, doch sind sie in erster Linie als Anregung für den Lehrer gedacht, der die Haupt-informationen gesprächsweise erläutern und bei Bedarf erweitern kann.

Die Texte sind authentisch, also nicht verändert oder bearbeitet. Sie zeigen die Wirklichkeit aus verschiedenen Blickwinkeln. Dieser mehrperspektivische Ansatz soll die Realität möglichst differenziert wiedergeben und dadurch die Kritikfähigkeit des Lerners entwickeln.

Da es sich hier nicht um ein regionales Lehrbuch mit spezifischen Problemstellungen handelt, muß es dem Ermessen des Lehrers überlassen bleiben, ob – und gegebenenfalls welche – Texte und Übungen weggelassen werden können, wenn diese aus der Sicht der eigenen Kultur weniger ergiebig erscheinen. Ebenso kann der Lehrer durch zusätzliche Fragen den Vergleich mit den Verhältnissen in der eigenen Kultur vertiefen, wenn er das für angebracht hält.

Die Übungen und Aufgaben: Die Texte sollten in der Regel anhand des angebotenen Übungsapparates vollständig erarbeitet werden, es sei denn, dass besondere Überlegungen des Lehrers (siehe oben) ein anderes Vorgehen rechtfertigen.

Vor dem Lesen stehen Übungen, die den Text vorentlasten, Vorwissen aktivieren, Interesse wecken oder auf andere Weise zu ihm hinführen sollen. Wie viel Zeit für diese Einführungsphase jeweils nötig ist, wird der Lehrer entscheiden müssen. Sie soll auf den Text vorbereiten, aber seine Problematik nicht erschöpfend abhandeln; denn dann wäre das Interesse an der Lektüre des Textes erloschen. Andererseits wäre es vorstellbar, dass man etwa bei der Diskussion einer einführenden These zum betreffenden Textthema diese ausdiskutiert, falls man zu einem ganz anderen Ergebnis als der Text selbst kommt.

Die Übungen zum Textverständnis folgen keinem einheitlichen Schema, sondern berücksichtigen den Textcharakter. Das Textverständnis soll auch detailliert gesichert werden. Dennoch können Übungen je nach Lernergruppe auch überschlagen werden. Übungen zur

Wortschatzdifferenzierung sind dort erstellt, wo es sich anbot. Sie können natürlich je nach Ausgangssprache erweitert werden. Reproduktive Übungen (z. B. „Fassen Sie den Abschnitt zusammen") dienen dazu, das neue Sprachmaterial zu festigen und Aufgaben mit produktivem Charakter vorzubereiten.

Bei sprachlich einfachen Texten folgt auf eine kurze Kontrolle des Textverständnisses ein rascher Übergang zur Sprachanwendung. Bei schwierigeren Texten wird den Übungen zum Verständnis und der Phase der Sprachverarbeitung mehr Aufmerksamkeit geschenkt. Die Aufgaben zum Inhalt bezwecken einerseits die freie Anwendung des neuen Wortmaterials, andererseits eine abschließende Auseinandersetzung mit dem Text.

Bei einigen fiktionalen Texten sind auch Aufgaben formuliert, die sich an die Kreativität des Lerners wenden und ihn zu einer vertieften Begegnung mit dem Text anregen wollen. (Vgl. dazu: L. Bredella, Literaturwissenschaft, Abschnitt e) Rezeptionsästhetik. In: Bausch et al., Handbuch Fremdsprachenunterricht, S. 46 ff., Tübingen 1989)

Sozialformen: Je nachdem, ob es sich um Intensiv- oder Extensivkurse handelt, ist zu entscheiden, ob Übungen als Hausaufgaben oder in Kleingruppen erarbeitet werden sollen. Bei Extensivkursen wird man einen Teil der Übungen zu Hause vorbereiten lassen. Symbole neben den Arbeitsanweisungen geben die Wahlmöglichkeiten an.

Es wäre für die Kommunikation und Interaktion innerhalb einer Lernergruppe sehr nachteilig, wenn der Unterricht überwiegend frontal und in Einzelarbeit abliefe. Bei dem erreichten sprachlichen Niveau und dem intendierten Lernziel ist es erforderlich, den mündlichen Meinungsaustausch bewusst zu fördern, damit die Schüler einen möglichst hohen Redeanteil erlangen und Unterrichtsresultate gemeinsam erarbeitet werden.

Die Wahl zwischen Einzelarbeit und Partner-/Gruppenarbeit bietet sich vor allem bei den Übungen zur Textvorbereitung und bei den Aufgaben zum Inhalt an.

Es empfiehlt sich, dass bei Kursbeginn mit den Teilnehmern über die Unterrichtsverfahren und über die Lernziele gesprochen wird. Einsicht in die Unterrichtsgestaltung und ein Mitspracherecht der Kursteilnehmer dabei werden immer zur Motivation beitragen und sich auf den Lernerfolg positiv auswirken.

Die Aufgaben zum Inhalt, bei denen häufig zwischen mündlicher und schriftlicher Arbeitsweise gewählt werden kann, können zumindest teilweise sowohl in Einzel- als auch in Partner-/Gruppenarbeit ausgeführt werden. Auf jeden Fall sollte das Schreiben, selbst wenn es für die betreffende Lernergruppe keine vorrangig zu entwickelnde Fertigkeit ist, nicht vernachlässigt werden, da es eine wichtige Rolle beim Lernprozess spielt und mit den anderen sprachlichen Fertigkeiten zusammenhängt.

Bestimmte Aufgaben eignen sich besonders für die schriftliche Einzelarbeit, die ein zuverlässiger Indikator für den individuellen Leistungsstand, die Ausdrucksfähigkeit und auch für die Defizite ist.

Bei offenen schriftlichen Aufgaben ist es hilfreich, Leitpunkte für den Inhalt vorzugeben, um so die Vergleichbarkeit und eventuelle Beurteilung der Arbeiten zu erleichtern.

Die Karikaturen zu Anfang oder innerhalb eines Kapitels dienen nicht nur der Ausschmückung und visuellen Belebung, sondern sie haben auch eine didaktische Funktion. Sie führen zu einem Thema hin oder schärfen den Blick für bestimmte inhaltliche Aspekte. Wie intensiv die ungleich ergiebigen Karikaturen sprachlich aktiviert werden, sollte nicht zuletzt von der jeweiligen Reaktion der Kursteilnehmer abhängig sein, da kulturell bedingte Sehweisen hier stark ins Spiel kommen.

Quellenverzeichnis

Umschlag: Mit Verwendung der Karikatur von Kurt Halbritter aus: Gesellschaftsspiele © 1978 by Carl Hanser Verlag, München – Wien

Seite 9: Karikatur von © Frans de Boer, Amsterdam

Seite 10f: Text von Marita Pletter, Passau aus: DIE ZEIT vom 01.07.1994

Seite 13f: Text von Curt Schneider, München aus: SZ Magazin 33/1993

Seite 16: Text aus: Prisma 4/94 © Ministerium für Wissenschaft und Forschung, Baden-Württemberg, Stuttgart

Seite 18: Karikatur aus: Heller/Semmer-ling: Das PROWO-Buch, Frankfurt/M. 1983*

Seite 19: Text von Brigitte Schwaiger aus: Der rote Faden © 1992 by Langen Müller in der F.A. Herbig Verlagsbuchhandlung GmbH, München

Seite 21/121: Karikaturen von © Peter Zaloudek, München

Seite 22f: Text von Vera Gaserow, Berlin aus: DIE ZEIT vom 21.05.1993

Seite 26f: Text von Manfred Stolpe aus: Süddeutsche Zeitung vom 23.04.1993

Seite 32: Karikatur von Alfred Brodmann © by Cartoon-Caricature-Contor München, www.c5.net

Seite 33/36/ 55/178/188: Texte von Mathias Horx aus: Das Wörterbuch der 90er Jahre, © 1991 by Hoffmann und Campe Verlag, Hamburg

Seite 39: Text von Christof Weigold, München aus: Süddeutsche Zeitung vom 8./9.05.1993

Seite 41: Text von Olaf Krohn, Hamburg aus: DIE ZEIT vom 01.07.1994

Seite 44: Text von Doris Dörrie aus: Liebe, Schmerz und das ganze verdammte Zeug © 1987 by Diogenes Verlag AG Zürich

Seite 46f: Text von Sybil Gräfin Schönfeldt aus: 1x1 des guten Tons © 1987 by Mosaik Verlag GmbH, München

Seite 50: Karikatur von © Reiner Schwalme, Groß Wasserburg

Seite 51/67: Text von Keto von Waberer aus: Fischwinter, © 1991 by Verlag Kiepenheuer & Witsch, Köln

Seite 53/57: Texte von Gabriele Wohmann aus: Das Salz bitte, © 1992 by Piper Verlag GmbH, München

Seite 60: Text von Irmtraut Morgner aus: Leben und Abenteuer der Trobadora Beatrix, © 1990 by Luchterhand Literaturverlag GmbH, Frankfurt/Main. Alle Rechte vorbehalten: Luchterhand Literaturverlag, München

Seite 62: Text von Franz Hohler aus: Der neue Berg, © 1989 by Luchterhand Literatur verlag GmbH, Frankfurt/Main. Alle Rechte vorbehalten: Luchterhand Literaturverlag, München

Seite 66: Karikatur von Freimut Wössner © by CCC, München

Seite 70/73: Texte von Uwe Timm aus: Kopfjäger, © 1991 by Verlag Kiepenheuer & Witsch, Köln

Seite 76: Abbildung von Markus aus: Das BRD-Dossier © 1980 Stern-Buch im Verlag Gruner + Jahr, Hamburg

Seite 77: Text von Ben Witter aus: Schritte und Worte, © 1990 by Hoffmann und Campe, Hamburg

Sprache, Langenscheidt-Verlag, Berlin und München (1987)

Seite 169:   Text von Ulrich Stock aus: DIE ZEIT vom 21.05.1993

Seite 172:   Interview mit Said aus: Süddeutsche Zeitung Nr. 186 vom 13./14.08.1994

Seite 175:   Text von U. Ammon aus: Deutschland 12/1994 © by Frankfurter Societäts-Verlag

Seite 184:   Text von Richard von Weizsäcker aus: Die Quelle meines Amtes waren die
               Menschen. Abschiedsrede. Frankfurter Allgemeine Zeitung vom 02.07.1994

Seite 186:   Text von Ben Witter aus: Angetippt © 1992 by Luchterhand Literaturverlag
               GmbH Hamburg. Alle Rechte vorbehalten: Luchterhand Literaturverlag,
               München

Seite 191:   Text von Wolf Biermann aus: Über das Geld und Herzensdinge © 1991 by
               Verlag Kiepenheuer & Witsch, Köln

Seite 193:   Interview aus: Der Spiegel 26/1994 © Spiegel-Verlag, Hamburg

Seite 195/221: Abbildungen von Kurt Halbritter aus: Gesellschaftsspiele © 1978 by Carl
               Hanser Verlag, München – Wien

Seite 196:   Text von Gertrud Höhler aus: Spielregeln für Sieger © 1991 by ECON Verlag
               Düsseldorf, Wien, New York und Moskau

Seite 200:   Abbildung von Markus aus: Markus und die Besserwessis © 1992 Stern-Buch
               im Verlag Gruner + Jahr, Hamburg

Seite 201:   Text von Günter de Bruyn aus: Jubelschreie und Trauergesänge © 1991 by
               S. Fischer Verlag GmbH, Frankfurt am Main

Seite 206:   Text von Hans Magnus Enzensberger aus: Die Große Wanderung © 1992 by
               Suhrkamp Verlag, Frankfurt am Main

Seite 212:   Interview aus: Auslandskurier / Diplomatischer Kurier 12/93 © Eppinger-Verlag,
               Schwäbisch Hall

Seite 217:   Karikatur von Horst Haitzinger © by CCC, München

Wir haben uns bemüht, alle Inhaber von Bild- und Textrechten ausfindig zu machen. Sollten
Rechteinhaber hier nicht aufgeführt sein, so wäre der Verlag für entsprechende Hinweise dankbar. Insbesondere bei den Angaben mit *.